故乡七十年

柳田国男自传

〔日〕柳田国男 著

王广涛 译

上海人民出版社

译者前言

柳田国男被誉为"日本民俗学之父"。他著作等身、涉猎广泛，为日本民俗学的创立与发展作出了不可磨灭的贡献。1957年，为庆祝神户新闻社成立60周年，83岁高龄的柳田国男接受新闻社的邀请，以口述的形式对故乡及其成长经历进行回顾，并于1958年1月9日至9月14日在《神户新闻》连载，其连载的内容就是本书的原型。

柳田于1875年出生在饰磨县神东郡辻川村（今兵库县神崎郡福崎町辻川），饰磨县旧称播磨国，即《故乡七十年》中所提到的故乡播州。柳田13岁时因为家庭原因以及求学的需要，追随长兄松冈鼎移居茨城县北相马郡布川町。从13岁离开故乡，到83岁回忆故乡，中间正好隔了70年，这是本书得名《故乡七十年》的缘由。

虽然柳田在故乡生活的时间并不太久，但是这段成长经历对于其人格的形成、涵养的塑造具有重要的意义。柳田出生时日本刚刚经历了明治维新，故乡播州也处在维新变革的前沿。他在自传的开篇就指出"幼年所经历的时代变化远比现在复杂和剧烈"，这些变化为观察思考日本的人情、社会与风俗提供了视角。

柳田在书中谈到，他们一家8口人住在"日本最小的房子里"。长兄结婚后因为房屋狭小、婆媳矛盾，嫂嫂最终回到了娘家，长兄的第一段婚姻也以失败告终。家的狭小成为他致力于民俗学研究的契机之一。此外，民俗学研究以"杂"为特征，柳田10岁的时候，曾被寄养在辻川旧族三木家一年，在此期间他阅读了大量和汉典籍，从而奠定了他的杂学基础。

柳田国男旧姓松冈，出生于幕末儒生之家，父亲松冈操虽然是个儒者，但是家道中落，生活拮据，行过医、做过神官。母亲先后生育兄弟八人，其中三人夭折，长大成人的五兄弟各有所为，他们兄弟的事迹曾被贞明皇后交口称赞。所以，柳田对母亲有着非常特殊的感情，"关于母亲的回忆"也成为本书的代序。1897年父母去世后，他考入东京帝国大学，在经历了迷茫困顿期之后，选择成为信州柳田家的嗣养子。养父柳田直平时任大审院判事，尔后他与直平的四女柳田孝成婚。

本书内容并没有特别侧重他的故乡播州，而是以播州为原点，讨论了自己的成长、求学、亲情、就职以及学问等。柳田在离开故乡之后，他本人很少有机会再回去，用他的话来说就是"对故乡的乡愁情愫，离开五十年就已经算是极致了"。不过，当他谈及官场、交友以及学术研究的时候，播州人被提到的次数最多，可见同乡人在其生涯中占着重要的位置。当然，本书最初在其故乡的报纸——《神户新闻》上连载，播州人或者兵库人也有可能被他有意识地提及，毕竟这样才可以拉近他本人与当地读者的距离。

作为一部回忆录，本书并没有完全展现其人生经历和学术主张。这或许跟他本人自认比较偏执的性格有关，在本书"车儿"一节中，他谈及自己头顶有两撮旋毛，性子急或有些偏执。佐谷真木人在讲谈社版的《故乡七十年》（讲谈社，1999年）"解说"

中指出，阅读这本书不能拘泥于柳田谈了什么，而是要注意到他没谈什么。"学而优则仕"是当时多数精英子弟的职业选项，柳田国男也不例外。柳田在从东京帝国大学法科大学（今法学部）政治学专业毕业后，进入农商务省，成为一名官僚。但是他后来的职业经历几经辗转，从内阁法制局到贵族院书记官长，最终却因与贵族院议长德川家达不睦而辞官。关于这一点，柳田在回忆录中并没有特别交代缘由，但纵观其人生经历，辞官可谓是具有转折性意义的一件大事。如果柳田能够继续驰骋官场，或许我们就不能读到这么多不朽的作品了，日本民俗学的发展形态恐怕也会跟今天有所不同。

除了事之外，更重要的是人。柳田国男在回忆录中提到了相当多生活上、官场上以及学术上的友人，对于这些友人，柳田国男的回忆有所侧重。前面我们讲到，这本回忆录是柳田83岁时的采访口述，因为场景和情境的不同，柳田在回忆时难免天马行空，想到哪里就讲到哪里，而且正如他在搁笔时所交代的那样，记忆难免有模糊或者出现偏差。除了来自记忆的功能性障碍之外，或许更值得思考的则是其意识层面的有意回避。很多重要的事件、经历以及时间节点都被柳田一笔带过，在此过程中，他虽然会表明自己的学术立场，但是生活于明治、大正、昭和三个时代的他，却鲜少表明自己的政治立场。学者回避政治立场固然不应该遭到诟病，但是在他结识的众多友人中，很多都是在日本政治史中足以留名的人物，通读全书难免让人产生欲言又止、隔靴搔痒之感。

《故乡七十年》于1958年在《神户新闻》连载之后，次年神户当地的野路菊①文库将其整理成书出版，柳田本人对文中内容

---

① 野路菊（nojigiku, のじぎく）是兵库县的县花。

以及顺序做了调整。1962年柳田去世以后，后人将当初报纸未刊载的原稿以"拾遗"整体收入《定本柳田国男集》别卷第三卷。本书中译本在翻译过程中主要参考了《日本人的自传：南方熊楠·柳田国男》（平凡社，1981年），并以野路菊文库本《故乡七十年》（神户新闻综合出版中心，2010年）为底本进行翻译。需要说明的是，中译本没有对前述"拾遗"部分进行翻译。另外，柳田在提到中国的时候皆使用"支那"这一表述，中译本则统一译成"中国"。为促进读者的理解，其他诸如表述、地名、概念等在正文的页下添加了译者注。

柳田国男的文字本就晦涩难懂，且本书是由他高龄时的口述回忆整理而成，如何将其翻译成合适的中文学术语言是一大挑战。所以，文中不可避免存在疏漏、错译、误译等现象，文中部分内容也有译者根据语境和脉络做出的推测性理解，对此也恳请读者提出批评建议。近年来中国学术界对柳田国男的研究热情在提高，北京师范大学出版社和西南师范大学出版社等相继出版了他的一系列代表作，译者在翻译的过程中参阅了上述中文译本。复旦大学日语语言文学系山本幸正教授在和歌的现代文翻译上提供了热情的帮助。我的太太上海社会科学院宋晓煜博士翻译了文中慈恩寺的碑文《表慈恩寺区爱宕神社迁祀记》。另外，文中部分注释以及校对由我的研究生俞佳儒同学完成。在此一并感谢！

最后感谢我的同事、复旦大学日本研究中心徐静波教授的邀请以及上海人民出版社黄玉婷女士和邱迪女士的悉心编辑。

王广涛

2022年3月

于复旦燕园

关于母亲的回忆——代序

现在说来可笑，小时候的我是母亲的小跟班①，是那种被大人们宠溺的孩子。三位兄长较早地离开家独立生活，而父亲整日以书为伴，我就在家里扮演母亲自言自语时的倾听者角色。但要是我在旁边稍有质疑，母亲就会马上用"因为你还是个孩子啊"一句话把我塞回去。我本人则引以为戒，尽可能不让母亲重复同样的口头禅。

我幼年所经历的时代变化远比现在复杂和剧烈。以前作为集市和祭祀用的村道，后来被划定为国道之后，政府为确保视野宽阔，修直并拓宽了道路，同时还修建了人力车的休息所。村子里的年轻人穿着工作服，三三两两成排等待生意，人力车上挂着里程表和干活用的麻绳。在那个电话、汽车尚未发明的时代，如有前簇后拥的贵客来访，还是能提前通知到位的。所以，各个大的休息所往往设在高档整洁的茶屋、旅馆等设施周边。我七八岁的

---

① 原文还用九州方言"シリフウゾ"（shirifuuzo），越中海岸地带方言"バイノクソ"（bainokuso）来表示"跟班、跟屁虫"的意思。——本书注释均为译者所加，以下不再说明。

时候，这些周边设施渐渐有了花街柳巷的脂粉气息。母亲担心我不学好，每次我外出就三叮五嘱。比如，好奇心旺盛的我想要去看看远方到来的人力车夫衣背上到底画着什么稀奇图案时，每次必须要跟母亲保证看完即回才被放行。

现在想来不可思议的是，大约从这一时期开始，母亲经常牵着我们兄弟三人晚上到这里的旅馆泡澡。旅馆那边会派人来招呼，"今天只有一两个客人，或今天无客，请过来泡澡"云云。我们家里其实也有泡澡的浴室，只是地方黑暗狭小，还是旅馆泡起来舒服。我们去旅馆泡澡都是在父亲出差的时候，后来才知道这是母亲出于节约柴火钱的需要，而经营旅馆的夫妇则理解和同情母亲的不易。此外，旅馆夫妇亦是对母亲满怀感激之情，因为母亲作为外人却能很好地协调他们夫妇二人的拌嘴吵架。

解释过多就有点像是写小说了。母亲年轻的时候是调和矛盾的高手。旅馆的夫妻虽彼此相爱，但经常因为小事而大动干戈，我猜想母亲在协调夫妻矛盾方面倒是帮了他们不少的忙。

倒不是说因为回忆我的母亲，就把她老人家捧得很高。如今回忆起当时事情的前因后果，更加坚信了我的这一看法。旅店的男掌柜有好几次大发雷霆，女主人哭着来找母亲调和，母亲到了现场总能让氛围变得稍许融洽，不多久男掌柜就恢复了正常，和蔼可亲地给母亲鞠躬致礼。男掌柜自然十分高兴，所以对我们兄弟几个也常释好意。后来我们搬到北条之后就中断了联系，关于这对夫妻，有离婚、死亡等各种传言，但这并没有打击母亲在协调矛盾方面的自信心。

话题越拉越长，越来越不像序言了。我其实想要呈现给现代读者们的是夫妻吵架所特有的时代风貌。我们年幼时，夫妻吵架就如《北斋漫画》①第十二编中研钵和钵杵的撞击那样，从狭窄的大杂院到宽敞的田舍小都会，夫妻二人矛盾无法解决时就在大庭广众之下诉诸公理。这套战法确实有效，但不久后因为过于荒诞无聊而不再流行。

记得是在大正末期，在门司港②旁边见到一位号啕大哭着跑出家门的老主妇，顿时感觉非常"复古"，问了随行的向导才知道，那位是朝鲜人，当时的朝鲜人群体还保留这种习惯。

据说当时中国的江南一带，男同胞之间（偶尔是车夫与乘客之间）产生纠纷的时候也经常寻求过路人的仲裁。该方式如今恐怕也已经成为不太见效的因习。而且重要的是，这种方式非但没有让亲睦关系维系长久，随着关系的疏远和冷淡，反而不过是招来了更多"事不关己，高高挂起"的旁观者。

在板垣退助③高呼"自由不死"的时代，一位酩酊大醉的年轻人号啕横躺在我家旧宅门前，母亲赶忙过去关闭大门，我们兄弟几个则透过门闩的缝隙惶恐地看着醉汉的动向。醉汉的朋友想方设法舒缓一下他的醉意，不料其醉意更浓，嘴里不断喊着"自由之权"。自此日起我学会了这句话，当然直到今天我也仍然讨厌这句话。

如果自由就是我行我素，无论别人怎么说仍然固执己见，那么老夫会很坦然地说："我可不能容忍这样的自由。"如果不能够找到更加贴切的词语来取代它，恐怕我们必须要在"不自由"的

---

① 日本江户时代浮世绘师葛饰北斋的手绘漫画集，画集内容以市井百态、山水鸟兽、神佛妖怪为主。
② 门司港是日本九州地区的重要港口，位于九州岛最北端，现属于福冈县北九州市门司区。
③ 板垣退助（1837—1919），日本明治时期自由民权运动家，日本第一个政党——自由党的创立者。

状态下生存。

我们必须思考语言表述的传承问题。之所以会特别留心这一问题，这完全得益于母亲的言传身教。

昭和三十四年（1959年）十月上旬

目　录

今日来怀旧，尽在不言中。

离开故乡时

离开故乡时

我常常思索，对故乡的乡愁情愫，离开五十年就已经算是极致了。而自我随次兄（井上通泰[①]）离开故乡兵库县神东郡田原村辻川（现神崎郡福崎町辻川），到今年已经是第七十一个年头了。

只有父兄亲属健在且有温情的地方才能称得上是故乡，而我的父母双亲既无兄弟，又无姐妹，目前也就只有次兄所过继到的井上家还生活在故乡而已。于我而言，归乡拜访井上家也是一件给人家添麻烦的事情。或许拜访辻川三木拙二氏的宅邸还算名正言顺，因为我曾被寄养在三木家一年。三木家后来随着世道变迁、因缘际会过着寂寥的生活，我去拜访慰问也是理所当然，无奈的是，一直没有合适的机会拜访。我眼里的故乡或许跟普通人印象中的故乡还有着明显的差别，也恰恰是因为这个原因，我才会如此长久地怀念故乡。

[①] 井上通泰（1867—1941），幼名松冈泰藏，后过继给井上家，是日本明治时期桂园派诗人、国文学者，柳田国男的胞兄。井上通泰实为柳田国男生父松冈操的三子，但因其次子早夭，因而柳田国男称其为次兄。

总之，离开故乡七十年有余，鲜少有机会分享对故乡的回忆。而且此间的故乡，已经发生了天翻地覆的变化。虽然不知道接下来如何展开，但如果有人愿意倾听，我倒乐意尝试倾诉。

与井上次兄同去东京的时候，东海道铁路线尚未开通。从神户到东京除了坐船以外没有更便捷的方法。父母和弟弟们来东京是两年后，那时东海道线已经开通，他们便乘火车来京。

我直到现在仍然清晰地记得，从北条出发搭乘人力车赶往神户途中，在明石一带遇到的场景。我们是在明治二十八年（1895年）8月离开北条。在经过明石时，我忽然想到幼时常听起这一地名，所以饶有兴趣地眺望四周。我看到了西洋人享受海水浴的一幕：近乎全裸的女性穿着有如男性平角内裤似的泳装走向海里。"这就是所谓的海水浴啊"，由此给我留下了强烈的印象。由于视觉冲击过大，以至于我都无心眺望对面的淡路岛。

自那之后我也经常有机会在明石停靠，但透过火车窗户看到的风景却略显古朴。因为对我来说，最新潮的明石我早已目睹，以至于每次提到明石都会把它与海水浴相挂钩。

人力车进入兵库县的城区，穿过行将破败的街镇便到了神户港。我们就住在当时被认为是最高级的西村屋旅馆。我清晰地记得旅馆的样貌，其实是大多数海港都有的普通二层带扶手台阶的小楼，廊台与防雨板皆完备。海岸边有草土堤防护，虽筑有石坎，但印象中上面已是杂草丛生。

大概在今天的美利坚码头（メリケン波止場）附近，越过接驳船出入的栈桥，就可看到远处缓缓驶来的大船，这就是我们当时乘坐的两千三百吨级的"山城丸"，日清战争（即甲午战争）时曾被军方征用。我怀着对"两千吨级以上"的兴奋与自豪感，外加途中晕船等珍奇的体验，总之在船上没能很好地休息。在船上我甚至还溜进"闲人免进"区域，偷瞄一等舱的西洋人，一切都那么的新鲜和意外。这就是我初见世面的情景。

东京之旅

这里又想起了次兄通泰的两三事。次兄早先就声称已经熟读桂圆派①的和歌，但事实上却并非如此，我在乘船途中发现了这一点。

由于家境不好，我们家里也没有什么传家宝，唯一一件拿得出手的东西是母亲陪嫁的怀剑，或者说是腰刀。怀剑配长穗，年少的我好奇心旺盛不能自已，从北条出发的前一天晚上便向母亲索要这把怀剑。旅行途中与次兄一起休息的时候，我故意从包里取出怀剑并放在枕头的下面，以为或许可以派上用场。次兄彼时已经是22岁的大学生，他虽目视我的举动，却不以为意。我顿时感觉有点拉不下来脸，便吟诵起这首和歌算是给自己圆了个场。

太刀枕下藏，平时常提防。今日君作伴，不必生惊慌。②

这是香川景树的一首著名和歌，次兄竟然不知道。"这是谁的歌？""不是景树的吗，你会不知道？""不知道，他竟然写过这种歌。"看来次兄也不知道景树写过这首歌。

次兄寄宿的地方位于东京汤岛接壤的顺天堂一带，房东姓

---

① 江户后期以香川景树为代表的和歌流派。香川景树（1768—1843），日本江户后期歌人，"桂园"是香川景树的号。

② 原文为"敷栲の枕の下に太刀はあれど鋭き心なし妹と寝たれば"，如无特别说明，中文皆由译者翻译。

大桥，出身于名古屋的世家。大桥是一位藏书家，藏书量惊人，其中也有景树的书籍，料想次兄或许读过，看来还是没有仔细阅读啊！

我在同辈人中算是比较早熟的，虽处于儿童年龄段但已经开始吟唱和歌。家中藏有铃木重胤[①]的《和歌初学》，春夏秋冬各1册外加恋情、杂集（上、下）共7册，这首和歌出自杂集下册的"枕词"。

我们在经历了船上一系列的滑稽剧后终于到达横滨。通过距离海岸很远的接驳船上岸，上岸后距离车站还有一段路程。我们坐上火车大概是晚上8点，次兄好面子，明明是个穷学生非要坐二等车厢，结果车厢内乘客寥寥，只有一位妇女带着两个孩子。我视若无人，观察了一下其中一位年龄与我相仿的男孩。这时妇女问道："少爷，要吃饼干吗？""哦，吃饼干！"我很好奇饼干是什么，只见妇女手面上放着比手掌略小的东西，原来那就是饼干啊！"两个孩子吃饼干"，是我对到东京的那一夜的印象。

东京印象

长途旅行，舟车劳顿，到了次兄的寄宿地之后终于能够好好地睡上一觉。

翌日清早，次兄还没醒来的时候，我便带着对东京的好奇来到本乡的大道，时间大概是早上6点。直到现在我仍然记得当时本乡清晨的景色，在没有电灯的时代，寻找工作的民工点着煤油灯在大街上来回转。煤油灯冲破黎明前的黑暗，点缀寂静的街

---

① 铃木重胤（1812—1863），日本江户后期的皇学者。

道，当时的情景是我对东京风光的第一印象。

寄宿地旁边就是一家澡堂，过了澡堂隔几家门店便是一家"绘草纸屋"①。末弟辉夫（映丘）②当时差不多6岁，正好在学绘画，后来我还在这家店买了锦绘③送给他。当时流行芳年④的作品，印象中他有关月亮的作品《月百姿》被摆在店头显眼位置，恰如现在新刊畅销书在书店中的地位。

关于弟弟辉夫学习绘画的契机，这又让我回想起在辻川生活的时候。当时我们松冈家与三木家（前述）是故交。我们祖上是兄弟两家，后来分为东西两大家，三木家附近居住的主要是东边的兄长家，西边的弟弟家后来又有很多分家，但各家规模都比较小。松冈家位于东边，本家经营"柿木屋"，所以有很多柿子树，但是当时家道已经衰落，只剩下高龄老妪和孙子二人相依为命。据说本家与赤穗家老——大石家有点渊源，传闻大石主税曾在去但马的路上在本家女方的娘家借宿过。⑤

我们家来自孙辈的分家，这个"柿木屋"往东一些是一家名为"升屋"（ます屋）的店面，是同族经营的旅馆，同时也是人力车的休息所。

---

① "绘草纸屋"（えぞうしや）是日本江户以及明治时代专门销售有插图的小册子、浮世绘版画以及图片画报、通俗小说的地方，它与面向专业人士销售专业书籍的"本屋"（书店）有所不同。

② 松冈映丘（1881—1938），本名辉夫，日本大正、昭和时期的日本画家，是松冈家的幼子。

③ 日本江户中后期流行的浮世绘版画，尤以描写日常生活为主。

④ 月冈芳年（1839—1892），日本幕末明治初期的浮世绘画家，被认为是"最后的浮世绘画家"。

⑤ 家老是日本江户时代幕府或藩中的职位，地位较高，一般仅次于藩主。这里的赤穗藩就是江户时期"赤穗四十七勇士"的发源地，四十七勇士由家老大石良雄领导，其子大石主税也是成员之一，后来被改编成戏剧《忠臣藏》。

　　我和弟弟静雄[①]、辉夫三人几乎每天都到那边鉴赏人力车夫后背的"武者绘"，因为每天都去，所以更希望看到远道而来的人力车，毕竟他们的后背更具有新鲜感。我想这或许是弟弟成为画家的诱因之一。这也是我们看重的辻川文化史的重要组成部分。

　　值得一提的是，末弟"映丘"（teruo）这个名字是次兄通泰借"辉夫"的发音而起的雅号。"映丘"二字在古文里面常见，将其日文发音训读作"oniteru"，这样就同本名"辉夫"（teruo）联系了起来。[②]当然，他已经做好思想准备被人错叫成"eikyū"了。[③]

---

① 松冈静雄（1878—1936），日本海军大佐，1921年退伍后为语言学家、民族学家，在松冈家排行倒数第二。

② "辉夫"读作"てるお"（teruo），"映丘"取自《日本书纪》"欲令众人知映丘谷者，是味耜高根神"。

③ "eikyū"为"映丘"二字的音读。

我的生家

昌文小学校

小时候的我身体较弱，所以要去长兄松冈鼎行医的茨城县北相马郡布川町寄宿。前文所述次兄利用暑假带着我去东京正是为此，我在东京次兄寄宿处待了10天左右，然后坐人力车从船桥晃到印旛沼附近，印象中的镰谷街道特别难走。在布川长兄家生活的两年里，我竟然都没有去学校上学，现在想来当时身体状况确实够糟糕。

但我5岁时入读辻川的小学校，9岁从当时位于田原的昌文小学校毕业，搬到北条时已经就读高等小学校。^①

这里稍提一下我的小学校。当时日本的小学校普遍用难解的二字汉字作为校名。田原学区取名"昌文"，南田原则取"柔远"之类的雅名。明治十八年（1885年）我从昌文小学校毕业，那年学校才建成新校舍，在此之前一直开设在寺庙里。新校舍系筹资所建，因此我们毕业时学校第一次举行了盛大的毕业典礼，知

---

① 高等小学校是日本明治维新至第二次世界大战结束之前存在的学制，大致相当于现在学制中的初中一二年级。

9

事莅临典礼。知事名为森冈昌纯，那是我有生之年第一次获得奖状，也是第一次目睹知事阁下的尊容。

遵循着记忆，我想起了老家当地报纸的两三事。我们小时候的地方报纸名为《神户又新》。至于我为何仍记得这份报纸的名字，还得从我们住在北条时说起。当时房东之子名为幸吉，是个调皮捣蛋的孩子。因为名字中的"幸"（kō）与神户中的"神"（kō）发音相同，所以每次他来我们家捣乱，弟弟辉夫就气愤地说"神户又新、神户又新"。

我的长兄鼎是万延元年（1860 年），即幕府井伊（直弼）大老被刺杀的那一年（申年）出生的。19 岁从神户的师范学校毕业后就成为田原当地的小学校长，虽然当时学校教员也有三四人，可能他们都不够资格吧，所以校长一职由我兄长担任。我也是借此便利得以比其他人更早入学。长兄在 20 岁时与一位近村的女人结婚。但当时我们家的房子容不下两对夫妇同住，母亲性格严厉、管教颇多，这种条件下两对夫妇显然是无法共存的。所谓"天无二日"，当时的婆媳之争往往最后以婆婆胜出而告终。住了仅仅一年，嫂嫂竟然不堪忍受逃到了娘家。长兄也因此消极颓废，饮酒度日，家庭已然如此，也没有更好的办法，好在松冈家乃医者世家，父亲变卖了房屋和地产，用换来的钱把长兄送到了东京大学别科游学。在当时，培养医生的速成班是不需要学德语的，仅利用日文翻译的教材就可以学到医学知识。长兄在 26 岁那年毕业，但是新开一家诊所既需要资金又需要土地，而且老家的亲属中本就以医生居多，长兄便无意回故乡行医。一个偶然的机遇，他遇到了茨城县某旧领主家的女儿，便与其成亲，凑巧的是长兄的友人居中斡旋，帮助长兄租借了一位已故年轻医生的诊所，这样长兄就在布川做了开业医生。自那时起大概 30 多年间，直到大正末年，长兄只回过故乡一次，以至于后来乡音全无。

每每念及长兄的悲剧，我就会向别人提起"我家是日本第一狭小的家"。事实上，恰恰是因为"家的狭小"，才让我日后走向了民俗学研究的道路。

我的生家[①]

我在辻川的老家是在我出生前两年买下来的。当时是祖母去世的第二年，父亲从生野街道旁边粟贺或福本附近医者家的老年夫妇那里买下土地并建了屋子。面对着辻川的街道的是黑色的木板围栏，正面的空地被长兄作为永住地来使用，所以种植了各种各样的花木。特别是白桃和八重樱，每逢花期竞相争艳，让过路行人驻足停留。在那个时代，樱花只能在山上、寺庙或神社中才能看到，至于长兄为何移种樱花，我也不知个中原委。

在辞掉《朝日新闻》论说委员一职后，我曾将新闻社执笔的书评以及序文等收录至《退读书历》一书。那时我开始想把辻川的家以某种方式留下来，比如把它画下来。我的次弟静雄擅长书法，所以书名题笺就劳他润笔。内衬再请末弟映丘做了一幅辻川老家的画，映丘大概只在辻川生活到四五岁，为了创作这幅画咨询了很多人士，对各种细节详加确认，结果画出来之后跟我印象中的老家完全不一样。

"如果不这样，就说不上是画了。"映丘如此解释，但确实跟我记忆中的老家印象相去甚远。若是一对夫妻来住，那是一栋不

---

① 这里指的是柳田国男出生时的松冈家，后文中的养家指过继、入赘后的柳田家。

错的房子。那家现在已经搬到了"カケアガリ"（Kakeagari）[①]，就在去北条的路上，但只有屋脊还留着记忆中旧时的样貌。即使回乡也就只能从山上眺望到屋檐，姑且算作追思故居了吧。不管怎么看，我的心情不太为人所理解，但我也不希望就因此破坏了我的心情。

说起我家的狭小，那堪称"日本第一"，而且还是"麻雀虽小、五脏俱全"的那种小。四叠半的客厅，糊着唐纸的推拉门隔着一间四叠半的储物间，侧面两间房各三叠，入口有玄关三叠，其他有三叠厨房兼做茶室。就这样狭小的空间竟然住着两对夫妇，即使母亲再心宽体胖、祥和大度，但从一开始就注定无法和谐共处。

关于祖先

我的生家松冈家有着非常复杂奇特的家族渊源。村松梢风[②]在撰写《本朝画人传》中"松冈映丘"一节时曾专门找到我了解家族的情况。因为对方着实不清楚松冈家的历史，遂按照我的了解向对方介绍了从稍有些地产开始到家道中落的那段历史。

这里有必要介绍一下我的祖父陶庵，祖父是从川边（地名，现在的市川町）的中川家过继到松冈家的婿养子（即入赘到松冈家）。川边的中川家还有一个分家，即网干（地名，现姬路市网干区）的中川家，至于这两家的亲疏关系如何，我并不知道，只知道网干的中川家曾经出过一位名叫中川善继的著名兰学医生，

---

① 辻川地名，用片假名表示。
② 村松梢风（1889—1961），本名村松义一，日本小说家，代表作有《魔都》等。

他是祖父的弟弟。

后来祖父罹患伤寒，因为在康复期过于自私自我，祖母不堪忍受就与其离婚。当时祖母还年轻，周围的人觉得她要另寻新的缘分，不过祖母的道德观比较传统，人也比较固执，最终选择在松冈家终老。幸运的是，我的父亲作为独生子一直陪伴着祖母。

这里值得一提的是，我祖母的母亲信奉的是法华宗，而松冈家代代信奉天台宗，彼时该地不允许族人同其他宗派的人结婚，而高祖母竟然是通过自由结婚嫁到了松冈家！与辻川一河之隔的对岸福崎町山崎有一家名为妙法寺的寺庙，寺庙的住持是受法华宗京都本山之命而来蛰居的僧侣，这位僧侣积极拉拢乐善好施的施主信奉法华宗。当时高祖母以"尽孝"为由将儿子左仲（左仲是一位医生，由于脸上长了瘤子而拒绝给人看病，久而久之就成为不受欢迎的人）改宗为法华宗。松冈家的本山妙德山神积寺是格调比较高的天台宗寺庙，对于左仲改宗一事颇为重视。遭到诉讼的她带着女儿（也就是我的祖母）搬到了京都。彼时正是我的祖母本该接受教育的年龄，但在京都的祖母却没有接受任何教育，除了作为生活来源的"鹿子绞染"[①]之外，其他家务劳动一概不会。

流放期结束后他们返回辻川，所收养的婿养子就是前面所说的陶庵。他与祖母离婚后，在生野一带（今大阪市生野区附近）过着悠闲自得的生活，后来入赘到只有一个独子的真继家。真继好像是从事矿山开发的家族，陶庵本人比较有气概，在后来著名的"生野骚动"中起草了檄文，但是事件过后通过各种方式逃脱了罪责。当然，他们家也是一代光景，失去了在生野的土地后，

---

① "鹿子绞染"，原文为"鹿の子絞り"，流行于日本京都一带的日式扎染技术。

如今也是四处从事矿业活动。

我的父亲在长大成人后想念离别的祖父，后来曾经悄悄到生野见过他，祖母发觉后严厉训斥了父亲的行为。

铃森神社

我的父亲贤次（明治维新后改名为"操"，号"约斋"）出生时，松冈家已经开始破败，父亲除了行医之外并无其他出路，于是在弘化元年（1844年）跟随加古郡安田村一位名曰梅谷左门的医生学医。父亲受到有汉学修养的祖母的熏陶，爱读家里以及三木家的藏书。碰巧他学习医术的这位医生也是一位风雅的儒士，经常召集志同道合的同好研习汉诗。父亲碰巧在他们的集会上创作了一首还算不错的七言绝句，颇受与会者的好评。当时被称为姬路藩最后的儒者的角田心藏，他的女婿田岛劝说父亲从事学问，又让父亲作为其弟改姓田岛，后来父亲曾以田岛贤次之名在仁寿山、好古堂等地修习学问。在成为医生返回辻川后，父亲担心他会和其祖辈一样成为不受欢迎的医生，行医时缺少自信。在准备关店休业时，于文久三年（1863年）受邀担任姬路一所町办学校熊川舍的舍主。熊川舍是町内居民众筹所建的学舍，以具有扎实的姬路学风为傲。直到明治初年，家道似乎平稳如常，但实际上在明治维新大变革的时期，我家也曾遭遇难以预料的大变故，这些变故给父亲徒增了许多烦恼，听说甚至一时出现神经衰弱的症状。顺便说一下，在我的长兄鼎和次兄通泰中间还有一个名为俊次的兄长，受到当时父亲境遇的影响，俊次曾在姬路野里一家名为芥田的吴服店工作以补贴家用，不料这家吴服店不久就经营失败，俊次转赴大阪正准备开始一番新事业时，却感染伤寒

不治而死。这是明治十六年（1883年）9月12日的事情，那年我
19岁，半夜兄长急死的讣告送到我家时，全家人悲伤欲绝的场景
如今历历在目。虽然俊次没有特别拜师学过和歌，但在大阪的寓
所留下了这样一首辞世歌：

> 雄鹿起身望明月，竟夕思君泪滂沱。①

　　父亲在明治维新过渡期前后神经衰弱的表现还有一例。我家
后院隔着一片竹林靠北的路边，有一个名为在井堂的药师堂②，药
师堂里有一个枯井，据传是足利时代的著作《峰相记》中出现的
一口井。某个夏日夜里，父亲从禁闭室③出来就寝后行踪不明，家
里人心急火燎地四处寻找，据说最后在这口枯井里找到了父亲。
　　《峰相记》一书中确实有"在井堂"的字眼，但是我推测该
著作是一本伪书。不过因为有上述父亲的情节，所以从心情上并
不乐意接受我的这一推测。
　　也是因为这个原因，这座有枯井的药师堂也是我终生难忘的
场所。
　　药师堂吊脚的地板下是村里的狗产仔的地方，少时贪玩的我
常去那里看狗产仔，虽然讨厌却又不得不闻因此产生的骚臭味。
那个时代的农村养狗不是在家里，而是在村子里，所以狗仔生出
来很快就会知道。现在每次想起药师堂似乎就能够嗅到狗仔们的

---

① 原文为"さをしかの身にはあらねど小夜ふけてかたぶく月にねをのみ
　　ぞなく"。
② 药师堂，中文名为药师殿，供奉药师如来的寺庙配殿。
③ 原文为"座敷牢"，过去日本家庭里设置的用于关闭和监视精神出现症状
　　的人的禁闭室。

骚臭味。药师堂向北大约一丁①的距离是供奉氏神的铃森神社，神社旁边有一棵很大的杨梅树。氏神又曰明神，村人谁家生了孩子总要去神社参拜并供奉红豆饭。除供奉以外，余下的红豆饭则用筷子夹给集结而来的孩子们吃，这已经成为当地的习俗，也是村里儿童的一大乐趣。村里的孩子们预先知道谁家要去神社参拜，往往会提前到神社集合。新生儿的母亲们施舍的红豆饭从来没有到过我的手上，因为我这样做会被家里长辈批评。后来回想起神社的氏神，我曾做过这样一首和歌：

氏神铃之森，杨梅狛犬伴。今日来怀旧，尽在不言中。②

幼时的读书

幼时的我可能是因为身体虚弱的缘故，夜里经常尿床。父母对我百般呵护，娇生惯养。因此之故，我常常欺负弟弟，而且还跟附近的小孩子吵架，可见我的顽皮任性。搬到了北条之后，曾被父亲送到辻川旧领主三木家寄养过一段时间。三木家的拙二跟我是发小，碰巧这时他因就读神户的中学校而寄宿在外，拙二的父亲承太郎便答应了我父亲的请求，可能是我的调皮太出名，于是率先遭遇了三木家5位女佣人的排斥运动。

拙二的祖父慎三郎不事农活，爱好学问，是一位师从大阪中井竹山③谱系的学者，不幸的是他在30多岁就英年早逝。慎三郎

---

① "丁"同"町"，日本传统计量距离的单位，一丁约109米。

② 原文为"うぶすなの森楊梅高麗犬は懐しきかなもの言はねども"。

③ 中井竹山（1730—1804），日本江户时代中期的儒学家，曾执掌大阪私塾怀德堂。

留下大量的藏书，当时放置在三木家后面二层八叠的库房中。由于楼下就是隐蔽的居所，所以从没有人进到过二楼。鉴于我还是个小孩子，便被允许自由进出二楼库房读书。由于过度安静，管家爷爷担心我睡着，所以时不时地给我打招呼。沉迷于读书的我，调皮捣蛋也消停了不少，家人也便对我放心了。三木家藏书种类繁多，甚至还有通俗绘图小说，我不论和汉乱读一通，窃以为我杂学的基础大概就是在这一年间奠定的。

因此，我终生难忘三木家的恩谊。就这样，我从三木家回到北条的家里之后不久，就为了调养身体被次兄带着来到位于茨城的长兄家。恰恰是因为这样复杂的经历，我离开真正的故乡已经71年了，如今回想起来不禁感慨万千。

昭和二十七年（1952年）是我最后一次回乡，我带着夫人回到辻川。当时从我家所在的中所出发准备更衣祭拜氏神。当我走到一个名为"上坂"的上坡处时，一个满脸皱纹的老婆婆突然出现，还拽着我的衣袖不放，着实让我吓了一跳。老婆婆眼里噙满泪水，情绪哽咽说不出话来，仔细想想这位老婆婆可能是把我和弟弟弄混了。当时我们家兄弟三人都离开故乡，老婆婆显然是把我误认为弟弟了。不可思议的是，我竟然清晰地记得老婆婆的名字，她的家是一家曾经繁盛一时的店，名为"樽屋"，老婆婆是从邻村（现在的市川町屋形）过继而来的养女，名字叫作"阿泉"（おせん）。后来在读井原西鹤《好色五人女》时，也出现了"樽屋的阿泉"，所以那时看到这个名字就会联想到故乡的这位阿泉。在大庭广众下被这个女人缠住不放确实让我有点惊慌失措。如果不是一位老婆婆，而是一位妙龄女郎的话，恐怕就让我更加无地自容了。这里是否有弟弟的其他内幕，我不得而知，总之就是被误解了。

据说后来不久，这位老婆婆也去世了。

南望篇

28岁开始守寡的祖母松冈小鹤，无论是医术还是交际能力都相当拙劣，关于这一方面还有很多有趣的故事。但她教适龄的儿童汉文书籍，至少到我长大之前，在祖母的教授下，村子里极为罕见地出现了几位才女。

后来我才注意到，当时家里《唐诗选》中的七言绝句被分成上下两部分抄写，并制作成了数十张诗歌卡片放在匣子里，逢年过节，村里的才女们就边玩纸牌游戏边教我们唐诗。母亲当初大概是想试试看这种纸牌游戏能够给孩子们留下多深的印象，所以保存了一部分留待日后考察我们对唐诗的记忆。

祖母写了不足20编的汉文集，父亲将这些汉文集逐字誊抄并题名为《南望篇》，这成为我家的传家宝。大概是在祖母去世50周年忌的时候，我那时还在四处流浪①，其他几位兄弟团聚后决定活版印刷200本，分发给相关的亲属，我书架上也只有这么一本。关于《南望篇》的内容，或许父亲做了些许加工，但不论如何，主题是祖母对作为独生子的父亲外出游学的思念和牵挂，"南望"这个书名也是在援引类似的中国典故，文集中半数以上正是祖母写给父亲的家书。

文集中有一篇名为《致三木公逢论佛之书》，时至今日，我仍然将这篇文章视为圭臬。致信的对象是村里大庄屋②年轻的主

---

① 松冈小鹤于1973年去世，50周年忌应该在1923年左右，彼时系柳田国男为国际联盟委任统治日方委员赴日内瓦就职期间。

② 大庄屋一般指日本江户时代村落负责人或村长等。

人，也是对我一直关怀备至的三木拙二的祖父。三木公逢^①大概曾是一位天资聪颖的青年吧，年轻时赴大阪怀德堂跟中井竹山（播州龙野出身）研习学问。其家中有数量相当可观的藏书，但或许是学习过于刻苦的缘故，三十几岁就英年早逝，留下独子即拙二的父亲。

当时的我还是身体虚弱、调皮捣蛋甚至有些高傲气盛的12岁少年，因此至今仍不明白为何会被安排到三木家寄宿，虽然只有不到一年的时间。拙二那时在神户一家比较知名的学校寄宿学习，但是他们家中还有几个妹妹，因此我也不会觉得无聊。

父亲知道三木家的藏书丰富，虽然他本人不方便去考证，但却从各方都听闻到这一点。由于三木家距离我家稍有些远，且父亲每日忙于自己的工作，所以很少拜访三木家，也很少参加他们的集会等活动。母亲或许一辈子都没有跟三木家恳切地致谢。就这样，仅仅凭借着父亲的一个请求，三木家就接受了我这个玩世不恭的少年，现在想来仍觉得不可思议。或许是对学问的钻营热爱，又或许是尊重家主判断的家风传统，总之我就这样被寄养至三木家。每念及此，我都感怀三木家历代先人的人格素养。

既然是寄养，就不能被当作客人看待，所以也很少出来露面，无所事事的日子居多。读书成为我的乐趣所在，记得我在里屋二层书库安静地站着读书时，还不时有人走到楼梯下和我打招呼。如果有希望精读的著作，三木家也允许我把书从书库拿出来阅读。不闻其名的著作太多，以至于我常常走马观花地阅读，他们家的书箱也渐次被我打开。有时甚至会花半天的工夫去读戏曲书或通俗画册这种无用的东西。三木家本是好意允许自由阅

---

① 与前文所说的三木慎三郎是同一人。

读，但我却因此养成了滥读书的毛病，以至于70年后的现在还是如此。

最遗憾的是，我在书库中并没有发现早逝的先代主人的日记或书简中有与松冈小鹤往来的汉文书信原稿。当时三木公逢的夫人仍然健在，我本可以就这些事情向她请教一二，无奈当初没有这方面的意识，也没有人要我这么做。后来想到，或许所谓的书信只是祖母的汉文练习而已，她并没有真正地跟三木公逢通过书信，因为祖母似乎一次都没有见过这对大庄屋年轻的主人夫妇。

大庄屋的家

我被允许自由出入的三木家里屋是上下八叠两室的新房，二楼是藏书室，布满了书箱，一楼则是三木家祖母（前述三木公逢的夫人）的起居室。我去二楼读书的时候，她时常会分享给我很稀罕的点心，这个小小空间简直就是我的理想国。除此之外，在大庄屋度过的时光中还有一件事情令我终生难忘。如果我不把这件事情写下来，恐怕接下来也没有机会分享，或许就像真的没有发生过一样了。

男人到了42岁被称为"厄年"①，又是"初老"之年，所以过了42岁往往会有比较隆重的庆祝宴会，这在当地比较流行。门面、排场极为重要，低调行事反会招致怪异的目光。记得次兄井上通泰的养父的祝宴是在明治十六年（1883年）举行的，我当时还给父亲帮忙作了一首五言绝句贺诗。

他们的祝宴办了3天，堪称豪华奢侈。而三木家的祝宴规模

---

① 数字"42"在日文中读作"shi-ni"，与"去死"（死に）同音。

更加宏大，彻夜集会的兴奋状况可想而知，而与宾客畅谈的三木家主人则闲庭信步、游刃有余，应对如此规模的宴会丝毫没有矫揉造作的痕迹。

最让我震惊的是那些平时都不敢大声说话的女性，不知何时练就了长歌吟唱，大家一气呵成，丝毫未露生涩之感。包括辞令表述也那么地优雅自然，轻重缓急，得当得体，完全没有刻意迎合的感觉。

我们也为此种氛围所同化，祝宴现场的人们似乎并没有注意到我们这些小孩子的存在，就这样或从远处、或在角落目睹了祝宴的整个过程。

其中最吸引我的是几位舞女的表演。她们从镇上被邀请过来，年龄约长我一到两岁。表演的时候，起初是两个左右并排，然后每人根据曲目的节奏顺次伴舞，她们表情虽然稚嫩，但跳舞的态度却非常认真。

其中一个圆脸且偏矮的女孩，在表演中总是扮演类似于多罗尾伴内①的角色，不免让人觉得有些可怜。另一位长脸细目的女孩，表演中时而哭泣、时而忧郁，总是扮演类似于八重垣姬②那样的角色。当时的我甚至还为这样的角色设定而感到不平，后来知道这些不过是遵从她们师父的指令，便有所释然了。但我也意识到，总是会有那么一些人，她们穷尽一生仍然摆脱不了类似的命运。

看到舞女们艳丽的舞姿后不免产生上述感触。当我在三木

---

① 多罗尾伴内是战后初期日本系列侦探电影中的主角，该角色在柳田国男生活的时代十分著名。
② 八重垣姬是歌舞伎《本朝二十四孝》中的人物，为历史人物上杉谦信架空的女儿。

家祖母的里屋再次窥视她们时，她们已经卸下装扮，恢复成为一般十二三岁女孩子的模样，她们童心稚气未脱，我那种为她们可怜、哀怨以及愤愤不平的心情也因此得以解脱。

想跟她们接近，却又略带羞涩，只好无功而返，当时还是少年的我，情窦初开，目睹此景，心情畅快的同时又不免略带感伤。

大概从那之后不久，我也没有太多造访三木家里屋的机会了，因为短暂的一年马上结束。后来我每次想到少年时代承蒙三木家的恩谊，正如我刚才所说的那样，总会天马行空地沉浸在三木家所经历的种种回忆中。

关于兄嫂的记忆

幼时的记忆大多都回忆不起来了。由于家里贫穷，我还记得小时候听过把我送到寺庙做小和尚等各种恐吓。其中一处是濑加（现在市川町）的寺庙，寺庙的住持长着一副凶神恶煞的面孔。还有一处是辻川的文殊山，是一座天台宗的寺庙，那里的住持名叫狮子山。小时候不听话，大人便威胁："再调皮把你送到寺庙里去！"每每如此，我都会把面无表情的狮子山和濑加那位面目可惧的住持往狮子的形象联想，以至于并不可怕的狮子山住持也变得一同恐怖起来。我的记性还算好，才想起来上述关于"发配"到寺庙的场景。如果父母真要把我送到寺庙，我想恐怕会被送到京都等更大的寺庙吧，所幸这一恐吓并没有实现。

频频闪现脑海的另一个幼时记忆是，嫁给长兄但因为与母亲不和而回娘家的嫂嫂。嫂嫂出身于北野一个名为皋的医生家庭，她家门前有一个大池塘，到了夏天荷花盛开，别样美丽。这个池塘也是辻川当地灌溉用的蓄水池，记得有一年冬天，我跟两三个朋友一同在池塘滑冰，少不更事的我不觉间就要滑到冰层较薄的池塘中间，此时刚好外出的嫂嫂发现之后便急忙飞奔过来，我记得很清楚，当时她穿着筒袖和服、围着黑色围巾，将我横抱起来送回家里。

那时嫂嫂已经回到自己娘家，但还是非常关心我这个小叔的。所以后来每次我回乡都会记起此事，其中有一次为了报答感念之情，我曾经拜访过她再婚的地方。她嫁到了伊势和山的一家寺院，夫家是一位寺院的住持^①，名为大真，长相俊美，在村里地位也很高，据说他是天台宗门下很有实力的僧人，还兼任加东一处寺院的住持。不巧的是，当天我去拜访的时候嫂嫂刚好外出，所以直到现在我仍然后悔未能再见嫂嫂一面。

我还在辻川的时候，长兄会定期从茨城县给我汇钱，为此我经常跑去距离北条街道二里开外的汇兑商那里取钱。母亲体弱多病，父亲直到去世都是一个对金钱不感冒的人，甚至都不知道天保钱价值八厘，所以取款人自然落到我这个9岁孩子身上。

汇款到了之后，母亲会给我做一个围腰布，并叮嘱我取到钱后放进围腰卷起来。在北条和辻川之间，在郡界附近大概有3个大池塘，也是强盗经常出没的地方。取到现金后走到快离开北条的地方有一户颇有名望的人家，一长串杜松围成了院墙，我们称作"金光圈"^②，常在这一带玩耍。

因为从这里再向前走一段就是前述强盗可能出没的地方，所

---

① 日本寺庙里的多数僧人允许婚娶。

② 日文原文为"ブロンガワ"，具体意思不可考，考虑到杜松作为观赏植物，排成一圈作围栏或院墙的话，翻译成金光圈比较贴切，其中"ブロン"或为"ブロンド"（blond）的简称。

以我在这里玩，其实也是有意等待靠谱的行人路过，跟在他们后面走路多少让我更安心一些。腰包里的金额还是有十二三两的，所以每每走往返北条的那条路都让我神经紧张。10岁的时候，我们全家搬到了北条，我十分高兴，因为北条就有邮局，省却了取钱带来的担忧。

布川时代

关于布川

我在13岁时开始寄居于茨城县布川的长兄家。长兄终日忙碌，父母还在播州①老家，我就过得比较寂寥。无聊之余就频繁地跟近邻交往，以观察乡土民情。小镇历史比较悠久，现在因为利根川的整修工事可能面临"消亡"的命运。

最初我惊奇于这个镇上的小朋友之间彼此不叫对方的名字。诸如"小虎""小熊"之类的叫法，在播州，如果不是堂兄弟或者伯父叔侄之类亲密的关系，肯定不会这样称呼，所以我一开始还认为他们都是亲属关系。但事实并非如此，他们不过是一起长大的玩伴。对于幼时的玩伴而言，称呼只是一个符号或者外号而已，大人们称呼别人家的孩子也是如此。例如，我当时的邻居是一位地主出身的大商人，他们家一位名叫市五郎的下人竟然称呼主人的公子为"纯"。②

---

① 播州即播磨的别称，日本幕府时期位于近兵库县南部的一个藩，这里指柳田位于兵库县的老家。

② 此处为音译，原文为平假名"ジュン"，日文汉字或为"纯""润""顺"等。

在我的故乡辻川，称呼人名的时候后面会加上"ヤン"（yang）或"ハン"（hang），不过"ヤン"稍微有点尊称的意味。我们兄弟几人的名字在那个时代稍显独特，没有取比较难念的"作"或者"吉"等，我们三个年龄较小的兄弟名字最后一个字的发音都是"オ"（o），不过汉字却不一样。如果是在学校只念对方名字的话，确实分不清楚到底是"男""雄"还是"夫"，不过在家里我们则常被称为"クニョハン"（国男ハン）、"シズォハン"（静雄ハン）、"テロハン"（辉夫ハン）。①

深入布川的街道，另一个让我震惊的事实是几乎每家都是"两孩制"②。一户人家要么先男后女，要么先女后男，总之不会养育超过两个孩子。当我说"我们家兄弟8个"的时候，镇上的人们无不瞠目结舌。我虽然年幼，但也知道布川这个地方不得不采用"两孩制"的原因。

布川时常遭遇饥荒。当粮食困顿匮乏时，除了"死亡"之外别无他法。追溯日本的人口轨迹可知，西南战争③结束时止，日本的人口数量一直控制在3 000万人左右。控制人口的方法并不是采取当前时兴的人工终止妊娠等方式，而是其他更加露骨的方式。该地是江户年间"天明大饥荒"的重灾区，之后的"天保大饥荒"的受害情况虽然没有见诸资料，但是当地民众肯定把此前

---

① "ヤン"和"ハン"的日文罗马字输入法应为"yan"和"han"，但中文拼读更接近"yang"和"hang"，另外，"クニョハン""シズォハン""テロハン"系日文中的连读。

② 原文为"ツワイ・キンダー・システム"，系德语"zwei kinder system"转译。

③ 西南战争是明治十年（1877年）1月29日到9月24日在日本西南地区发生的士族叛乱，叛乱由西乡隆盛领导，最终明治政府镇压了叛乱。

饥荒的惨痛记忆带到了天保年间。①

　　据说长兄经营的诊所在当时经常收到当地民众开具死亡诊断书的委托，当然在多数场合长兄都予以拒绝。

　　回忆起在利根川沿岸的生活，这两年间让我印象最深刻的是河畔的地藏堂，地藏堂正面右手边挂着一枚彩色的"绘马"②，不知道具体是谁供奉的。

　　绘马的图案是一个产后的母亲裹着头巾，正在准备掐死新生儿的凄惨场面。横拉门上映照着产妇的影子，而且头上竟然长出了角。旁边的地藏菩萨站着哭泣，年少的我看到这一幕，不禁觉得内心凄凉寒冷。我至今仍记得这种感觉。

　　地藏堂位于利根川拐弯处比较突出的位置，由于这块地方的河道整改切割，所以叫作"切所"。它是足利时代的地方豪强筑城之地，筑城后留下的空壕就是地藏堂所建之处。地藏堂对面是一个小广场，广场还立有金毗罗的像，每年入春时节，为了保佑播下的种子能够丰收，这里都会举行金刀比罗神社相扑活动。③

　　有意思的是，那里建有小林一茶④的句碑，后来不知道被哪位人士给搬走了，目前已经难觅其踪。

　　经过调查才知道，该地有一个名为古田的批发商，曾经师从于一茶，一茶大概每年造访此地两到三次。碑上刻的俳句如下：

---

① "天明大饥荒"（1782—1788年）和"天保大饥荒"（1833—1836年），分别是先后发生于日本江户时代天明年间和天保年间的大饥荒，数十万乃至上百万人因粮食不足而死亡。

② 绘马是在日本神社、寺院里祈愿时用的一种奉纳物，一般用木板制成。

③ 此处所说的应是位于今日本茨城县北相马郡利根町布川的金刀比罗神社（琴平神社）。

④ 小林一茶（1763—1828），本名小林弥太郎，"一茶"是其俳号。小林一茶形成了独特的"一茶调"风格，与松尾芭蕉、与谢芜村同为日本江户时代的代表俳句诗人。

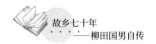

人潮如织，攀树观战，神社相扑赛。①

当时年少无知的我只觉得其名罕见，其句风趣，但还全然不知一茶是著名的俳句诗人。

饥馑的体验

说起饥馑，我本人有过惨痛的经历。这种经历至少是我转向民俗学研究的理由之一。怀着彻底根绝饥饿的决心，我将目光转向了农政学，这是我毕业后到农商务省就职的动机。

我还在北条町的时候，大约是在明治十八年（1885年），印象中也是日本大范围饥荒的最后阶段。我住在后街大杂院旁边的贫民窟附近，曾经目睹镇上的"余源"等有财资的两三家商户在自家门前架起大铁锅，施舍粥汤给揭不开锅的穷人。人们拿着土锅前去讨要粥汤。说是粥汤，但其实是那种看不到米粒的稀汤。这一场景大概持续了一个多月，可见当时的饥荒还是很严重的。我的母亲心思细，叮嘱我们不要吃让人眼馋羡慕的东西。可能是考虑到附近邻居的感受，其实我们当时也是以粥度日。

或许是这类惨事不断打击我幼小心灵之故，我在高等小学校没毕业前就萌生了研究"三仓"（义仓、社仓、常平仓）的想法。②最近我还发现了这篇论文还没成型时的研究笔记。正是幼小心灵的深刻印象让我不禁开始阅读《救荒要览》这样的资料，

---

① 原文为"べったりと人のなる木宮角力"，此句为小林一茶于享和三年（1803年）造访布川、观摩神社的相扑活动时所作。

② 柳田在东京大学的毕业论文为《三仓沿革》，这里的三仓主要是过去日本为防范饥荒而储存备用粮的仓库。

我记得大概是在13岁时阅读它的。

　　后来长兄家从茨城县布川町搬到利根川一河之隔的千叶县布佐（现在的我孙子市）。长兄本就无意于在布川常住，原本打算有一定积蓄后回到故乡开业行医。不巧的是，当时租借的房屋的房东近亲要搬进来住，长兄只好暂时搬到附近的布佐，不想那里竟成了长兄的入土魂归之地，现在长兄的后代们已经在布佐定居了。

　　当时的布佐是城际大道与利根川的中转站，是相当繁华的地方。清晨站在河堤眺望远方，泛舟荡起，炊烟袅袅，好一幅美丽的河川风景。后来，随着河床升高，如今的地形不复往日的情景。住在这个地方，确实能深刻体会到所谓的"世事无常"。松尾芭蕉在《鹿岛纪行》中曾经称布佐为"网场"，作为捕鱼撒网的地方，芭蕉在文中指出"留宿布佐，鱼腥味浓"[①]。布佐比茨城县一侧水更深，还有繁荣一时的驿站，不过后来随着地形的变化也不复存在。我15岁离开这里赴东京求学，但偶尔也会回来探亲，所以当时对于这块土地的变迁没有太多的感触，如今倒是充满了怀念之情，因为父母以及两个弟弟大约在两年后也从辻川搬到了布佐。

利根川河畔

　　明治二十年（1887年）初秋，在我13岁那年搬到下总[②]的布川。搬到布川后的两年间，每一天对我来说都弥足珍贵。这倒不仅是因为离开父母，远走他乡，而是新婚后的长兄在布川开设诊所，我作为书生每天面对着兄长、代诊医生以及药剂师三人，跟

---

①　原文为"夜の宿、なまぐさし"。

②　下总，旧国名，位于今日本千叶县北部和茨城县南部一带。

当地居民的方言也不通。在此状态下，我经历了很多新鲜的体验。

我自己可能不太记得了，其实在布川的两年间，跟老家的父母通信非常频繁。两年后父母终于也搬来与我们同住时，他们还抱怨信中的内容过于夸张。或许当时为了让父母有兴致阅读，我的信中用了夸张等具有文学色彩的表现形式。例如后面要说的两只狐狸以及邻居遭受刺伤的事情①，因为本来就觉得比较灵异，所以在信件中详细向父母汇报了原委。

那两年我过得非常有趣。虽说孤单，没人特别关照我，但总能发现新鲜的事物。例如，我一直认为石榴是酸的，不料真正品尝之后才知道还有甜石榴。其实这种对小孩子认知以及价值利害判断产生影响的新发现非常多。我当时没有上学，理由是身体不好，所以贪玩的我光着身子跑跳也丝毫不会激怒长兄，有时候还光着身体耍短棍，是一个十足的调皮少年。一旦兄长回来之后，我便认真坐在屋里看书，干着"两面三刀"的事情。

当时尾崎红叶②在东京与砚友社③的同好发行了名为《我乐多文库》的同人杂志④。四六判⑤大小的纸张一直出版到第16期。当

---

① 参见"我的学术研究"中的"狐狸的记忆"一节。

② 尾崎红叶（1868—1903），本名德太郎，小说家、散文家、俳句诗人，日本明治文坛重要人物，代表作有《两个比丘尼的色情忏悔》《三人妻》《多情多恨》《金色夜叉》等。其弟子泉镜花、德田秋声等也是近代日本文坛的重要人物。

③ 砚友社是明治十八年（1885年）在东京大学预科（即后来的第一高等学校）学生间成立的文学团体，由尾崎红叶、山田美妙等人发起，对近代日本文体的确立有深远意义。明治三十六年（1903年）尾崎红叶去世后解体。

④ 砚友社成立的同年开始发行同人杂志《我乐多文库》，主要刊载小说、诗、短歌、川柳等形式的作品。同人杂志指几个同好在一起自己出资、自己写作、编辑、出版的杂志。

⑤ 四六判为188 mm×130 mm大小的纸张，接近国内常见的32开纸。

时江见水荫尚未加盟，是石桥思案等四五个闲散人士在编辑这份杂志，印象中出到第16期是明治二十一年（1888年）的事情。狐狸的灵异事件的主角之一，手腕被割伤的邻居小川家一位小叔，恰好有这一套杂志，所以当时还是孩子的我有机会阅读它。据说是东京一位名曰石合的学者送的，至于他跟小川家的关系，我不得而知，总之他会把最新的杂志寄过来。

因为喜欢阅读杂志的缘故，我常拜访小川家，而且还会读给养伤赋闲在家而觉得无聊的这位小叔听。或许是我有浓厚的关西腔，我读起来兴致勃勃，小叔听着亦饶有趣味。当时给我印象最深的就是砚友社的《我乐多文库》。如今这些被视为珍本的杂志，当初一问世我即可埋头阅读。现在看来，并不是所有的内容都值得一读。当时坪内逍遥的《当世书生气质》开始获得舆论界的认可，但是却不见《小说神髓》在市面流通。[①]

更愉悦的是，在接触最新潮的文学的同时，我还阅读非常古典的作品。长兄诊所的代诊医生和药剂师虽是书生，看的东西却跟砚友社文学相反，竟是些如《浮世杂志》那样记载丑闻怪事的杂志，还有就是如《亲釜集》这种竞相刊载都都逸[②]的杂志。

这些花柳界的杂志，尺寸约四六判大小，封面画着三味线的拨子，内文写着"亲釜集"，侧面则画着一只正在侧耳倾听的猫。他们订购了这些杂志，所以我常跑到那边阅读这些花柳杂志。与此同时，还能读到砚友社以及坪内逍遥的作品，想不博学都难！

从东京给布川小川氏寄送珍品新刊书的人姓石合，是幕末著

---

① 坪内逍遥（1859—1935），日本小说家、评论家、剧作家、翻译家。《当世书生气质》和《小说神髓》是他的代表作。

② 都都逸是日本江户末期流行的一种俗曲，用口语由七、七、七、五格律组成。

名学者田口江村之子，名字好像是"震"。不知小川家从哪一代开始特别尊崇学者。田口江村在维新之际走投无路，投奔小川家后借用其家宅邸建了三间大杂院房屋。江村回到东京后就把房子留给了小川家。

我家长兄就是租借的这处房屋。幕末时期到江户周边投靠亲故的人士颇多，石合算是其中一例，其实也反映出幕末历史背后悲剧性的一面。父亲从故乡搬来住的时候，书柜里还保存有羽仓外记①的文章。

不过当时还是孩子的我并不知晓内情。石合像是过去颇受小川家小叔的照顾，所以经常探望手臂被砍的这位小叔，而且还不断寄送图书杂志。这位小叔则摆着架子说送些什么来挺好的。当时确实赶上文学界的新机运，虽然《都之花》②之类的作品还未面世。不知道石合自身有无子孙，能坚持给小川送书总觉得是一件十分不容易的事情，石合要是不热情好心的话是做不到的吧。

就这样，在阅读新刊图书的同时，我还阅读《亲釜集》这类杂志，而在东京的次兄还源源不断地送给我他看完的书。其中歌集居多，读多少都不为过。

诸如县居门人③的著书、村田春海④的歌集、千荫⑤的歌集等

---

① 羽仓外记（1790—1862），本名用九，号简堂，通称外记，日本江户末期儒学者。

② 砚友社同人山田美妙作为主笔于1888年创刊的文艺杂志。

③ 指日本江户时期国学者、歌人贺茂真渊（1697—1769）的门生。县居是真渊别名，真渊的学派因此也被称为"县居学派"或"县门"。

④ 村田春海（1746—1811），日本江户中后期国学者、歌人，本姓为平氏，通称平四郎，是贺茂真渊的县门四天王之一。

⑤ 指加藤千荫（1735—1808），日本江户中后期国学者、歌人，因又姓橘氏而又称橘千荫，同是县门四天王之一。在书法上亦有很深的造诣，其风格被称为千荫流，在明治时期有很高人气。

等，至于次兄是通过何种方式送过来的，我已经记不清楚了，总之顺便之时总会有书送到。

对于具备阅读能力的少年而言，只送来这种古典著作是不可能满足其求知欲的。那时的我热衷于了解更多事实，对于书"来者不拒"，即便这样仍有欲求不满之感。其他种类的书我也会涉猎，不去上学的我有的是时间。次兄大概有意将我引向歌人的道路，却无奈我涉猎过于杂乱无章。双亲过来之后形势大变，爱唠叨的两位老人不仅让我，也让长兄束手无策、战战兢兢。

这种生活大约维持了两年，直到明治二十二年（1889年）秋天。虽然也有一些不好的记忆，总的来说是我最享受自然生活的两年。

如此想来，继播州的三木家之后，布川的小川家给予了我第二个滥读时代。

北斋漫画之点滴

如次兄送我歌集那样，我也给当时尚在播州的末弟辉夫（映丘）寄送锦绘。弟弟当时看到休息所人力车背后的武者绘之后，便对绘画萌生了兴趣。如今我依然记得弟弟和双亲来到布川之后，我陪弟弟一起看北斋漫画的情景。北斋漫画在当时是非常昂贵的书籍，买书的费用则完全来自长兄的赞助。

葛饰北斋画的浮世绘不计其数，在厌倦了浮世绘之后他便对民间生活产生了兴趣。基于此，他将当时绘画的手稿等整理成书，以《北斋漫画》为名付梓出版。漫画系列丛书出了15册，册册精品、趣味无穷。其中第十二册尤其精彩，堪称真正意义上的漫画集。每一处尽是令人喷饭的画面。例如，一位戴着帽兜的算

命先生，一本正经地拿着放大镜给人看面相，对方是一位漂亮女人，漫画中则只放大了她漂亮的脸蛋。净是这类迂腐趣味的漫画，这些漫画集如今说不定被保存在哪家图书馆吧！其实我们兄弟间每次聊起这些话题也觉得好生奇怪。

北斋的漫画虽然经历了幕末的动乱期，但幸运的是，在名古屋发现了其原版漫画，此后东碧堂、片野等书店相继将其装订成书出版，因为原版得以保留的关系，漫画得以以相对便宜的价格面市。大概到了明治二十一年或二十二年（1888年或1889年），原版漫画似已失传。

我虽然读了很多书，但我们家的藏书真的不算多。有时候我甚至怀疑家里的书是不是放在了我不知道的地方，毕竟父亲一辈子以书为生，家里书那么少真是难以理解。不过我们家倒是有些书寄存在次兄的养家井上家。

移居东京之后，有一次拜访播州的井上家时，确实发现了一箱标记松冈藏书的纸箱。

那些是曾祖父、祖父母的书，其中还夹着部分珍品书。当时虽然想着带点回去，但考虑到尚处于旅途中间，便只好作罢。

事到如今我仍觉得遗憾的，是一份好像由曾祖父手写的诊断书。大概有几页纸，每页纸上画着九条舌头，而且每一幅画所代表的症状以及症候都标记得十分清楚。据说过去的医生看舌问诊的技术十分成熟。次兄将自己的大多数图书寄送过来并保存完好，我当时还想松冈家的藏书是否也一并寄过来了。结果后来去拜访他时就见不到松冈家的藏书了。

给我少年时代的滥读提供条件的三木家，其藏书尽是美品。稍微有点褶皱或者损伤的图书，便会马上修复维护。那些被主人倾注了大量感情维护的珍本，如今身在何方呢？

最初的文章

我在布川、布佐那会儿，利根川河道变化颇大。挂着白帆的河船减少，轻蒸汽船数量开始增加。河船过去主要运米至关宿一带。不无夸张地说，从铫子逆流而上到关宿可有25里地呢！[①] 到了关宿上岸后要转至江户川，需经市川顺流而下，最后通过运河进入隅田川。

蒸汽船得以普及之后，如此上下折返的运输方式不免滑稽，于是当地政府在利根川与江户川之间接近的三角地带开凿了运河，能够往返于两川之间。虽然当时还没有后来这样便利，但我却沿着这条路线往返东京。利根川和江户川上的外轮船都停靠在运河附近。乘客们在堤岸走上一里路便可登上对岸待发的蒸汽船。但其实在此期间，铁道已经开通，交通往来并无太大障碍，然而利根川的蒸汽船却一直都是特立独行的存在。

我曾经写过一篇名为《利根夜船》的文章发表在《帝国文学》上，应该是我公开发表的第一篇文章。在此之前，大概十四五岁时在森鸥外[②]和次兄通泰主办的杂志《栅草纸》（しらがみ草子，shiragamizōshi）上发表过《秋元安民传》，这是姬路著名歌人的传记，同时刊载的还有和歌。只不过当时是在父亲口授的帮助下完成的，算不上独立的作品。

[①] "里"作为日本的度量单位，"1里"约合"3.9千米"。

[②] 森鸥外（1862—1922），日本明治、大正时期著名小说家、评论家、翻译家，也做过陆军军医总监（陆军中将级）。代表作有《舞姬》等，是帝国艺术院（现日本艺术院）首任院长。其在文坛地位颇高，是与夏目漱石齐名的文豪。

我年幼时还写过一篇构思巧妙、文学色彩较高的文章，是从父亲那里听说有关姬路城的故事后有感而作。文章使用当时流行的雅文体写作，原文如今已经无法找到，但大致内容如下：

一对鸳鸯鹤在姬路城中的松树上筑巢，仔细观察可以发现雌鹤似乎因为生病而待在巢里不能动弹，雄鹤则经常进出巢穴为雌鹤衔来食物。不过最终雄鹤好像还是离开了雌鹤，很长时间没有归来。"鸟儿终归是这样，即便关系再好"，人们常常这样说道。最终留在巢里的雌鹤从树上落下死掉了，不久后雄鹤却从远处飞来，发现雌鹤不见了便大声啼叫。后来，雄鹤将口中衔的东西丢在了树的下方，被人捡起来后才知道这是一棵高丽人参。就是这样一个悲伤的故事。

我自满于故事情节的完美无瑕，感慨之余还做了一首和歌。我15岁时做的和歌内容如下：

为求良药常磐岛，奔波归来亦徒劳。[①]

当时特别希望这首和歌能够获奖并且被人们所称赞，所以配合着把故事也写了。恐怕这才是我最初的作品吧！

故事情节自然是虚构的，不过即便我不在姬路城，也经常听到这类故事，关于上述鹤的故事就是从父亲那里听到的。

---

① 原文为"いく薬求めし甲斐もなかりけり常磐の島を往き来りつつ"。作者还补充道："いく薬"一词经常出现，也就是补充生命力的药（活く薬），即良药。

某个神秘的暗示

在布川生活的两年间，傻事也干了不少，下面这件稍微值得介绍一下。小川家院子的最里面建有漂亮的仓储楼（土蔵，dozō），楼前20来坪①的平地上长着两三棵树，树下有个新设的石作祠堂。经了解才知道，小川家已是第三代，初代的祖父是从茨城的水户搬过来的名医。据说石祠里面祭祀的正是这位祖父的母亲，也就是说将曾祖母作为神来祭奠。

这个祠堂里究竟有什么呢？当时14岁调皮的我迫切地想要打开石祠的门看个究竟。我采取行动是在春天，想到被人发现难免一顿训斥，所以趁着没人的时候战战兢兢打开了石门。映入眼帘的是一个拳头大小的漂亮蜡石珠，石珠刚好镶嵌在石头里面。后来了解到，这位曾祖母中风倒下后经常抚摸这个石珠，孙辈们认为这个石珠是对她最好的纪念，所以便将石珠放在石祠中。这在当时确实是很新潮的思想。

我注视着美丽的石珠，莫名其妙地兴奋起来，就蹲在那里仰望蔚蓝的天空。竟然看到了星星。现在仍然清楚地记得，确实有几十颗之多的星星挂在近乎透明的蓝天中。白天本不应看到星星，年少的我陷入了胡思乱想。那时的我多少有一点天文学知识，当时能看到的肯定不是自己认识的星星，所以也没必要确认，更没必要介怀。

如今想来，那可能是异常心理作怪。在寂静无人的场所，本想着会看到御币或者镜子之类的供物，不想竟是漂亮的珠子，所

---

① "坪"是日本的一个面积单位。1坪约3.3平方米。

以才有莫名的感动。当我正在陷入这种模模糊糊的状态时，突然天空中一只白头鹎啼叫而过，我随即动了动身体，这才恢复正常的意识。如果当时白头鹎没有啼叫，可能魂就跟着感觉走了。

在双亲从故乡搬到布川之前，明明是个孩子的我却体验了不同的境遇，或许一直这样过日子是不行的。不过好在日后我也从多个层面体验到生活的艰辛。

父母搬来之后，外加上长兄夫妇，家庭情况突然变得复杂起来，后来我就搬到了东京。时间大概是明治二十四年（1891年），次兄在大学做助手，还做了开业医生，我便投靠他到了东京。在东京又是不一样的境遇，所以很快忘记了在布川时所体验的异常心理。

如今上了年纪之后再回想起来，必须与父母通信保持交流的那两年着实危险。

大塚户的花火大会

父母搬到布川一段时间之后，在利根川沿岸名为布川宿的地方找到一家空房，于是就带着我们几个年龄小的孩子搬了过去。

当时关东流行燃放烟花，从布川沿着利根川北上八九里地有个名为大塚户的村子。村子其貌不扬，但每年举行的花火大会却往往能聚集很多观众。当然人们不只是为了看烟花，沿途尽兴嬉戏游乐亦必不可少。

周边村落的年轻人未必愿意前往，反倒是大爷大妈兴致昂扬，凑满一船便沿河而上。

毕竟是烟花大会，去看看也无妨。但仔细一看，无论是远处还是近处，人们都肆无忌惮地躺着，风俗坏乱至极。当时不知内情的我，只知道大家都去，所以便也跟着去了，父母刚从故乡过来，自然也无从知晓，如果知道的话肯定也不允许我过去。经历了船上的往返以及当地的杂乱之后，我带着非常不好的印象返回。

印象中过往途中的林子里有一个寺院佛堂。胆大的人在黑暗中径直走向佛堂，而其他人等则男女牵手或到树林外侧或前往广阔的树林中间的暗处。记得当时的我对这一情景特别吃惊，以至于它比大塚户的烟花给我留下的印象还要诧异。

至于后来如何我也不得而知，毕竟这个事情咨询别人也不方便，不过如今我倒想了解一下大塚户的花火大会如何了。当时刚刚时兴花火大会，其他地方也不太容易见到。河船对于我来说也是初次体验，当时的感觉除了惊奇之外别无其他。

不知是受此一活动的影响，还是由别的机缘引起，当时非常流行"念佛讲"。哪家话多的老头、老太太失去老伴之后，总有人劝他们加入"念佛讲"。早上虽然不喝酒，但会以茶助兴交流谈天，出点小费他们还会拍手唱歌。这可是让老人消遣的极品良策。组团去看花火大会的策源地也来源于"念佛讲"。这种景象在我故乡播州不曾见过，感觉这是下总一带保存下来的比较粗犷的生活方式。有点接近长塚节①的作品《土》中所呈现的风土民情。

我们一家虽然也大致体验了这样的生活，但毕竟没有深入涉及。在布川的时候亦不常外出远行，至于筑波山②什么的，则是到了东京考上高中之后才第一次爬。

---

① 长塚节（1879—1915），日本明治时期的歌人、小说家，长篇代表作《土》以其故乡茨城县鬼怒川沿岸的农村社会为背景。

② 日本关东地区茨城县一带的名山。

《利根川图志》

昭和十三年（1938年），我受岩波书店所托校订并翻刻《利根川图志》，如今这个版本已经绝版。我曾经在别的杂文中介绍过我与这本书的关系。现在想来，渊源不可谓不深，我刚搬到下总的布川时，大概在明治二十年（1887年）初秋至明治二十一年（1888年）期间，我读到了该书最早的版本，该书成书于安政五年（1858年），当时已经过了30年。从那时起到我经手校订，则又过了50年。

作者是一位名为赤松宗旦的医生。其家族代代名为宗旦，这本书的作者则是第二代。我曾经承蒙这位作者的养子，即第三代宗旦的多方关照。及至第四代的时候，已经不再取名宗旦了，对方是一位小学校长，我跟他的交情也不错。第五代或许已经去世了，我没有他具体的消息，据最近往来布川的朋友说，见到了第五代的妻子以及第六代，他们家仍然还在最初定居的地方，没有变化。

提到赤松这个姓，我的生家也是赤松系，据说从播州的西部迁到辻川之后，出于各种考虑将姓改称为松冈。搬到下总之后，知道当地有人姓赤松，感觉十分怀念和亲切。所以兄长和我都跟赤松家保持着不错的交情。

当然这位作者所在的赤松家并不一定是播州出身，据他们家人所言，赤松家早期在远州的挂川（位于静冈县）居住，后来搬到了下总。而我们家的说法是，具体住在播州的何处无从考证，有赤松家族的两位医生，离开了家乡到外地开创一番事业，最后落脚在下总。虽然两家说法不同，但不管怎样，下总松冈家的"先祖"就是我的长兄松冈鼎了，说到这里大家都笑了。总之，我们跟赤松家的关系非常要好。

赤松家的祖父是产科医生，我的侄女等都是这位祖父接生出来的。这位祖父膝下全是女儿，但我跟她们的关系都还很不错。人在他乡，毕竟彼此之间多少能够嗅到些播州的味道。

赤松家第一代主人将编纂《利根川图志》作为毕生事业，无奈英年早逝，最后由其子即第二代宗旦整理成书。该书有很多惊人的设想，在蒸汽船都还没有的时候，书中就已经在设想挖通三国峠①或者碓冰峠以连接日本海与太平洋，他们不考虑地形的高低就盲目讨论，甚至还积极向幕府以及相关负责人建言。当时正好幕府第二次制订印旛沼②的开发计划（第一次是田沼意次③的计划），有传言指出该计划将利根川和鬼怒川连在一起之后入海。说句不好听的，这些所谓的计划有点投机的感觉，或许是受到了佐藤信渊④等人影响的缘故吧！总之，下总的赤松、松冈两家建立了密切的联系，这也是我愿意从事《利根川图志》复刻工作的动机。

御茶之舟

最近，一位叫作饭岛博的医生出版了一本名为《利根川》的

---

① 峠指两山之间的狭窄地方，类似于中文所说的"垭口"。三国峠位于新潟县和群马县交界处，碓冰峠位于群马县和长野县交界处。

② 印旛沼是今日本千叶县北部利根川下游南岸的一处湖沼，属利根川水系。

③ 田沼意次（1719—1788），日本江户中期的旗本、大名，远江相良藩初代藩主（在今静冈县牧之原市）。

④ 佐藤信渊（1769—1850），日本江户后期绝对主义思想家、经世（经济学）家、农学家、农政家、兵学家，主要著作有《宇内混同秘策》《经济要录》《农政本论》等。

著作。想必作者是埼玉县宝珠花这个地方的人士，该地位于利根川上游埼玉与茨城县境交接的地方，但行政上属于埼玉县（今为埼玉县北葛饰郡）。

　　宝珠花的八重是枷锁，买八重的家伙得花柳。①

　　小时候经常能听到船家这样唱和，却不知道"kasa"（かさ）的固有名词有两个。下总是利根川进入下游的急转弯之地。这一带茶屋女颇多，船家们到了下游，或许是想到这些风情之事才唱着上面的那句歌词。

　　在下野方向与利根川合流的是鬼怒川，而在其东侧则有从益子（地名，今属栃木县芳贺郡）一侧通过而南流的小贝川。鬼怒川的主要职能是把奥州（岩手县南部）的货物运往利根川方向，货物运到宇都宫东北方向的阿久津时，便乘着鬼怒川的船只向利根川方向转移。这是为了节约陆路的成本。如果将这些货物运到利根川，则意味着无论接下来到哪里均可以自由利用水路交通。当然这一水路的繁盛期持续时间较短。

　　总的来说是上游运来的货物太少，最后没办法就用空船运石头。下总地方缺少石头，泽庵石②都是从外地运进来的，可见下总对石头的需求之大。利根川下游的船夫们帮忙运输的时候喜欢多少捞一点油水，据说他们都有检查谷物的细针，用它来戳一下装谷物的袋子，并偷一部分漏出来的据为己有。但是，如果运输

---

① 原文为"宝珠花ではお八重がかさだ　お八重买う奴みなかさだ"，八重有花瓣之意，这里或指花柳界的女人，而枷锁和花柳病（梅毒）的发音都是"kasa"（かさ）。

② 当地著名的腌制品为"泽庵渍物"，按压腌制品的石头被称为"泽庵石"或"泽庵重石"。

的是泽庵石，他们就没有办法捞取油水了，不过据说还有聚众舔一下泽庵石的说法。

从益子向南流的小北川发源于泥沼，非常浑浊，与利根川合流后河水就开始变得脏臭。不过鬼怒川的水倒是清澈见底。从奥日光①过来的水，即便跟利根川合流也不会变得浑浊。下游的船夫能够清楚地判断哪些是从鬼怒川过来的水，泾渭分明。利根川的中游开始向千叶县方向的一段，有鬼怒川的水流在里面。

在布川，父母或者祖先忌日那天要去鬼怒川取干净的水，这一习俗在对岸的布佐倒不怎么时兴。布川是比较古老的小镇，所以家家户户都有小船，平时不用的时候就绑在岸边，但是到了这种日子则都要乘着小船前往鬼怒川，用取来的水泡茶喝。平时我们将就着饮用来自上州②的水。上州的水量丰富，而向对面流去的就是小北川的水，经过这一带进入千叶县境内后，鬼怒川的河面更宽，有两到三间③那么宽。

布川的这些小舟，既不是用来过河的，也不是用来联系前村后舍的，它们仅仅被作为"御茶之舟"，用来汲取清澈的河水。

受到利根川整修工程的影响，布川小镇这一带的土地可能会变成河床的一部分。但是对于了解70年前利根川情况的我们而言，对故地的怀念之情是无法断绝的。

---

① 位于栃木县日光市日光连山金精峠附近的一处秘境。

② 上州是古代上野国的别称，主要位于今天的群马县。利根川即发源于群马县的大水上山。

③ 间是长度计量单位，一间约合1.8米。

如今想起这块地方，仍然如梦幻一般令我内心悸动。

辻川旧话

川舟交通

明治初年，全国地图初具雏形，这让热衷于纸上空谈的政治家们有了更多思考问题的依据，甚至还有人强烈主张太平洋和日本海之间应该有便捷的连接通道。更荒唐的想法是掘开日本的中央部位，以连接利根川和信浓川。特别是日本北半部的海运经常受季风的影响，冬去春归，十分不便，所以才有了上述近乎天方夜谭的计划。另外，通过连接琵琶湖和伊势湾来沟通日本表与里的计划，作为明治维新以前就有的经济政策，在当时亦有提及。进入明治时期之后，则有将丹波的由良川和武库川、市川和圆山川相连接的计划。关于后者，在我出生前后只有五六年的时间就已经有付诸实践的尝试。当时是利用接驳船逆市川而上，在生野附近以马车为中继翻山，最后经圆山川将货物运到日本海。以上是仅凭地图来制定经济政策的反面教材。确实在我小的时候，经常能够从长辈那里听到类似的说法。小时候印象中村里有两家批发商，其中一家好像就成立于接驳船时代。

父亲不喜欢辻川的"辻"这个略写字，而是使用"逵"字。"辻"乃日本的造字，汉学家们认为造字过于粗劣，所以才不入他们的法眼吧！

辻川的街道，名副其实呈交叉状。从北条的方向进村是一条东西向的大道，南方则有从长目、吉田方向而来向北延伸的道路。我们家的旧房子就在两条道交叉的角落。现在沿着市川北上的道路一部分可通汽车，其实是新开出来的一条道路。从北条进入辻川前，通往福崎方向的道路也是最近才铺设完成的，以前的道路是沿着灌溉用水的堰沟而建，也有道路与南北贯通的堰沟相平行，受此风格的影响，辻川的道路也几经变迁。这些对辻川完全无任何益处的堰沟，是姬路藩强压政策的结果。

从我家侧面通往铃森神社坡道的部分被称为上坂。每次想起这个坡道就会唤起弟弟笑嘻嘻的面孔。末弟3岁的时候，母亲便开始使唤他帮忙外出购物，某日母亲让他去斜对面的豆腐店买豆腐，不想炸豆腐的角被啃了一口，母亲觉得不可思议，便质问原因，弟弟信口答曰："上坂方向跑来一只老鼠，沿着漏勺爬上来啃了一口跑掉了。"听了弟弟机智快速的反应之后，本欲发飙的母亲也为3岁儿子虽可笑但巧妙的应答而折服。我想她老人家是在佩服幼儿丰富的想象力吧！

从上坂稍微向北走，有一户家号为"札场"的人家，或许过去这里曾竖起过比较高的木牌。他们家有个名为和吉的小孩与我同岁，他是被寄养在别人家然后回到本家的孩子，所以那时还老是以这个理由来欺负他。后来他去了北海道，并在那里积蓄了家产。和吉几年前曾突然访问我家，敲门念叨"小国男在家吗"。老友来访，甚是怀念，也勾起了我们两人儿时的回忆。

当年有块土地长满了野生菩提珠①，这块地后来被填埋，如今已经成为政府机构的登记所。我与和吉经常来采摘菩提珠，还把菩提珠串起来挂在脖子上玩。

辻川的道路

我家就在横贯辻川的道路旁边，所以总有各色人等从我家门前经过，特别是往返鸟取和京都之间时，如果中途想要顺访大阪，我家门前的街道就成了近道。经过此地的人未必都会写日记，但如果今后注意记录的话，可以发现有相当多的人走这条路并且记录下辻川街道的印象。在我的印象中，江户时代的国学者、小说家上田秋成②就是其中一位。他在纪行文中记下了留宿辻川的经历，同时也展现了对故乡的思念之情。另一位是幕末的学者羽仓外记，他在大阪期间记录外出游玩的旅行记中有经过辻川的记录。羽仓是我十分尊重的学者，他为了解伊豆七岛的经营情况，亲赴岛上担任代官③，他对该地的研究事无巨细，同情岛民的生活，在当时是非常杰出的学者。我第一次知道羽仓是在搬到茨城县布川后的第二年，当时我们租住的宅子里有一栋独立的小屋，那里就成了我们玩耍的地方。屋内的书柜上有不少手抄本，比我晚两年搬过去的父亲从这些藏书中发现了羽仓的著作，其中有与辻川相关的旅行记，让对辻川甚是怀念的我如获至宝，羽仓

---

① 菩提珠跟下文所说的薏米接近，药物功能相似，只是菩提珠一般不食用，而薏米可食用。

② 上田秋成（1734—1809），日本江户后期读本小说家、歌人、俳句诗人、茶道家和国学者，代表作有怪异小说《雨月物语》。

③ 代官即代替君主或领土到地方管理事务的人员。羽仓对伊豆七岛的研究成果被整理为《南汎录》一书。

的名字也就刻在了我的记忆里。机缘巧合下，我后来也开始对伊豆七岛展开调查研究，为了集齐羽仓氏的著作，我煞费苦心。有一次在东京下谷的旧书店，碰上当时一位名为内田良平①的名人，他欣赏我的志气，便从藏书中将羽仓的著作送给我，这本书目前对我而言仍然是具有纪念意义的藏书。

关于辻川这一地名的由来，我一直都有深深的疑惑。其由来或许跟东西南北交叉的十字路有关，横贯辻川东西的是经过前之庄往佐用方向延伸的一条老街，南北则是从很早就开港的饰磨津开始北上通往生野的道路。从姬路②北上生野的道路一直到福崎为止都是沿河的西岸修筑的，但若要再向北，福崎、山崎两地则无法沿河修路，所以不得不转到东岸的辻川继续北上。南北方向的道路在此之前是沿着堰沟而修的道路，曾经一段时间是经过我老家门前的，东西方向的路好像也改过道，应该是几经变迁过的吧。当初沿着堰沟而建的狭窄小路，在以马匹作为交通工具的时代，确实发挥了十分重要的作用。前述有地藏堂的地方，在当时毫无疑问是重要的地点，上可登山，下可入川。

如今想起这块地方，仍然如梦幻一般令我内心悸动。从铃森神社斜向下有个小石崖，有流水，有螃蟹，堪称我们的乐园。旁边长着当地名为"アカイワシ"（akaiwashi）③的阔叶树，到了冬天树干就变成红色，小伙伴们就把树枝当作刀来玩耍。

---

① 内田良平（1874—1937），日本近代史上著名的国家主义者、亚细亚主义者和右翼活动家，1901年参与创办右翼团体黑龙会，与日本第一个右翼团体玄洋社渊源颇深，1931年成立大日本生产党并任总裁。作为亚细亚主义者的内田良平与孙中山、黄兴等中国同盟会的创始人也有密切往来，同时还支持过印度、菲律宾等地的独立运动。

② 前面所说的饰磨津就在姬路。

③ 原文为片假名"アカイワシ"，有生了锈的佩刀之意，具体所指为何尚未找到根据。

读了上田秋成的纪行文，我也没搞清楚他当时北上生野时走的是哪一条路，是沿着堰沟还是从我家沿坡而上呢，仅仅是这样的空想都让我十分欢乐。

辻川南部流淌着一条干净的小河，名叫岩尾川。河上有一座小桥，过了桥可以到北条方向去。那座桥就是在我眼皮底下换成一座石桥的，所以我记得很清楚。岩尾川稍稍上游处有一家神社，叫作岩尾神社，供奉的好像是妙德山的镇守神。我曾经就读的昌文小学校就在那个方向的左边。

妙德山是一座古朴的寺院，但不知为何只有几座支院却没有本寺。每年1月16日或15日，妙德山都会举办名叫"鬼追"的活动。对于孩子来说，这可是最让人兴奋的活动，直至今日仍记忆犹新。

在"鬼追"时会说："雄的，在那里哟。雌的，在那里哟。"所以我还想过鬼是不是也分雌雄。现在也有叫"大门"的地方，妙德山的正门处原本建有一座大门，从大门到文殊堂是一条稍稍向东北倾斜的笔直的参道。在播州北部，这里是历史最悠久的地方了，相关记录可追溯到平安时代。大门是妙德山最外面的门，但我小时候已经没有了。真是个值得怀念的地方！

田原的地名

我所出生的故乡，当时名为田原村辻川。田原这个乡名，与邻村川边同时出现在中世以前的书籍资料中。如果在脑海中勾画一下播州的地形，瞬间呈现的风景就是一片荒芜的平原。

当时播州内部各郡的边境都是原野，只要有水就可以开发成水田，但是当时水利条件不如今天便利，所以遍地是只能割草取

道的荒芜地。

以前住在北条的田町时，早上起来向着村东头玉野附近远望，一轮红日没有任何遮挡地从地平线上升起。辻川三木拙二家后面的小丘上仅有几个红栌树，到了夏天通红的叶子就映入眼帘。现在想来我离开故乡时，可谓荒芜地被弃置的最后时期。现如今充实的田园以及近代化工厂的风景，则是在我搬家之后开发出来的。

话说回来，田原（tahara）这个地名，或许因为是我故乡的地名的原因，旅程中每到一处名为田原的地方，都会勾起我的乡愁，怀着好奇心的我便思考田原这一地名的由来，其实远在冲绳以及八重山群岛都有诸如"タバロ"（tabaro）这样的地名。也就是说，"たわら"（tawara）是指在能够被耕种的一个大区块内，由于肥料短缺等原因，整块田地未必能够全部得到耕作，一次只能耕种一部分，或者一半，或者三分之一。

过去的稻米耕作就是这样，耕地全体并非每年都会被耕种，每年都会让部分土地得到休整、自我蓄积肥料。顺带一提的是，喜欢登山的人们常会遇到"田代"（tashiro）这样的地名，其实本意跟田原相似，指的是耕作田的备选地。

之所以采取这种农耕方式，其原因在于当时的肥料主要以绿肥①为主，绿肥供给有限，不足以支撑耕地的需求。现在的"里日本"②部分地区把堆肥用于稻田耕作，这种想法在以前是没有的。

---

① 绿肥是以绿色植物作为原料的肥料。下文中的堆肥则是利用自然界的微生物将固体废物中可降解的有机成分转化为腐殖质，从而使其成为肥源的一种制肥方法。原文的"下肥"指的是用人或动物的粪便制作的堆肥。

② "里日本"指日本本州岛面向日本海一侧的国土。相应地，面向太平洋的部分为"表日本"。

现在回想起来，当年一到开春时节，村里的年轻人就会去濑加村附近采伐较嫩的树枝。我跟在这些人的后面，到达陌生的土地后才知道，牛车上装满的这些被称为"下木"的枝条，其实是用来作为田地里的绿肥使用的。我其实到现在仍然好奇，我的故乡究竟哪些地区能称得上是"たわら"（tawara），恐怕只有当年街道南边的田圃地带吧！村子的北边过去是山林，如今也多少开垦出来一些水田，这得益于蓄水池的建成，当然这都是非常晚近的时期发生的变化。

辻川的变化

辻川过去只是一个大约80户，不到100户的小村落，受到时代的影响，我们目睹了村落发生的巨变。其中，推动辻川变化的最大要因在于郡役所的设置。郡书记有首席和次席两人，他们收入高过普通百姓，过着殷实的生活。郡长仓本先生出身于淡路的三原郡。虽然嗜酒，但是吟得一手好诗，因为跟我父亲有交情的缘故，所以我跟他的子女也常交流。仓本有两个比我年长的女儿，印象中长得都很漂亮。

以前辻川的东部在文化上相对高雅一些，不过随着郡役所建在了西部，东边的文化也迅速地向西集中。一间点心铺便足以吸引孩子们的注意力，此外铁匠铺等各种商店陆续建成。文化西迁的过程中成就了一大势力，就是我在《关于先祖》一书中提到的伊藤一族。伊藤家族搬到辻川之后，并非务农，而是营商，逐渐把生意做大之后积蓄了家业。

现在就算回到我生活过的村落，也已经没有伯父伯母等亲属了，只好前往神社参拜聊以自慰，站在山坡上看着曾经住过的房

子，心绪也开始变化，寂寥至极只好前往三木家拜访。踟蹰于乡间小道，虽然希望有谁能够过来给我打个招呼，但似乎大家都比较回避。对于我而言，回到故乡就意味着与山水为伴，又或者说与故乡的所有乡亲为伴，总之，跟湖处子[①]《归省》中的心绪完全不一样。

故乡这个概念通常有两层意思。其一是"故里"（furusato），指过去兴隆如今衰落的都城，《古今和歌集》有文"废都荒凉奈良京，如今徒有花绽放"[②]，说的就是这个意义上的"故里"。还有一个意思就是儿童时代生长的地方。对于我而言，如今的田原村，无论兴衰，它都是生我养我的故乡（kokyo），而不是前面所说的"furusato"。

我们在辻川的老家是一座间口[③]五间半的小房子，时过境迁，如今已经完全变了模样。间口五间半在过去是稀松平常的房屋宽度，不仅限于播州，我在调查埼玉县川越一些旧部落的时候发现，当地也同样是间口五间半的房屋。在五间半的地方要养一匹马有点困难，但劳役时出一个人头倒是可以应付的。[④]当地根据住宅区划分配劳役的人头，前去服劳役者可以免去宅地税（虽然我家没有去服劳役的）。由于我们所在的区划大都是间口五间半的住宅，如果当局要求出5个人的劳动力，那么各家各户按照顺序出人头即可。[⑤]祖上是旧领主的三木家是个例外，他们家的

---

① 宫崎湖处子（1864—1922），本名宫崎八百吉，日本宗教学家、小说家。
② 原文为"ふるさとととなりにならのみやこにも色はかはらず花はさきけり"。
③ 间口指房屋正面的宽度。
④ 旧时日本在主干道旁的驿站等需服传马役和人夫役，根据驿站规模以及沿街人口等分配饲养马匹的数量以及劳役时的人头。
⑤ 旧时日本住宅特别是店铺的宽度视为征税的标准，所以如京都等地商铺门面很小，但是进到里面却很狭长。

间口足有三四户人家的住宅那么宽。我们家的前庭大概也就十间或十二三间不到，后庭很大一部分不知为何让给了隔壁的有钱人——经营酱油厂和酿酒厂的铃木家。如此一来，我们本来从后门前往神社的道路被堵住，只能从正门绕个大圈出行，毕竟从铃木家的宅邸穿过是行不通的。

铃木家生意越来越大，后来就搬走了，但好像至今仍然住在辻川一带。值得一提的是，关于铃木这个姓氏我还做过一系列的研究。

铃木一族

全国范围内姓铃木的人非常之多，据说该姓氏最早起源于熊野[①]，不知为何铃木氏所到之处都能够兴盛起来，其家纹都是清一色的圆形稻纹。

说是起源于熊野，精确一点其实是在靠近和歌山的藤代神社附近，《义经记》[②]中铃木一族闪亮登场的地方正在此地。以泉州的堺[③]为起点，沿着熊野古道有99座王子社，藤代社是其中有代表性的一座。从如今的海南市过去一些有条名曰藤代的坡道，过了这个坡道就是藤代社了。

跟随源义经[④]前往平泉并在衣川战死的铃木三郎[⑤]，以及其弟

---

① 旧国名，在今日本和歌山县南部和三重县南部。

② 以日本平安时代武士源义经为中心的军记物语。

③ 现为日本大阪府的堺市。

④ 源义经（1159—1189），日本平安时代末期武将，镰仓幕府初代将军。

⑤ 铃木重家（1156—1189），通称铃木三郎，日本平安时代末期武将、豪族，源义经麾下将领。与源义经一同在平泉的衣川馆自尽。

龟井六郎都是藤代出身。当时在熊野路有铃木、榎本、宇井三大家族，时有"非三大家族出身者妄为人"的说法。宇井家很早就衰落了，榎本后来与氏神分离，只有铃木一族保持着强劲的向心力，在日本各地枝繁叶茂。

我此前之所以痴迷于调查铃木这个姓氏，其契机在于东北某地有关铃木一族的传说，这让我对铃木这个家族的渊源产生了浓厚的兴趣。

菅江真澄[①]（本名白井英二）等每次去东北地区徒步旅行时，都会去大概在一关稍北一带的大名主铃木常雄的旧家，成为铃木家的食客。铃木常雄是个人物，会出席有名的中尊寺祭典。这个铃木家如今还在，我曾经专门拜访过一次，其家族旧日记中有记载"白井英二借宿"等内容。沿着铃木家下面的北上川顺流而下，就能看到前往一关方向的街道。接待我的主人已经老态龙钟，但身高仍近六尺，子女亦是人高马大。我说道"真是难得的家族啊"，对方则说"我们这是老家族，幸好有收养、过继，铃木家族才维持到现在"。如今距离我当时拜访已经过去了20多年，不知道铃木家族如今情况如何了。

那一带民众多姓铃木，他们多喜欢听《义经记》中铃木一族戏份较多的后半部，如果说唱者稍微说点有关铃木家不好听的话，听众便一拍即散，足以见得铃木一族在当地社会的地位之高。

如今，想找个没有姓铃木的地方很难。特别是中央政权向日本各地扩张的所谓"第二殖民地时代"，铃木一族也向全国各地铺开。他们往往在一个地方落脚稳定之后，便开始继续向别的地方拓展事业，这是铃木一族的特征。

---

① 菅江真澄（1754—1829），日本江户后期旅行家、博物学家。

在辻川一带，铃木姓算是后来者。或许松冈的先祖来到此地之后逐渐开拓基业，之后铃木家族才搬迁至此，所以从总户数来看并不太多。

成为先祖

关于伊藤一族，此前或许在《关于先祖》一书提到过。他们是作为商人来到辻川后，让我们村庄发生巨变的一族。《关于先祖》这本书的成书十分偶然，在某一日的散步途中，听闻一个老者说自己成为先祖了。他的这句话让我产生了浓厚的兴趣，其实对于移居到外国的人们而言，也要保持某种觉悟，因为我对先祖有了更加积极的理解方式，所以才促使我写作这本书。

战争焦灼恶化期间我无法出远门调研，一日在居所附近散步时，在原町田的公交车站遇到了一位披着短褂的同龄人。他名叫陆川，生在越后^①高田，长于信州，在服兵役前来东京，成为一名成功的职业介绍人。家产很多，生活无忧。子女六人都成家立业，且都有各自的房子，所以他称"自己成了先祖"。听了他的话之后，我想起了播州的伊藤一族。伊藤是从我们的家族中分离出去的一家，但并非我们家族的分家，所以我们也不算是一族。也就是说，只有分离出去的（而不是分家）的人才有可能成为"先祖"。伊藤家的曾祖父名为福渡藤兵卫，明治初期时不姓松冈而姓福渡。距离辻川二里地外的川上地区，有个名为福之泉的部落，伊藤家就出自这个村落。

这里的伊藤家就是我的先祖。在我之前的六代先祖是一个名

---

① 越后，旧国名，相当于今日本新潟县（佐渡岛除外）全域。

为勘四郎的人，其孙女辈的人嫁到了福渡，但后来不知何故带了一个男孩子回到了松冈家。母亲生活在娘家直到死去，儿子并没能继承母方医生的家业，而是帮助镇上的商人做事情，积蓄了资产后在辻川经商。这个人就是伊藤一族的初代先祖福渡藤兵卫。我出生的时候已经到了第二代，不过初代的藤兵卫在世期间就把家业做得相当大，并且建了三到四个分家。藤兵卫是有意要区分本家和分家，其目的是不想要认他舅舅所在的松冈家为本家。后来伊藤一族的分家越来越多，但各个分家资产都相当可观，且整个家族仍然有很强的凝聚力。

巨变的时代也创造出很多新生的职业，所以才让某些人可以凭一己之力另立门户，成为先祖。伊藤的本家经营的商店是"缲屋"（kuriya，くりや），即给棉花脱绒的店面。在过去辻川的屋号大多是两个字，不是"某某屋"，而是"某屋"，如"升屋""角屋""鹤屋"等。从血统或者遗传的角度来考察，伊藤一族倒是非常有意思的研究对象。其势力后来发展到神户、西宫一带，族人中不仅有经商的，也有非常不错的学问人，据说还有人成了医学博士。伊藤家族中有个名为伊藤源次郎的人士，人品非常好。位于堰沟旁的地藏堂是我祖母小鹤一直信奉的祠堂，地藏堂倾倒之后就是他负责重建的。

前些日子有幸拜阅了伊藤家的族谱，了解到我们家的初代先祖勘四郎，是从福渡的伊藤家分出来后而重新改姓为松冈，对此我个人也觉得十分荣幸。

西所的松冈家

我们松冈家的初代先祖勘四郎的妻子是从前述伊藤家嫁过来

的。这个伊藤家最早也出自松冈家，其后裔暂时以食客的身份寄身于松冈家，所以松冈家也便将其以分家看待。但是松冈家并没有实际上将家产分给伊藤家，所以伊藤家便以从事"缲屋"的为本家（即先祖），后来改称福渡回到辻川，再后来改姓伊藤直到今天。

我们松冈家代代独子，家业能不能继承是个大问题。我们兄弟五人均有子孙后代，算是为家族作了大贡献。兄长们都恋旧，无奈大家都是医生，也不可能频频往返播州。有了子女之后就更是如此了，偶尔返回一次也是本着尽义理人情之故。如今想来，"家"这个东西，从精神层面来看其实跟生物无异，也是有生命的东西。当然也就没有必要勉强延续其寿命了。我也不知道以我这种散漫的态度看待故乡的方式是否可行。

我们兄弟虽然全部离开了辻川，但是祖先的身体已经成为故乡土壤的一部分。辻川山里深处有名为妙德山悟真院的寺庙，在我的建议下，我们家在此购买了一处地方供养在辻川的历代先祖。由于我们兄弟都不居住在此，所以如今三木家帮助我们供养先祖的灵位。

母亲在北条的娘家，即尾芝家的坟墓位于菊之谷一隅，如今由尾芝家的亲属代为打理。

我们家很早就有这样的说法，说是在江户时代初期，先祖带着兄弟从播州的西部迁到辻川，因此我们先祖或有可能是赤松一族。迁到辻川后，家族一分为二，其中一支过着殷实的生活，而另一支也就是我们的本家则成为开垦农，不得不自食其力。

我们的本家位于辻川的西所，其中心是姓大西的家族及其亲属，距离其本家附近的树丛处有松冈家，是距离本家最近的松冈家，这也是值得研究的一个家族。家主名为松冈一郎，如今居住

在东京，他与其继承辻川家业的弟弟是我最信赖的相谈对象。他们家与先祖松冈兄弟是叔侄关系，可谓最古老的分家之一。

辻川算不上是大村庄，松冈一族构成了村庄居民的主体且在此耕作，因此也不太介意陆续产生更多的分家。三木家很早就存在，但是其分家只有大东和中三木两家。我们家因为父亲在姬路有过学者经历的关系，算是城里人归乡的那一类，所以不从事农耕，而是以行医为生。后来，辻川一带这种家族越来越多，进而推动了村庄的变化。

田字形的家

前面我已经说过，我故乡辻川的家在搬到现在的大门（地名）附近的"Kakeagari"之后，无论是房子的样子还是住宅的格局，都完全没有了以前的踪影。想起我小时候住过的房子，感觉里面的东西都是缩小版的存在，甚至包括庭院里的绿植亦是如此。房屋格局是田字形的四间屋，麻雀虽小，五脏俱全，小小的房子里面有内庭，甚至还有泉水流淌。

进入玄关之后是一间三叠的房间，里面是四叠半的房间，两个房间并排。后来我在对日本的房屋结构进行比较研究的时候，总是以我家这个虽小但整洁有序的房子为出发点展开研究。

在日向的椎叶村做调查时发现，当地民房的结构跟我小时候住过的房子完全不同，我很好奇这一点，为此还跟新渡户稻造[①]博士讨论过这个问题。新渡户认为日本的房屋原则上以四间并排为主，而我认为最初应该是两间并排，后来慢慢发展成了四间并

[①] 新渡户稻造（1862—1933），日本教育家、思想家，同时从事农业经济学、农学等研究。

排的结构。

不过我的主张是错误的。如日向的椎叶或者大和的十津川等位于山崖之下的房屋，实在无法向里面延伸，所以只有建一间，或向前、或向左右稍许延伸。也就是说，山村的房屋建筑多以田字形的结构为主。如果非要说哪种结构更悠久，我想还是田字形的四间房更有历史。

近些年来，农村的房屋建筑水准已经非常先进，田字形的房屋结构非常普遍。过去则以一通到底的房屋结构为主，中间用屏风隔断。平时就把隔板收起来，这样房间显得更宽敞。如遇到生产、生病等场合，可以将隔板拉起来以示区隔，每次看到这种老房子，我就会想这种可移动的房屋不是很普遍吗。

前面提到过的东北铃木家，据说真澄住的就是他们家最中间的房间。最外侧的客房一般留给更尊贵的客人居住，而像真澄这种和歌旅人住中间那间屋就可以了。如辻川的三木家，如果是郡长或者是县里的官员来访，则居住在最外面的客房，平时则空着。如果是我们，就居住在中间的那间房。

老家的书很少，而我却很喜欢书；房子明明很小，却唤起了我对日本房屋架构的兴趣，真的是一段非常有趣的经历。

生家的儿童读物

祖母小鹤在我出生的两年前，即明治六年（1873年）去世。过去我们家路口附近有个二层小楼，祖母在那里开了一间"寺子屋"①教孩子们读书识字。如今恐怕已经没人知晓这个老房子了

---

① 寺子屋是日本江户时代的一种庶民教育设施，主要向儿童教授阅读和书写，有些寺子屋还会教授算盘。寺子屋的老师多为男性，但也有女性。

吧。明治八年（1875年）我出生的时候，前面提及的一户人家搬到了那里。

父母之所以这样建造我们家的房子，肯定是有现实性的需求，这也就不难理解为何要处理掉书籍等各类杂物了。我们家代代做学问，父亲也很爱读书，但等我懂事的时候家里已经没有什么藏书了，我想理由就是我前面所说的那样。

小的时候我家里大概只有三四本儿童读物。其中一本名为《三世相》，类似于百科全书，几乎每个家庭都有这么一本书。书里面甚至还有占卜吉凶、生辰八字等内容。

还有一本是《武家百人一首》，这是幕末姬路藩的人士模仿普通的百人一首①而制作的一本非常有意思的和歌集。美浓判②一半大小的纸张，每页画上武者绘，然后写上和歌。书上画有孩子们很熟悉的曾我兄弟③等武者形象，小时候大家一起争着读，所以我如今还清晰地记得书中的人物形象。梶原景时的头像完全是坏的，据说这个版本的书中他的头像都是坏的。曾我十郎的和歌如下：

今日出征去，再见未有时。且看车轮回，不见意中人。④

这是一首非常无聊的和歌，我也不太懂其大意，不过从《曾我物语》中找他们兄弟的和歌，恐怕也就这些了吧！五郎的和歌

---

① "百人一首"是一种和歌集，即选取一百个歌人，每个歌人入选一首。

② 美浓判为日本传统纸张型号的一种，大小约30 cm×21 cm。

③ 曾我兄弟指日本镰仓时代初期的武士曾我祐成（十郎）和曾我时致（五郎）两兄弟。两人以"曾我兄弟报仇"的故事而闻名。

④ 原文为"今日出でて巡りあわずば小車のこの輪のうちになしと知れ君"。

多少有些仇怨的味道，后来我也觉得五郎的和歌很是奇怪。这本书大概是父母在井上次兄做养子之前买来的，次兄过继到井上家之后，就剩下我们年龄比较小的兄弟三人争着读它了。

其他还有几本有意思的书。我的印象是《八犬传》[①]的第六辑，大概从一个名叫"海蟑螂"（舟虫）的女人出现开始，有8册到10册之多。这套书我不知读了多少遍！

还有一本用日文解读《蒙求》[②]的读物，书直接将中文的《蒙求》译成日文，标记假名。因为是儿童读物，所以读了便知道《蒙求》的大意。

以上四种就是我儿时的读物了，至于其他的读物我的确没有印象。后来不知为何父亲买来一本《康熙字典》，我好生奇怪竟然还有这样的书。听母亲说道，"你父亲可不像你，他学习认真着呢"，据说父亲是用卷尺测量他《康熙字典》读了多少，是五分还是七分等。

即便家里有如此好学的父亲，但竟然没有留下一本像样的书。问了母亲原委之后才知道，附近有家书店做了很过分的事情，给父亲添了很多麻烦云云。

具体情况我已经记不清楚了，过去在我家里倒是看到过两三本名为《播阳风雅》的青年杂志。当地青年们用汉文或写诗、或成文，父亲负责将其编辑成一本书，然后找了一家书店合作将其印刷出版。过去传统的版权登录方式叫作"留板"，版权者保留其中一块版木，意味着"未经允许、不可再版"。我家里就有一

① 指日本江户后期曲亭马琴所著《南总里见八犬传》，是日本文学史上规模最大的长篇小说，属于读本小说（类似中国的传奇）。文化十一年（1814年）起连载，天保十三年（1842年）完结，共98卷106册。

② 《蒙求》是唐朝李翰用韵文编写的儿童识字课本，主要介绍各类典故和基础知识。

两块这种留板的版木。父亲不经世事、性格单纯，或许正是因为出版事业的原因跟书店方产生了纠葛，书店方面给父亲制造了很多的麻烦，大概是这些繁琐的事情交织在一起，才让他日后患了神经衰弱等症状。

"赖母子"

父亲每次都拿包袱皮借书阅读，对于代代钻营学问的世家而言，多少有些不可思议。至于为何这样，却是一个永久的谜团。

我们家位于从辻川到但马之间的街道旁边，据说是家里花重金买下来的。房子虽小，但毕竟也是看得见的建筑物，问题在于买房子的钱是从哪里筹措的。我家原有的宅基地没有卖出，拆掉的旧房子也卖不了几个钱，不难想象最后还是依靠中产阶级的融资方法——"赖母子"[①]。不知道哪位人缘好、头脑好的人士作为组织者，成立互助会为我们家提供了帮助。等我们稍微长大懂事一点的时候，已经把这笔借款还清了。大概10年后，也是通过"赖母子"这种互助会，长兄的东京之行也没有给家里带来经济上的压力。

"赖母子"在东京一带被称为"无尽"，这并不意味着可以永久存在或者永续互助。一直往西边去则有"モヤイ"（moyai，写作"模合"或"催合"）的说法，不过只有共同劳动的意思。"赖母子"这个表述有着悠久的历史，最早可追溯到足利时代甚至更古老的镰仓时代。也就是在亲属之间的力量不能满足需求的

---

① "赖母子"（たのもし）指互助会的一种，由若干人组成，按月存款轮流借用。

情况下，亲属之外的友人等不忍看到朋友遇到困难，而采取的一种互助行为。

针对需要帮助的人，"赖母子"采取如下筹集资金的方式。如果是12个人组成的互助会，组织者率先提供无利息头金，然后12人轮流注入相同的资金，加在一起算是13次筹款，在彼此信赖的基础上使用这笔资金。而"无尽"后来被称为"抽彩无尽"，互助会中抽到签的成员可以直接取走资金，并且以后不用缴纳预存金，这是接近赌博性质的行为。我觉得传统的"赖母子"互助会组织非常有意思，大学时候还有想法要研究这一机制。"赖母子"的核心在于，一个人的力量无法派上用场，所以才需要集合众人的力量。

我的生家松冈家至少有两次得益于这一非常传统的互助组织的帮助。当然使用来自"赖母子"的资金支持，需要有能力的组织者或担保人，长兄离开家去东京求学时，当时是住在辻川邻村井口的一位40多岁的先生做担保。这位先生既有侠义之心又聪慧明智，因为十分信赖长兄，所以担当了这样的角色。当然，我们家建房子的时候肯定也是有这样的人士帮忙的吧！

不过住在井口旁的这户人家相当不幸，先是他们家跟我同年龄段的友人病死了，后来过继而来的孩子们也相继病逝。

走街串巷的过去

每次回想起故乡的街道，总会伴随着对鱼商的记忆。如果早点从的形[①]等沿海一带出发，那么最快上午10点就可将鲜鱼送

---

① 的形，位于日本兵库县姬路市，靠近海岸一带。

到辻川的街道市场。春季①有鲷鱼，到了秋季则有鱼商到村子里叫卖若狭鲽鱼。他们头顶箩筐，里面的鲽鱼十条一排呈扇形状铺开，边走边吆喝"有买鲽鱼的吗"，这吆喝声现在仍在耳边回响。少时的我从若狭一词的语感中，竟然能够联想到外出务工的女性是何等的温柔。②

双人组的人力车载着八字须的绅士向北急驰，北方则来了卖山茶的小贩。高高的草席包裹着容器，里面填满了从山间采摘的粗茶。

牛背上驮着几捆柴，卖柴火的也来到了街道。记得当时的我还模仿这一出，带着村里的一条叫作小黑的狗去后山砍柴，并将柴火放在狗背上驮着，得意洋洋地运回村子里。可能是觉得我此举可爱的缘故吧，一位邻居老婆婆还真买了我的柴火。

卖野猪肉和鹿肉的也吆喝着赶到街道。天平的一边是一匹鹿肉，另一边则垂着猪大腿。小贩们沿途叫卖，有买肉的就砍掉一块肉，拿到秤上称重，交易就这样宣告完成。

如此说来，当时的鹿和野猪就栖息在村子附近的山上，读小学时，我们课间休息的话题，也多以"看到了鹿"或"抓到了野猪"等为中心。特别是从龟坪等山区来上学的孩子们，讲起来这类话题时自信满满，而我们这些住在村子里的小朋友，就像是听自洋行归来的人讲述稀罕物一样，眼睛放光，仔细聆听。村子里的大人物们在冬日暖阳中靠在墙上给我们讲述各种各样的趣闻，而村子里的孩童们经常讨论的恰恰是上面的一些见闻。

---

① 原文为"魚島の季節"，瀬户内海一带盛产鲷鱼的时期，此处作为季语，意指春季。

② 若狭位于日本海沿岸的福井县，其发音为"わかさ"，与"年轻"（若さ）相同。

村口叫卖是当时村子里的风物诗，教会了我们完全不同的人情世故，而在这些叫卖中最让我难忘的，是伯州产的金属脱粒机。过去给稻穗脱粒是使用两根竹管，由拇指和食指操作完成。竹管并排如梳子的齿一样，操作起来更加省力高效，后来竹管改良成金属管。关于这一改良，我曾经写过一篇论文，感叹从江户中期到幕末如此短的时期内，农业技术竟然取得如此快速的进步。

新井白石[①]一派的史观认为，以政权的变迁作为划分时代的标准固然可行，但是人类的历史并非总是与时代的变迁一样有明显的区分。实际上有些部落仍然采用最原始的耕作方法，而隔壁的村庄却已经采用最新式的耕作方法。

来到村子里叫卖伯州产金属脱粒机的小贩们也面临着激烈的竞争，所以他们也开始在村子里交一些朋友（以利于销售）。在朋友家里可以吃吃便当，歇歇脚，闲来无事还会拉拉家常。我家前面的那户人家，其实就是一位小贩在村子里驻点而结交的朋友，小贩经常从他们家眺望我家庭院里的樱花、桃花等，好像还八卦一些有关我家的事情。

因为这个卖金属脱粒机的小贩的关系，还发生了一件改变我们家族历史的事情。

父亲的伯州之行

某日清晨，忽然听到猛烈的敲门声。开门一看，对方便问道："您家主人有无意愿来伯州一趟？"对方是来自伯州赤碕町的几位信使。据说当地新开了一家汉学私塾，但缺少合适的教师。

---

① 新井白石（1657—1725），日本江户中期的政治家、朱子学家。

他们听往来辻川一地卖脱粒机的小贩说，家父总是在家中阅读，或许是一位不错的学问家。

那时正好家境贫困，父亲便接受了邀请奔赴赤碕。父亲准备离家的时候还吟了一首和歌，当时的我只有七八岁，至今对内容记忆犹新。或许是受古和歌"听松犹似唤汝归"①的影响，父亲所作和歌如下：

古有寄松以相思，今望因幡旅行人。②

离开家人远赴异乡汉学塾教书的父亲，因为疏于社会交际，很快就患上了思乡病。大概过了一年就回到了村里，回来时据说也没有人送行，只有一个同伴随他取道冈山县津山回来。父亲在此期间犯了很严重的神经衰弱症，津山的一位名为后藤的医生是父亲的友人，当时出于好意暂时保管了父亲所持的现金，后来还专门邮寄过来。赤碕那边的随从到了津山就返回了，从津山则有另外一人随从而来。对于我们家族的历史而言，父亲的这次赤碕之行是一大事件。父亲在回来之后给我讲了许多有关赤碕的话题，赤碕作为一个非常特别的地名也深深印刻在我的脑海里。

大概40年后，我有机会到岛根县米子市旅行，某日忽然忆起父亲，便顺访了赤碕。开设汉学塾的是名为佐伯的家族，虽然家族已经换代，但是用作私塾的房子还留着。父亲曾经居住的宿舍还在，村里还有父亲教过的老人，老人的回忆不禁让我想起父亲的面容。

----

① 原文为"まつとし聞かば今帰り来む"，出自《小仓百人一首》。

② 原文为"いにしえは松をたのみし因幡山見つつ旅ゆく人もありけり"，伯州赤碕位于今日本鸟取县，而因幡三山是鸟取县著名的三座山。

　　说到街道，我曾经在辻川街道迎接过从出云经但马路之后通过我们村的国造家（出云大社的千家氏）。由于是执掌出云大社的生神，村民们便着正装在道旁相迎。年轻的国造大人有五六名随从相伴，当他本人头戴乌帽、身着蓝色直垂盛装策马经过时，好奇心旺盛的我甚至认为沾一下他的衣襟就能显灵，当时的虔敬程度可见一斑。所以，国造大人的形象直到现在仍能在我眼前清晰浮现。在此前后，还曾迎接过当时新兴宗教——黑住教的第二代或第三代教主。黑住教当时在西光寺野入口处建设教会、传播宗教，身体不好的村里人拜访时，教主总会面向太阳深吸一口气，对着病人的患处吹气，如此循环往复。我当时才知道人的呼吸竟然带有如此臭味，这种味道与黑住教相伴相生，深深刻印在我的心里。

　　西光寺野在像现在这样享有水利之便以前，县当局也曾经尝试过振兴这一带的方法。听说当时的车夫常在太尾的休息所歇脚，西光寺野作为姬路与辻川中间位置的地区，想必也是繁华之地吧！当我实际访问这块以开发西光寺野之名而建设的休息所时，却让我大跌眼镜，在田地和丛林中只有一家茶馆，如此孤寂清净，让当时的幻想一扫而空。

父亲的和歌

　　英语文学者秋元俊吉[①]住在我位于东京成城町的住所附近。秋元的祖父安民是姬路非常有名的歌人，他编纂的《青蓝集》收录了当时歌人的诸多作品，其中播州歌人的数量相当之多，由此

---

① 秋元俊吉（1884—?），日本的英语文学研究者，曾做过日本的英文报纸 *Japan Times* 的记者。

可一瞥往时播州文化的繁荣。海神社的宫司上月丰荫[①]，以及后来进京开设私塾的国富重彦等人，是维新前后至明治时期播州代表性的歌人。父亲虽然没有教授和歌的经历，但偶尔也作和歌，他与后来成为姬路总社神主的姬路藩士庭山武政私交甚好，两人也常在一起切磋和歌。庭山氏对我偏爱有加，经常借书给我，允许我誊抄。

我对父亲和歌造诣的敬佩，大概始于我们搬到下总，父亲作了下面这首和歌之后。

　　不知不觉间，竟至齿落年。吾身已知秋，悲伤驻心田。[②]

因为掉了一颗牙齿，父亲不禁感到悲从中来，我当时也知道"一叶知秋"的典故，对此感同身受。此外，还有下面的这首和歌。友人们有了出息之后，纷纷前往大都市闯下一片天地，而父亲却因为神经衰弱无法施展自己的抱负，只能困于田舍之间寄愤懑于和歌。

　　常住深山且为乐，孤猿怎比众人肩。[③]

关于我入门和歌的经历，前文已经有所交代。吾师松浦辰

---

① 上月丰荫（1840—1900），日本明治时期歌人，1881年起任神户海神社宫司。

② 原文为"はかなくも今日落ちそむるひとはよりわが身の秋を知るぞ悲しき"，这首和歌的精妙之处在于使用了"ひとは"（hitoha）谐音双关（一齿・一叶）。

③ 原文为"奥山は住みよきものを世に出でて立ち舞ふ猿や何の人まね"。

男①的高足中有一位名为三田弥吉（三田葆光②的妹夫）的人士。我年轻的时候多是从他那边听到有关师门的趣事，其中关于香川景树《桂园一枝》中下面这首和歌的来历不妨分享给大家。

夜色灯光里，邂逅白玉姬。人虽在此处，心已飞出去。③

当时的景树胸怀大志赴京，在浅草待乳山创立私塾夕逾馆后，却找不到门人，最后频繁出入附近吉原游郭，上面这首是为一位名为白玉的妓女所倾心而写作的和歌。另外，三田葆光的母亲是一位90多岁的花朝老尼，她刚嫁到三田家时，有一日坐着弹琴，正好被前来拜访的景树遇见，便有了下面这首和歌。

人言武藏无山岳，夏夜但闻松涛声。④

这首和歌也被收录在景树的歌集中，我很荣幸，到了明治时期仍然能够切身感触到江户文化的余韵。

说到这个话题，也容我对近世和歌史说两句自己的看法。有人说景树去世之后，和歌便衰落了，这是错误的认识，我反而认为是在加藤千荫、村田春海去世之后，和歌才开始兴盛起来。⑤

---

① 松浦辰男（1844—1909），日本桂园派诗人。
② 三田葆光（1825—1907），日本幕末到明治时期的国学者、歌人、茶道家。
③ 原文为"夜光る白玉姫を見てしより心そらなり地は踏めども"。
④ 原文为"山なしときく武蔵野の夏の夜に吹くやいづこの峯の松風"。
⑤ 这里暗指香川景树与加藤千荫、村田春海在和歌理念上的争论，景树比这两位歌人年轻，也晚于他们二人去世。

后来的落合直文[①]、与谢野铁干[②]等人的崛起，并不代表此前和歌的衰落，只是碰巧赶上了时代的机运罢了。

在此期间的四五十年，确实是不利于和歌发展的时代。但是在关东也比千荫垄断的时期要好。这一时期，都城从京都迁移到江户，所有的文物都经历着变迁，所以这一时期也是日本文化地方性差异开始出现的时期。

播州是一块文化兴盛的地方，我在年幼时记住的那些辻川歌人的作品，在我成年之后再来看，仍然具有相当高的水准。

故乡的歌人

在我的印象中，故乡有一位名为田崎五百颖的歌人，他的儿子小我一岁，名叫千座，是我的友人。我印象中千座的姐姐还有两三个漂亮的女儿。五百颖老先生的和歌非常工整，形神兼备。另外，曾经在妙德山为僧后来还俗的一位名为田乡的人士，在我的记忆中也是故乡一位代表性的歌人。

我从小开始熟读《近世百家集》《和歌初学》等，对和歌以及其作者的记忆特别牢固。

次兄在东京开医院之后，我从下总到他位于东京下谷御徒町的住处寄宿过一段时期，那时我有时间就去二手古玩店转，主要是为购买二手诗笺。在那个巨变的时代，家庭的变迁也异乎寻常，所以二手古玩、家具店等店铺较多，而这些店铺肯定有售的就是诗笺。

---

① 落合直文（1861—1903），日本歌人、国文学者。
② 与谢野铁干（1873—1935），日本歌人，本名宽，铁干为号，是著名歌人、作家、思想家与谢野晶子（1878—1942）的丈夫。

　　我知道诗笺落笔者的价值，每当以两文一张的价格购得之后便径自奔向次兄的住处。次兄从中选择自己喜欢的诗笺，确切地说是以高出我购买时好几倍的价格从我这里买走。剩下的我把它们带给住在下总的父亲，也算是孝敬他老人家的一种方式吧！

　　下总的松冈家直到现在仍然有相当数量的诗笺，而且都是我当初在二手古玩店买回来送过去的东西，总有一天它们会受到珍视的吧！

　　说到这里我想起另一件事情。

　　次兄当时非常希望得到穗井田忠友[①]的笔迹。

　　穗井田是写作《中外钱史》等著作的优秀学者。为了挖掘正仓院的文物资料，他不惜将女儿嫁给奈良奉行[②]，只为自己研究之便利。总之，我在前往郁文馆中学上学途中，经过根津新开的一家小的二手店时发现了穗井田的笔迹。

　　穗井田的笔迹与一幅水准并不太高的牡丹绘画一起贴在两枚可对折的枕屏风上。我故作镇定地对店主说"想要这个屏风"，在廉价买下屏风之后，我便取下带有穗井田笔迹的便笺纸，得意地将它送给次兄。次兄非常高兴，在今天相当于只花了5元就买到了价值1万元的东西，可谓如获至宝，甚至还邀请他的书生朋友一起喝酒庆祝。

　　穗井田的笔迹内容如下：

　　　　油仓徒有其名在，如今法灯亦成灰。[③]

---

① 穗井田忠友（1791—1847），日本江户后期国学者、考古学家。
② 奉行是日本幕府官名，负责掌管江户以外幕府直辖地。奈良奉行即驻奈良的奉行。正仓院即位于奈良东大寺，保存着大量奈良时代的宝物。
③ 原文为"油蔵名のみになりていままさに消えなむとする法のともしび"。

这首和歌其实是在借东大寺的油仓来暗讽当时的社会。

除了这首和歌外，穗井田的另一首和歌也令我印象深刻。

御赐币使二荒山，子规初鸣传神谕。①

皇室承认德川幕府存在的正当性，所以向二荒山、日光东照宫派遣币使参加祭祀。这首和歌恰如其分地反映了他作为学者的使命，君臣之分在和歌中得以明确体现。我一直很佩服这种想法。

在熊川舍做塾监的父亲

父亲在姬路元盐町的熊川舍做塾监时，是母亲精力最旺盛的时期。熊川舍是过去旧家出身的人们经藩的允许后集资建立的学校，主要教授旧家子弟基础汉学。

据母亲所说，熊川舍位于山阳道的中央街道上，当时很多人拿着介绍信申请入学。父亲是最后一任塾监。熊川舍在明治维新的改革中被废弃，至于后来如何我不得而知。如果了解当时的那段历史，或可能发现其中有意思的情节，如今知道的人却已经不多。熊川舍最大的出资人是姓国府寺的富豪，是辻川三木拙二母亲的娘家。

在父亲所培养的弟子中，有两个人最让他感到自豪。其中一位是国府寺家的公子新作②，他后来成为外交官。实际上他不是社

---

① 原文为"ぬし給ふ二荒の山のほととぎす初音や神のかしこまりなる"。

② 国府寺新作（1855—1929），日本外交官，曾任日本驻俄国大使馆参事官、日本驻暹罗公使馆领事等。

交型的人物，不适合做外交官。他没有男嗣，只有一个女儿，后来嫁给越后或山形出身的外交官奥山君。新作曾经官至日本驻法国大使馆参事官。他有时也去辻川，我们在法国见面的时候，记得他对我说道："三木家的姑母经常提起你啊。"国府寺家是非常有历史的豪门旧家，大概在姬路建藩初期就已经是名门望族了，其享受"苗字带刀特权"①，足可见家族的地位。国府寺家作为发起者，联合町内其他家族共同创建了这所町学校。

父亲另一位引以为豪的弟子佐治实然氏②，是一位致力于改革日本佛教的人物。

父亲当时的俸禄好像是米8石。父亲的俸禄感觉都是以8结尾的数字。签字的时候对于书写方式还有些讲究，父亲的米字上面本想提笔写，结果对方提醒根据御家流的写法必须向下弯折。有一次父亲笑着回忆前面的这种遭遇说道，"这种要求太让人拘束了"。虽然少，但毕竟也是俸禄。

明治维新之后，学舍就逐渐停办了，至于父母在姬路待到了明治多少年，我无从知道。所以，我很希望从姬路的教育史等资料中了解一些关于熊川舍结局的内容。

长兄鼎在辻川出生，然后父母将他带到了姬路。父亲在姬路任职期间，我第二位兄长俊次（早逝）出生，第三位兄长泰藏（即井上通泰）出生于庆应二年（1866年）12月21日，然后第四位兄长芳江（早逝）也在辻川出生。第五位兄长友治（早逝）于明治四年（1871年）在辻川出生，他4岁时，也就是我出生之前也夭折了。至少可以断定的是，这位兄长出生时，父母已经回到

---

① "苗字"即家姓。佩戴太刀曾是日本武士阶层的特权，武士通过佩刀来表明身份，有时平民身份的村长、御用商人也会被授予此特权。

② 佐治实然（1856—1920），日本宗教学家。

辻川生活。

母亲在熊川舍时还要照顾舍里的学生，对学生的管教非常严格。而父亲对这方面则完全不在意。

夫妻吵架的仲裁

辻川设有郡役所的时候，郡书记的首席是一位名为福岛的人士。他是姬路藩出身，有两个儿子，次子与我弟弟同级。长子是一位书生，在外地就职，时不时回村省亲，后来到东京担任《妇女新闻》的记者。这位福岛先生不知为什么逢人就说我母亲是个爱挑毛病、吹毛求疵的人，虽然我们并不这么认为。母亲去世之后，我曾多次有机会写写她老人家，但因为各种原因最后都未能成文发表。所以，正好利用这个机会来聊聊我母亲的性格。

母亲养育了我们兄弟五人，为了让我们出人头地耗费了一辈子的心血。或许是因为养育孩子所积蓄的疲劳，母亲很早就进入了老年，而且还有一段时期有些歇斯底里。对于那些只了解我母亲晚年的人士而言，确实从为人处世上很难接受她的性格。但她在我们家厥功至伟，一边服侍不懂人情世故的父亲，一边还要把我们兄弟几个送到东京学习知识。特别是我，在很小的时候就成为母亲的小跟班，用我们播州当地的话说就是"baikuso"（バイクソ）。"bai"是指海边能够见到的长螺贝，而跟在其身体后面很难从母贝身体分离出去的柔软的尾部，我们称为"baikuso"。

出于这个原因，小时候的我对母亲的一言一行都铭记在心。例如母亲调解夫妻吵架的特殊才能等，我在很小的时候便领略过了。因为同丈夫吵架而上门求教的妻子，经过母亲的安慰调停之后竟然笑着回家了，由此可以看出，母亲在仲裁方面的特长。作

为母亲小跟班的我，比任何人都更熟知母亲的行事作风。

在旧式婚姻制度仍然占据主导的当时，人们对夫妻吵架等现象见怪不怪，哭着回娘家的妻子过不了几日就返回丈夫家重新过日子。这种现象不仅在贵族家，甚至在市井人家也不足为奇。就像《北斋漫画》中所呈现的那样，当时夫妻吵架是正常现象，以至于吵架的妻子也不再离家出走了。

我们小时候不像其他地方的孩子们从"1、2、3"（ヒイ、フー、ミー）进阶背诵到"2、4、6、8、10"（チュウ、チュウ、タコ、カイナ）①，而是使用"夫妇、吵架、总是、长屋、埋怨"（夫婦、喧嘩、いつも、長屋、小言）这样的表述，可见夫妻吵架在我们当地是多么的频繁。自《北斋漫画》流行时的文化·文政年间（1804—1830年）开始，名曰"长屋"（大杂院）的住宅方式兴起，当妻子个人无法驾驭丈夫时，总要将不满诉诸长屋的街坊邻居，以舆论为后盾来确保自己在家庭中的地位。大概也是从这一时期开始，才陆陆续续出现研究夫妻吵架的文献。这恐怕是社会变化的重要表现之一。

在飞騨②的白川等地，另一种大家族式的风俗保留得更久一些。当地对户主的妻子敬重有加，但是对该大家庭户主下其他成员的妻子们则没有那么恭敬了，如果妻子们受不了这种待遇，可以自由选择分居或者离异。户主作为家庭的后盾占据主导性的地位，而有问题的夫妇之间所生养的小孩，可以寄养在户主的家里。这些孩子不论男女，寄居在户主家中甚至待到四五十岁，接下来便毫无挂牵地搬到岐阜、名古屋等地。

---

① 日本传统的数数歌。

② 飞騨（tuó），位于日本岐阜县北部。

我当时到访白川时，此风正盛，所以也是白川村人口急剧减少的时期。因为在当地传宗接代不是目的，婚姻自身才是目的，这导致婚生子们反而成为户主的沉重负担。

如果白川的这种现象长此以往固定下来，可能导致的情形就是夫妇们都不能像以前一样轻易离异，女方也会获得更多的妇女权利。这样的夫妇就可以在不离婚的前提下一边吵架，但同时继续维持同居状态。我幼时作为母亲的小跟班，已经耳濡目染了这类现象，而母亲仲裁夫妻吵架的特殊才能也得到了彻底的释放。

母亲的特长

辻川老家的对面是一家名为"惠比寿屋"（えびす屋）的旅店。店主名为在井忠次，老板娘名叫"阿香"（okō，おこう）。"在井"这一姓或取自在井堂。据说他家祖上从事"番太"的工作，村里人俗称"番忠"①。旅店有四五位女服务员，没有住客的时候时常招待我们去旅店的澡堂泡澡。

这位阿香每次跟店主吵架，都会哭着跑到我们家找我母亲评理。感觉每个月至少有一次这样的经历，当着还是我这小孩的面，哭着、嚷着向我母亲诉说。母亲一边倾听对方，一面以最擅长安慰人的话来稳定她的情绪。

不知不觉间，阿香止住了哭诉，收住了对丈夫的抱怨，最后竟然面带笑意地回家了。

不仅仅是番忠的老婆，印象中村里还有一些地位更高贵的太太们也时不时向母亲哭诉。其中有一位是学习过我祖母编的唐诗

---

① 番太（ばんた），日本江户时代负责夜间巡逻、城市管理以及在监狱、刑场等负责杂物的差使。

选纸牌游戏的识字妇女，仗着自己识字比丈夫多，便以不屈服的姿态同丈夫吵架。然后就跑到母亲这边寻求慰藉，母亲以其巧妙的说辞让这位女士笑着回去了。因为这些太太们有些对我特别关照，所以特别清楚地记得这些人的点点滴滴。

大杂院里的夫妻吵架成为一年中的必备节目，以至于被写进了三马[1]的小说绘图中。其中有漫画讲的是妻子拿着钵杵准备抡向丈夫，而丈夫这边则想尽办法要阻止妻子行动。戏剧表演中往往以幽默的色彩来展现夫妻吵架的情节。如今的夫妻吵架则完全成为一件消极的事情，夫妻之间三五日不搭腔、丈夫晚归或彻夜不归的情形成为常态。

女人基于弱者的立场诉诸舆论并寻求舆论的支持，如今这种现象已不多见。我至今仍然记得明治末期与朋友同去九州时的情景，当时在门司港著名的和布刈神社或早鞆神社，总之是一家式内社[2]。途中看到一位与丈夫吵架的女人找大杂院的住民们评理。感觉当时已经不时兴将夫妻吵架的话题放在光天化日之下了，后来才知道对方是朝鲜半岛出身。总之，不知是幸运还是不幸，我最后目睹此种夫妻吵架的情形发生在朝鲜人身上。

母亲调停夫妻吵架时的套路、遣词、态度等非常具有政治性。我们搬到下总之后，由于跟近邻的交情不深，语言也未必相通，母亲的这点特长渐渐地就埋没了。而且，母亲到了晚年之后，夜里经常痉挛，身体越来越差。我去了东京算是真正离开父

---

① 指式亭三马（1776—1822），日本江户时代后期的漫画作家。

② 式内社，是一种官定神社，与其他神社（式外社）所享受的待遇有区别。日本平安时代中期延喜年间开始编纂的律令实施细则《延喜式》第9、10卷为《延喜式神名帐》，在《延喜式神名帐》中记载的神社就被称为"式内社"。

母之后，每次想到过去那个凛凛风骨、技术精湛的女人如今已经无法发挥调停的特长，不禁对母亲产生莫大的同情。

对于《大学》《中庸》等四书以及当时大家都读的三部经①，母亲不是用眼睛看后记住，而是通过耳朵听后记住。所以在我小时候素读②时，她总能纠正我诵读过程中出现的错误。我觉得只有这次的机会才能够详细地讲一下母亲的特长，所以才有了上面这一段对母亲长长的回忆。

大正文化与女子的力量

夫妻吵架形式的变化，背后反映的是婚姻制度的变化，我觉得这才是记录明治历史时不容忽视的一笔。

在过去，传统的家族或者有点背景的家族，总要发动亲戚朋友为寻找合适的儿媳花费大量的时间。而女儿比较多的家族则有意识地将女儿培养成家庭主妇的优秀人选。被称为"尼将军"的平政子（北条政子）就是这样培养出来的。当然在其他场合也总有能够彰显女子力量的案例。《大日本史料》的"年末杂载"中出自女人之手的文章着实难懂，可谓思考日本语历史的最大难关，但内容字字珠玑，堪称理性女人做文著述的典范。再比如家里的财政问题，这也是主妇们应该承担的任务，主妇们总能平衡好家庭的财政收支。夫妻之间不争吵，为了家业的繁盛以及所有人的幸福安康，主妇们作出了应有的贡献。这些文章均反映了当时女人的真实感情，作为调查日本妇人生活的资料具有重要的价

---

① 指佛教中最经典的三部经书，宗派不同，经书的名称和内容也不同。

② 素读是日本古代一种教学方式，不要求理解内容，只要做到反复诵读而烂熟于心。

值。通过这种古文书来了解日本的女性文艺其实跟民俗学一样，属于剑走偏锋、另辟蹊径的研究方式。

从明治到大正，作为社会进步的表现，首推夫妇吵架不再诉诸公理，在我们母亲生活的时代就已经露出这种迹象了。

第二则是小孩子们越来越干净漂亮。当然这并非单纯出自女人的功劳，而是社会文化的进步所带来的必然结果。这里的漂亮不仅仅表现在孩子们以流鼻涕为耻，不再肆无忌惮地让鼻涕乱流，更重要的是孩子们的样貌也开始发生变化，长脸开始收缩变短。大正十二年（1923年）末从西洋归来的船上，一对西洋母子引起了我的注意。这是一位来自丹麦的妇人，三十五六岁的样子，带着儿子前往日本，仔细观察可以发现孩子接受了很好的教养。那位男孩将手绢放在胸口的口袋里。稍微感觉不舒服了，就拿出手帕擦拭面部。后来从这位母亲那里了解到，是晕船让孩子很不舒服。

而此时日本的小孩子，鼻孔里总是挂着两串鼻涕。我虽然被父母照顾得不错，但衣服的袖口总是油光锃亮，其中甚至还有像结了冰一样的块状污物。流出来的鼻涕总是很自然地收回鼻孔里。在那之后，不知是饮食习惯还是气候变化所致，总之这种现象慢慢消失了。走在田间小路上，也很难发现流着鼻涕的小孩了。

儿童患沙眼以及皮癣等皮肤疾病的情况当时在日本也已经消失。至于垂悬在鼻子上的两行鼻涕，究竟是体质原因、疾病原因还是习惯所致，我们不得而知。总之，儿童在这一时期变得干净整洁，或可称为大正、昭和文化的一大产物。大约在同一时期，家长们开始考虑为儿童准备合适的衣装。那些对日本保持关注的西洋人，如果每次访日都拍一些照片留下记录，我想他们肯定能

够看到日本文化的进步。

每当我行走于乡村小路上，总会对孩子们的面孔和表情保持关注。这时我就把事先准备好的问题，以非常简单易懂且容易回答的方式向放学归来的四五个儿童提问。那些面容干净、没流鼻涕，看似有教养的少年，反而回答起问题来特别慎重，有个别还不会现场回答我的问题。当然，到了最近，大多数孩子都会毫无顾虑、干脆爽快地回答我的问题。

关于明治以来日本社会的变迁，我想日本与西洋的接近应该算是特别值得关注的一点。

母亲的兄妹

我的母亲在天保十一年（1840年）出生于北条的尾芝家。尾芝家也是有故事的家族，但是已经没有人记得这个家族的故事了。我对尾芝家的记忆大多是在小时候了解到的，或许也有很多错误的地方。这个家族也没有留下来像样的文字记录，根据我自己有限的了解，这个小镇上姓尾芝的大概有五六家，却分成了两派，其中一派经商，生意兴隆。而我母亲这一派却只剩他们这一家，以前是医生出身，到了我外祖父这一代家道中落，最终以悲剧告终。从血缘关系来看，除了我们兄弟几个以外，还有一个堂妹，好像最近也已经去世了。

外祖父年轻的时候体格还是非常强壮的，但从我记事时起，他就给我留下了耄耋老人的形象。记得他从二里开外的北条来辻川看我们时，会带着10块八桥煎饼①作为伴手礼，但在路上他拿

---

① 当地一种土特产。

出一块嚼着吃，一块还没嚼完就到我家了，所以他每次来我家都是带九块半煎饼，可能是因为年老掉牙的缘故吧！如果不巧我不在家，外祖父会很沮丧地抱怨"国男不在啊"，然后就伴着呜咽声在大门口彷徨徘徊，母亲见状则不禁感叹，如此要强的老爷子竟然沦落到这副田地！

母亲兄弟姐妹四人，其中两个兄长，一个妹妹。长兄德太郎是个吃苦耐劳的人，但在饰磨港口经商时不幸染上了花柳病，不得已远赴四国巡礼^①，一去不复返。对于当时在意外界风评的家族而言，这是非常普遍的处理方法。有一次母亲梦到这位兄长，伤心之余便悄悄向我一人吐露了上面的事实，其实母亲本来是想隐瞒这段故事的。母亲的次兄大概叫俊次郎，他是一位好青年，一直陪在外祖父母身边，但也不幸英年早逝。俊次郎去世后不久，外祖母也跟着仙逝，或许是他老人家照顾子女太过劳累的缘故吧，总之结局令人唏嘘。

这一时期支撑外祖父的是他唯一的一个妹妹，她嫁给了附近城镇的商人家。平日里可以照顾一下外祖父，也是母亲姐妹二人的倾诉对象。母亲的妹妹留在父亲身边照顾父亲，母亲本人则到姬路藩名为高须的家老家做佣人。由于没有任何文字记录，我的记忆大多从母亲的杂谈那里总结而来。确切地说母亲是在安政四年（1857年）开始做佣人，做了大概不到两年就返乡，嫁到辻川的松冈家是在安政六年（1859年）。母亲嫁过来后一辈子过着贫穷的生活，这段婚姻能否称得上是良缘我并不敢断言，但母亲在20年间生育了8个男孩，直到最小的男孩13岁时身体仍然十分健康，至少在她的四个兄妹中，母亲算是最幸福的了。

---

① 指"四国遍路"，需要绕四国岛一圈，到88个灵场修行。

从开始就像发牢骚一样说了很多，这里再多添加一点也未尝不可。搬到关东之后我才了解到，跟我父母同辈的老年人中，虽然只是少数但也已经有人种痘了。受我们家附近庸医的影响，我原以为种痘是从我们这一代人开始的呢。现在我们兄弟五个中，其中一位因天花而死，另一位还没准备接种就夭折了，剩下我们三兄弟都接种了牛痘。其中，井上通泰兄接种后的痕迹尤其明显，痕迹对他日后的影响不小。而我感觉跟没有接种一样，没有留下特别明显的痕迹。父亲身上也有痘，但不是很明显，仔细看他左右眼周围可以发现痘痕。父亲得天花时，别人探望父亲并送给他一套五色墨，父亲用五色墨在唐诗选的画集上给得天花的自己画了一幅自画像，因此到了我们这一代，还可以重温当时父亲的面容。与父亲相比，母亲的症状可就严重一些了。另外尾芝的姨母还要更严重一些，据说严重到连小孩都觉得恐怖而不愿意提及的地步。对于现在的人来说或许很难想象，像姨母这样热心、好客、谦虚的女性，恐怕此前因为天花也有一段艰难的经历吧！至于我接下来要不要写姨母，恐怕还得仔细考虑一下。

"这不很好吗"的话题

在连载本传记第五天的黄昏时刻，我收到了来自神户的讣报，是表妹藤原菊[①]女士的死亡通知。她算是我目前尚在故乡的唯一至亲，在祭奠表妹的同时，请允许我拿出一节的内容来谈谈母亲家族的变迁。

我第一次来东京是在明治二十年（1887年）9月，在次兄的

[①] 原文为"藤原キク"，为方便阅读，这里姑且将"キク"翻译成"菊"。

借宿地，每日醒来都能听到边走路边吆喝"ゴトウマツゾウ、ゴトウマツゾウ"（gotō matsuzō）的男人声音。为何在东京能够听到有人边走路边呼叫我亲戚的声音，而且还是已经过世的亲戚？后藤松藏（Gotō Matsuzō）这位北条出身的人，是我姨母的丈夫。据说是靠投机倒把赚了一笔钱，50岁左右娶了我的姨母，顺便也把外祖父接过去经营杂货店生意。外祖父去世后，因为一点小问题导致生意失败，单身前往神户打拼，经历各种心酸。留在北条的姨母是个圆脸、性格特别温和的女性，养育了4个女儿，年龄刚好分别比我们四兄弟各小一岁。印象中姨母经常来我们家找母亲倾诉衷肠。后来松藏的事业重新有了起色，便把全家接到了神户，不过松藏本人不久就死于霍乱，姨母和3个女儿也去世了，只有长女菊回到了北条。这些故事是从父亲那里听来的，人生的悲欢离合在我当时幼小的心灵中留下了深刻印象。因此"纳豆，纳豆"（nattō, nattō）的叫卖声也被听成了"后藤松藏"（gotō matsuzō）。在菊被小野市附近一户人家收为养女之前，曾经跟我们同住过一段时间。我只在那段时间见过她。她结婚后有一次带着儿子，还有一次带着孙子访问下总布佐以及次兄在东京的宅邸，但我却一次都没能见到她。

突然收到至亲去世的讣告，不禁让我回想起往日点滴。

说到北条的至亲，我先从母亲给我讲述的外祖父开始谈起。庆应末年，北条也流行"神符降临"（お札がふった）的骚动。对于研究群体心理的学者而言，这是一个很好的研究主题。"神符降临"之后，小镇兴起了名为"这不很好吗"（ええじゃないか）的群众舞蹈。其实这是近世以来间歇性发生的集体参拜伊势神宫，即"感恩参拜"（お陰詣り）现象之后遗留的趣味游戏化的活动。有一种说法认为这是带有政治意图的行为，从高山通过

风筝撒下神符并让民众为之欢欣鼓舞。仔细研究可以发现，这种神符会"降临"到固定的地区和家庭，还有更极端的例子，据说在家中地板上也发现了"神符"。这样一来当地的民众便会蜂拥而至，登门祝福，家人们也只好打开酒樽大肆庆祝了。当然，降临的可不只是神符，据说在姬路还有红豆降临，当然还有诸如裸女降临之类不靠谱的说法。总之，"这不很好吗"的研究中还有诸多问题留待未来学人去突破。

母亲有一次去北条看望外祖父，恰好是"这不很好吗"舞蹈在北条小镇疯狂流行的夜晚，外祖父对好不容易来一次的母亲说，"今晚有要事，不能招待你"，便挥挥手出门了。母亲苦笑道，"如此固执的老头竟然也去跳这种舞蹈"。外祖父年轻的时候是一个非常难以接近的人，理性且不为群众心理所迷惑的母亲看到外祖父的举动后，既觉得可笑又觉得失落。

另外，大正四年（1915年）举行御大典时，我作为大礼使事务官赴京都期间，也曾在市内遇到小型的"这不很好吗"舞蹈。当时淡路出身的警察部长永田青岚出于护卫的考虑以便衣姿态出现，我认出了他威严的样子，同时正在跳舞的民众们也认出了他，便把歌词改成了"部长不也很好吗"，真是不禁让人苦笑的回忆。

家族的寿命

关于外祖母的名氏，我没有询问过。据说外祖母出身饰磨津一户相当有历史的家族，我好像听谁提起过家族的名氏，不过后来还是忘记了。家族越是古老，一旦灭亡，就很难追寻其踪迹。明治二十六年（1893年）夏，因为通过了第一高等学校的入学考试，作为奖励我获得了回老家的旅费。井上次兄再婚后已经在姬路的医院工作，而弟弟也刚好从京都回来，兄弟三人碰巧凑在一起。如果当时能够拿出时间一起赴外祖母的家乡做点调查，或许能够对其家族有更深的了解。彼时母亲还健在，可以向她咨询更多事情。如今时过境迁，空留遗憾。

后来我和兄长为此事颇费周折，结果成效甚微。我们追踪到一个名为尾芝俊明的人士，他是母亲的伯父。小时候在松冈家听闻此人师从皆川淇园①先生，成名之后在奈良附近的某藩供职，关于他的介绍仅此而已。我虽自视其为母亲家族的名人，但是另一方面也痛惜母亲家族的衰落，心中不免妄想是否仍有尾芝家的某一支且维持着书香世家的门第呢？后来我在内阁从事文库整理的工作时，时常受到这一妄想的驱使，每每读到皆川、富士谷②两家和汉硕学的名著，不免仔细从中寻求蛛丝马迹。除了关注杂记以及序言外，我还时常咨询奈良出身的友人是否留意过姓尾芝这一少见姓氏的人士。此外，我还前往奈良的郡山町役场③查询旧藩士的档案，为此劳烦了工作人员大半天，结果仍旧一无所获。自己不免失望至极，而次兄井上也责备我行事鲁莽草率。

接下来的话题有点沉重，这位年轻有为的学徒（尾芝俊明）尚未成婚就病逝了。他的遗骸运回老家后，家人将其安葬至墓地，且在墓地旁立起了石碑，由此可见家族对他的思念惋惜之情。十几年前出版的《北条町志》上转载了碑文的内容，兄长井

---

① 皆川淇园（1735—1807），日本江户中期儒学者。

② 富士谷成章（1738—1779），日本江户中期国学者，为前引皆川淇园的弟弟，后过继到京都富士谷家为养子。

③ 郡山町，现为日本奈良县大和郡山市。役场为地方自治体的办事机构，或可理解为政府大厅。

上曾详细读过，我虽然也曾目睹过碑文，但后来却怎么也记不起内容如何。我原以为这位伯父曾经侍从于郡山的柳泽家，但后来发现这也是我主观的臆测，他实际上供职于更靠南边的小泉町名为水野的大名领地，大概从事教授读书笔记心得之类的职业。后来赴京都求学于皆川，但是碑文中却没有记录其后来的工作是否承蒙皆川的推荐。兄长井上曾去拜谒其位于北条的墓地，本意并非出于景仰这位英年早逝的学徒的名望，而是出于对其家族将遗骸迎接回故地、使其灵魂得以安息这一举动的敬服。

　　我已经很久没有拜谒这块位于菊之谷的墓地了，所以只能凭借年少时的些许记忆来追溯。尾芝家有一位名为宇内的开业医生，他跟北条的另一位儒学者儿岛尚善氏相似，名氏或是从上一代继承下来的通称①。所以我也猜想外祖父的父辈们是否有自称宇内的大人物呢？从母亲处听来的轶事还有两件。现在的酒见寺院内十王堂的深处，在我小时候就有一个十分老朽的十王堂，透过堂口的木格子可以看到里面挂着蓝色锦织的幕布。这个十王堂据说是外祖母那一代人建立起来的，这个幕布是外祖母和服上配的腰带。还有一则是有关外祖父壮年时的轶事，比叡山横川附近的一家寺庙住着一位老僧，据说是几代前从尾芝家出家的僧人，因此之故，外祖父前往拜访这位老僧。老僧答应与外祖父面谈，结果外祖父面对着纸纹拉门而坐，拉门一道一道左右拉开，老僧坐在最里面。两人之间的距离如此之远，以至于让面谈失去了意义。这也是我听闻的故事，至于这位老僧名讳为何，至今是否仍有记录等，我不得而知。但每次登山的时候总不免想起，却始终没有时间前往比叡山确证此事，因此这也是我幼时的梦想之一。

① 通称即别名。

我们家族的特性

我的曾祖父年轻时曾前往京都，跟随一个名为吉益东洞的汉方医生学医。吉益是一个不拘泥于理论教条的放浪医生，开药会开很猛烈的泻药，曾祖父就是学到了这些，所以没有得到病人们的认可。但不可思议的是，曾祖父在这位医生身边学到了不少音韵学的知识。据说还专门写了音韵学著作，明治二十二年（1889年）我们全家前往东京时，急匆匆地把大概两箱的藏书寄存在井上家。在这些藏书中还有前面所提及的曾祖父画的"舌之图"。当时医生们不懂解剖，诊断大多靠切脉、听呼吸或者看舌苔等，曾祖父用美浓判一半大小的纸张将舌头的部位以及对应的症状画得一清二楚。例如有些地方有白色的星点等，画的下面则以细小的文字说明。

曾祖父总是做普通医生职责范围外的事情，或者研究专门领域之外的音韵，或者专心于绘图，总之我感觉自己多少遗传了曾祖父的怪异性格。另外，我家有一个夏日土用①时晒书用的木箱，与装麻将的道具箱大小相当，打开之后才知道里面装着传统算法用的算筹。算筹分成两种颜色，这样可以运算开平方、开立方等高级的算术，而且还配有对其进行讲解的教科书。

我祖母一直自豪于从她父亲那里学到了这种高级的数学。祖母的著作中有文"天算凡间和歌数量法"。她认为将三十一字假名②排列组合计算，可以算出和歌数字的界限。后来我跟寺田寅

---

① 立夏、立秋、立冬、立春前的18天被称为"土用日"，日本尤其重视"夏日土用"，这一时期有晒衣物、书籍等习俗。

② 这里指和歌中的五句短歌。每句音节数分别为5、7、5、7、7，共31音。

彦[①]君说起这事后，他回应道，"随着时间的流逝，相同的和歌意思也会有差异，排列组合的内容也会相应增加，所以不可能由此确定和歌的数量，还是通过学习来创作和歌比较好"。

曾祖父跟着吉益东洞研习古学的同时，竟然还学会了高等算法，这一点非同寻常。当然，更加非同寻常的是，他还将这种算法传授给了自己的女儿，而他的女儿即我的祖母还将其应用到测算和歌的数量上。

祖母也是个医生，依循本名小鹤，她还以缟衣（古代鹤的别称为"玄裳缟衣"）为号开设了汉学私塾，教村里的女学生们《唐诗选》纸牌游戏。祖母就是以如此超脱的方式支撑着我们的家庭。

这种家庭氛围也给我的母亲注入了不甘失败、自强好胜的基因，当然还有一半来自命运的安排，总之我自始至终都认为，不要太去抵抗或违背母亲的意志是为上策。

但马的鹤山

大约在明治四年、五年（1871年、1872年），市川与圆山川的船运航路开通，播磨滩与日本海联系在了一起，关于这些前面已经讲过。先期上京的富田碎花[②]君来访，当时他跟我聊了许多，今天我就跟大家聊聊这方面的内容。

从播磨路进入但马生野的道路，如今仍然必经一些山口，但是以前所经过的山口与现在不同。越过山口下来就是真弓，市川

---

① 寺田寅彦（1878—1935），日本物理学家、随笔作者、俳句诗人，还有"吉村冬彦""寅日子""牛顿""薮甘子"等笔名。

② 富山碎花（1890—1984），日本诗人、歌人。

蜿蜒流入真弓一带，然后就是生野的小盆地。过了生野再经过一个小山口就是名为圆山的小村落。过去曾称"朝来山"。自此地一直入海的河流曰圆山川。圆山附近有"鲑宫"，因为过去鲑鱼洄游至此产卵而得名。

到了明治时期之后，北部日本海域的船只可以到达丰冈。丰冈旧称"城之崎"，而如今城崎一带称"汤岛"。不过在我们小时候就曾听闻过汤岛这个名称。圆山川的对岸是城崎郡，所以丰冈的人们不愿称"城崎"而称"汤岛"[①]。另外，出石方向过来的出石川在上游与圆山川合流，据说船只也可达到出石川。

对于播州人士而言，谈及丰冈似乎异常亲切。据说在八鹿[②]妙见山上安置着明治初期来自出云大社的佛塔。想必这也是通过海路运过来的吧！据说是当地向出云大社敬献木材的回礼。实际上当时出云大社受到神佛分离令的影响，便把佛塔送给了有交情的八鹿。

和田山与生野之间有个名为竹田的小镇。该地有足利时代留下来的城迹。由于周围平地较少，从知名度上该地仅次于出石，我曾经在这一带做过调查。

从出石到竹田的主道途中经过鹤山，该地视野开阔，适合赏景。人力车经过山脊斜坡时，车与路边的鹤巢擦肩而过。车夫或许注意到我的兴趣点，便停下车来让我仔细观察鹤巢。

我大概于明治四十二年（1909年）6月末7月初经过该地，当时鹤群正要飞赴田园，于是我做了下面这首和歌：

---

① 柳田写作本文时丰冈和城崎为彼此独立的自治体，或许是因为竞争意识才有了丰冈将城崎矮小化的趋向，如今两地已经合并成为丰冈市。

② 八鹿现属于日本兵库县养父市，位于圆山川上游，与丰冈市相邻。

鹤群出巢觅食去，但念家中幼稚儿。①

如今我的长女已经50岁了，这首和歌是她出生不久时所作，现在想起竟已过去多年。

当时只是经过，没有细致追究。问了当地人之后才知道鹤山的鹤群从出石郡出发前往养父郡②方向。仔细想想，其实就是东方白鹳（コウノトリ）飞到田间糟蹋庄稼的行为。鹤主要栖息于北海道和鹿儿岛等地，但马和越前则是白鹳的野生栖息地。白鹳在日本也是珍稀物种，希望当局能够积极保护。

播州人的幽默

小时候经常能听到谐音双关的幽默谈，例如有下面村里的鲁莽青年进城时闹的笑话。看见卖镜子的店写着"kakamidokoro"（かかみどころ），以为是"看老婆店"（kakamidokoro，嬶见所）③，看了几眼之后发现没有女人出现。觉得蹊跷又看看隔壁商店的看板写着"kotoshamisen"（ことしゃみせん、琴三味线），原来是"今年看不了"（今年ゃ見せん）④，他便坦然接受，悻悻而归。其实在日本各地都能听到类似的谐音笑话，不知道如今此地是否还有这样的习惯。

播州的拓荒地，加西郡的深处也有类似的幽默笑话，当地

① 原文为"鶴山の鶴は巣立ちて遊ぶなり家なる稚児を思ひこそやれ"。
② 今日本兵库县养父市，在出石西南方向。
③ 日文中妻子、老婆的别称为"嬶"（かかあ，kakā），"看"为"見る"（miru），而"所"读作"ところ"（tokoro）。
④ 日文中"今年"读作"ことし"（kotoshi）。

人认为只有他们才有，其实则不然。我家附近有个老太太，偶尔听她说起过类似的话题。其实是说加西郡不知外面的世界大小。翻过山口即可见广阔土地，"真应该让这帮家伙至少见识一下濑加"。

如果不说地名我也不知道，这里的濑加（神崎郡市川町）有一个寺庙，我曾经拜访过两三次。冈部川进入濑加后流入市川，濑加并非山道的终端，它处于斗笠形地貌的最深处。

这一带的人们经常以此自嘲，其旁边的多可郡也大致如此。当地有言，"けたれけられて、まんがんじでまけて、おおちおとし、とってかもかもだに"。其实就是利用谐音记忆地名的一种表达，这里涉及的地名有"芥田"（けた）、"满愿寺"（まんがんじ）、"大内"（おおち）、"鸭谷"（かもだに）。这种表达其实是一种自信，意在表明自己生活的区域并没有那么偏僻。总之，在孩童时代，我们经常能够听到类似的谐音表达。

而播州的北条，在过去是一个非常重要的据点，是丹波、丹后方向过来的必经之地，它之所以重要，或许也跟生野矿山的开发有密切的关系。明明可以经西胁从野间谷处出来，却要从泉、明乐寺北上。与加西郡大河村合并成的八千代村以及曾经的中村（现在多可郡的中町）一带，可谓多可郡最繁华、最开阔的一片土地。

多可郡内一个名为"的场"的地方有著名的式内社。该神社位于中村偏北，我父亲曾在这里做过一年半的神官。或许就是祭奠古代传说中"天目一个命"神的荒川神社吧！我曾经访问过该地，跟当地旅馆的主人谈起"生父松冈十几年前曾在该地神社担任神官"，对方听后也对我增加了几分亲切感。

神 隐

在写《山的人生》一书时，原本希望能够客观地介绍一些外部的事情，不知不觉兴趣点开始向着幼年时所经历的事情集中。一本书想要实现两个层面的目标，听起来确实挺奇怪的，因为书中介绍了我自身所体验的神隐的经历。

从七八岁到十岁的那段时间，我曾多次听到神隐的话题。辻川的铃森神社位于丘陵斜坡的石阶处，村里的人们经常在神社前面参拜，神隐的话题自然而然就发生在神社附近。天快黑的时候孩子们还在村落里玩耍，这时会有白发老爷爷出来亲切地说"我是铃森爷爷，赶快回家吧，家长会担心的"如此等等。小孩子们往往信以为真，而家长们则顺势说道"那肯定是明神先生吧！"小时候的我对于这些说法当然也不会有质疑。

小我3岁的弟弟是初春前夕出生的，记得是我刚好4岁那一年，待产的母亲情绪异常烦躁，也没有更多的时间来管我。

某日午睡醒来后，我问母亲"在神户是不是有个姨母"，问了几次之后母亲便不耐烦地回答道"是的，有"。正在躺着的我急忙爬起来就往外跑。明明神户没有什么姨母，我不知怎么想的，径自走了离家小一里的一段路。

我走到了西光寺野，那里已经成为开垦场，非常勤劳有能的邻居夫妇正好在那边耕地。劳作中的伯伯看到我这个邻家的孩子，赶快抱起我送回了家。路上有人跟伯伯打招呼说"这是谁家孩子，刚才一个人步行往前走"，对此我现在还有清晰的记忆。

如果我再稍往前走一段，或者邻居家的伯伯没在田里干活，我肯定就这么再也无法回家了。

　　还有一次大概是在11岁的时候，和母亲、弟弟们一起到离家一里地远的山上去采松茸。大家在对面山脚下的水池边休息，还吃了软糖之类的零食，正准备回去的时候，不知道母亲迷路了还是为何，我们明明应该翻过山向反方向前进，结果没有翻山而是沿着斜坡一直走，最后又回到了原来出发的水池边。母亲看到我非常奇怪的表情，突然猛地拍了一下我的后背。拍我后背的事情，此前我一次也没有经历过。或许是母亲看我当时表情太过于古怪所以才拍了我吧！打那之后母亲便一次都没跟我提起过此事，而我本人也从未主动询问母亲原委。

　　我在后来出版的《山的人生》中将这一系列奇特的现象归因于"神隐"，当然这种个人独断的解释未免唐突，或许也有其他更高尚的理由，总之我个人持上述看法。

　　村里面经常有这样的案例，特别是女人上山时相关的话题更多。据说有神隐婆婆在黄昏时分会出来，更不可思议的是，这种现象尤其容易发生在孕妇中间。从这个层面来推测，确实是心理学应该研究的对象。以上就是我对神隐这一现象称不上结论的结论。

《西播怪谈实记》等

　　播州关于神隐的话题非常多。因为多是传闻，以讹传讹，大多加入了夸张的色彩，以至于最后变得完全不可信了。相信其他的小孩子也有类似的经历，但是当事者一去不回的现象，在我们村里还一次都没遇到过。当然我本人有过两次直接体验，即关于神隐的话题以及在山中所遇到的不可思议的事情。这两段经历一直深深印刻在脑海中，所以我也把这段经历写在了《山的人生》

一书中。类似的话题比比皆是，而且一个共通之处在于，神隐的现象往往发生在女孩子身上。当然，我本人也不想要得出什么具体的结论，只是把听说的现象写进书里，毋宁说这种话题已经超出了民俗学的范畴。

在我生活的村子，待到黄昏太阳快落山的时候，家长们就开始有意识地数孩子人头，看大家是否都回家了。像辻川这种交通繁忙之地尚且如此，更不用说那些偏僻的山居村落了。

《山的人生》一书中亦有介绍，一个成年女人出大门后远远看见一个人影，正在纳闷怎么这个时间段会有人在那里呢，好奇之余人影却不见了。这种话题在书中屡屡出现，宛若平常。

也不知道为什么播州一带会有这么多类似的话题。至少我在幼年时就读过《扶桑怪谈实记》和《西播怪谈实记》。

明治四十四年（1911年）左右，我们非常尊敬的姬路总社的神官庭山武正先生，特意将自己亲自抄写的《西播怪谈实记》送给我。这位先生如今已经仙逝，其子接替其职务担任神官。印象中《西播怪谈实记》中有些内容取自中国。主要是姬路以及西至赤穗、宍粟等地的话题，当然这些话题自古就在全日本范围内流行。

诸如"隐身之人只有一次机会可以为近亲所见""跳入水池中成为龙女""临别时突然现身一下，然后就再也没有出现"等说法，特别是这里提到的第三个说法，让人感觉非常不舒服。

在阅读《西播怪谈实记》的过程中，有一个故事我至今仍然记得。说的是一位血气方刚的壮年，突然不见了，过了一段时间之后从山的对面传来"我回来了"的呼喊声，人们追过去探个究竟，结果却不见踪影。故事讲述起来跟真实发生过一样，我想这是当地人确实信以为真的缘故吧！这本书我从庭山先生处借来读过，另外还从和田千吉[①]先生那里借来读过另一个版本。和田先生是非常勤奋的考古学家，是我们播州人，姬路出身。

据说该书出版之时，西播磨赤穗一带的人们有去大和的吉野郡外出务工的习惯，所以该书中有大约一半讲述的是他们在吉野山中的体验以及所听到的传闻等。书的原本非常珍贵，如今或许保存在旧御影师范的图书馆内。据说曾经有以"播州丛书"为名出版的计划，如能出版，我想这两本书肯定会纳入名录中。

播州还有一本名为《播阳万宝知惠袋》的书，该书也是旧御影师范的藏书之一。另外，同在兵库县的摄津一带还出了《摄阳杂记》一书，如果播州能够出版这类稀奇古怪的丛书，我想为之兴奋的恐怕不止我一人。

所谓"有志家"

让我们把话题转移到地方上常有的"有志者"或"有志家"上面吧！大概在明治中期，可能仅仅有很短暂的一段时期，我们当时所居住的村子里已经不再有单纯的庄屋（名主）和百姓，其时每家每户都已经开始往特色的方向发展。长兄不愿意返回故乡的理由之一，是情投意合的同道都已经离开了故乡。当时很多人家随着资产的增长而过上了更加富裕、更加自由的生活。其中不乏读书多而卖弄口才者、聚众饮酒而散尽家财者。当然这并不意味着他们家道中落，其实有些则移居他处继续生活。当然，也有搬到东京的人士，他们多是长兄的朋友。

---

① 和田千吉（1871—1945），日本近代考古学家。

从辻川的主道沿着堰沟往地藏堂方向的拐角处有一家"角屋"。角屋家里有壁龛、有挂轴，一看就不是普通农家。角屋外面是门面房，好像经营物流运输。这家主人与我长兄交情不错，长兄赴京之后，他觉得无聊便在隔壁的酒庄度日。这位角屋的主人，就是我所说的"有志家"中的一员。

至于他缘何成为有志家，我不得而知，不过志气不在"天下国家"。"志"是一个值得我们为之思考终身的字，正如《立志传》中所说，"士下有心可谓至尊"，但我们这里说的有志家并不是这个意思，而是一般意义上的"能言善辩者"。一般遇到事情不说两句就难以平复的那种人，只要有机会就会用伶牙俐齿为自己或者本方辩护。因为这些有志家的产生，我们村庄的光景为之一变。我小时候恰逢有志家辈出的时代。我还在上学时，以及我毕业后，行走村间，这种人真是俯拾皆是。特别是在我做了官员之后，回乡调查最先碰到的就是有志家的阵仗，他们站在村口其实是不希望让别人了解村民的实际情况。如果村长有能力，当然也会站出来，否则就只好找这些有志家来交涉。这样的所谓"有志家"其实本来是没有的。

有人说是明治维新时代所谓慷慨激昂之徒助长此风，其实也未必，我个人认为是"四民平等"法令的颁布使然。平民百姓中有稍通事理者，家里积蓄若干财富者，或者是在社会上有名望者，这些中产阶层中口才较好的人，便开始朝着这个方向发展。

我在从奄美大岛前往冲绳诸岛时也注意到了类似的现象。当地有"兴人"（yuunchu，ユウンチュ）一说，即贵族的别称。还有称"yokarubito"（ヨカルビト）的，有"良众"（良き衆）之意，在有的岛上据说是可以代表村里台面的人物。"兴人"（ユウ

ンチュ）与"有志"（ユウシ）或许是偶然，这两个词的发音非常相似。如果村里有外人来访，他们会着正装会见，虽然私下里对这些外来人有不满、疑惑或者警惕心，但是表面上仍然非常客套地交流、斡旋，能言善辩者的特长在此时得到淋漓尽致的发挥。

如果把这些村里的有志家与今天中央以及地方选举中策划选举动员以及后援会的干事结合起来思考，或许是值得更加深入交流的话题。

囚犯与军队

我生长在辻川古道的十字路口旁边（"辻"就是这么来的），幼年时代，这条道路教会了我许多知识。记录经过这条道路的名人，自己的见闻阅历也日积月累，对外部世界的好奇和关心伴随着我成长。如果我住在什么巷子里，也许我就不会成为现在这样的人了。前面我提到过，一位放荡浪人醉酒之后敲我家门，嘴里念叨着"自由之权利"等口号，从那时起，"自由之权利"就没有给我留下好印象。

类似的话题还有一些，其中有关监狱犯人的话题值得介绍。小时候尚不知道监狱是个什么东西，从我们村里向川上大约一里半的路程，时不时有犯人外出走动。犯人们穿着红色囚服，在狱监的监视下成群结队、秩序井然地移动。后来不知为何，还有穿着蓝色囚服的犯人夹杂其间，印象中在我七八岁的时候经常见到这幅光景。他们经常从事道路清理等户外劳动，其中一些明显无害且没有逃亡风险的囚犯们，甚至还被请到当地民众的家中帮忙干活。或许是当初的监狱设备配套跟不上，可供犯人们劳动的空

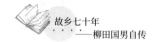

间不足的原因吧！我家也曾经请过两三位穿着蓝色和红色囚服的犯人帮忙，印象中是给我家换贴唐纸和修理推拉门。

我记得非常清楚，狱监因为个人私事离开监督现场时总会说"你们可不要跑啊"。犯人们沉默一阵后开始笑着小声嘀咕"奇怪，想跑我们早就逃了"。

或许是外出走动的犯人都是其中相对比较单纯且听话的那部分人，所以即使说"想逃"，其实他们也未必会逃脱。关于当时此地的监狱制度等，并没有留下任何记录，监狱具体位置在哪里我也不清楚，只记得邻村川边有个公馆，郡役所等官方设施聚集该处。后来据说这处位于生野街道附近的监狱没了，可想而知当初建造的时候也是仓促而就，犯人想逃跑恐怕也不是一件很难的事情。

还有一件事情是关于军队的记忆。当时的姬路镇台①因为军事演习的原因频繁出没于我们家附近。当时的军队为解决住宿问题，三五人一组到当地指定的民家借宿。村里最遭殃的是三木家，士兵们的泥靴直接踩踏整洁如新的玄关，将客厅中有座席的榻榻米掀起来，只留四分之一摆成床铺模样用来休息。士兵们就这样穿着泥靴在榻榻米上躺下，把脚伸到地板上，连睡觉都是这样。最初是随机入户，所以也不知道中队本部会入住到谁家，后来随着军队外出次数的减少，他们会事先联系好当地的住户来确定入住的人数，这样其实也是很麻烦的事情，所以再后来就选择入住旅店、寺庙以及学校等设施。至于吃饭，则是统一汇集在某地生火做饭，然后将伙食配给到各个宿舍，具体详情我也不是很清楚。

---

① 镇台是1871—1888年间日本陆军的编制单位，后改组为师团。

在那之后的几十年，日本经历了大战（指第二次世界大战），如果面临紧急情形恐怕也会有士兵临时入住我们家。但是，当年在故乡三木家那种士兵不脱军靴直接入室的惨剧，应该不会再发生了吧！

嫁妆仪仗队

关于辻川的道路，还有一个话题值得分享。那是小时候虽然很少经历，但一旦出现必然人头攒动的时刻。新娘的嫁妆仪仗队通过时，仪仗队唱着伊势音头的民谣，有时还穿着整齐的服装和短褂，热闹非凡。村民们在道路旁一边围观，一边讨论着这是谁家的新娘，或者谁家的女婿入赘等，村里的人们也就是在这种场合才集体出来观看。

几乎所有的家庭都有这样的习惯，虽然程度上不会过于夸张，但是为了以婚嫁为契机炫耀资产，讲排场的人家总会下足功夫，唱歌功夫了得的人会被安排为仪仗队牵头，当然也不乏喝点酒醉醺醺的先导，浩浩荡荡地从家门口的道路经过。

最初，农村并没有在婚礼前先行运送嫁妆的风俗，如果有的话也仅限于大名或士族阶层。播州等地导入这一习惯，或许是进入明治时代以后才出现的。

调查婚姻的变迁史可以发现，待新娘嫁过去安顿下来后以低调的方式运送嫁妆是较为普遍的现象。从奈良到伊贺，以及琵琶湖西岸及至高岛郡附近，其实对女方的嫁妆何时运送并无明确的要求。有隔5年、10年，甚至还有在婆婆去世之后运送所谓嫁妆的先例，所以在日本的中部地区，重大的婚姻其实未必需要带着嫁妆进入家门。从这一点来看，我们辻川的嫁娶确实有点另类，

甚至可以说是有别于明治文化的一种风格。

　　某村的谁家把女儿嫁到了另一村的谁家等，这类事情往往是通过道路（的仪式）来完成对外宣告，从制度上来看有点像是今天结婚典礼（披露宴）的原型。村里的结姻缘最开始只是带着一个包袱，不知不觉间就去到对方家，不想后来逐渐扩散，以至于人人都去凑热闹，婚礼当事方为了烘托气氛则大张旗鼓地运送嫁妆，这种方式对于当时村子里的人们而言还是十分新鲜的。

　　日本非常有意思的一种习惯——嫁盗婚，跟前述这种出嫁的准备工作有关系。提到这一点，又让我想起当年出版《乡土研究》杂志时，折口信夫[1]君给杂志投稿的趣事。折口君在杂志第一卷以无名氏投稿，接下来才开始使用他的本名。虽然后来我知道作者是折口信夫君，但我当时深信即使"信夫"（shinobu）是他的名字没错，但折口这个姓恐怕是"哲"拆开后组成的笔名。直到过了两三个月后，一位名叫中山太郎[2]的人说"折口是一位毕业于国学院大学的真实存在的人，但确实是一位非常奇怪的人"。虽然我当时很想见到他本人，但或许是碍于我当时担任贵族院书记官长的缘故，折口君觉得麻烦迟迟不肯见我。后来我们建立了非常亲密的联系，折口君在《乡土研究》中发表了一篇以大阪南部、木津或难波为调研对象的报告——《三乡巷谈》。这篇报告有很多值得深思的地方，尤其是其中名为"ぼおた"（掠夺婚、boota）的嫁盗婚风俗令人印象最为深刻。

---

① 折口信夫（1887—1953），日本著名民俗学家、国文学者，深受柳田国男民俗学研究的影响。

② 中山太郎（1876—1947），日本民俗学者，看到柳田国男《乡土研究》杂志后感触颇深，立志投身该领域研究。

嫁盗婚

折口君的报告中大概有这样的描述。大阪的木津、难波、今宫三地直到明治初年仍流行"掠夺婚"的风俗。

当地有言"那人是通过掠夺婚娶的媳妇，没想到人品还很不错"。其实"掠夺婚"是指女方家境不如意或无法准备嫁妆时而采取的一种嫁娶方式。头一天梳妆打扮一下，男方的人会悄悄地把新娘带走，临走时还要大声喊"抢走了、抢走了"，折口君的文章内容大概如上。我当时读了这篇报告后非常振奋，感觉折口君的学问做得很扎实，所以还给他本人写了一封感谢信。在大阪，"ぼおた"是"掠夺"（奪うた）的意思。具体就是指男方宣称"我把你带走"，然后大声呼喊"抢走了、抢走了"，将新娘带到男方家里的一种行为。此时，女方的父母事先是知晓事实的。就家庭境况而言，虽然也可以提供一两件嫁妆，但无奈境遇不佳的时候很难凑出，考虑到坊间的风评等因素，男方遂以"掠夺婚"的形式只"强行"带走新娘（不要嫁妆），新娘的父母虽然也会争吵两句，但最终无济于事，留待后日再由媒人牵线让新娘跟娘家人当面和好。这是"掠夺婚"的一种形式，也是最贫穷的结婚方式。如果这家成了暴发户，陋巷里的房客甚至会半分嫉妒地流传"她是掠夺婚嫁来的"等，以此来调侃主人家过去的落魄。

掠夺婚，即我们将其称为"嫁盗婚"的婚姻形式在九州的长崎和博多等地也有发现，我们的研究团队对此积累了相当多的资料。我将这种婚姻形式大致分为如下三种类型。第一种是在父母完全不知情的状态下，男方及同伙将其女儿偷偷带走的情形。第

二种是父母承蒙对方恩义，却又不好意思正式表明将女儿嫁到对方家里时，对方以盗取的形式将女儿带到男方家里的情形，这种类型在大阪很早就存在。德川秀忠曾承诺，谁能将他女儿千姬从大阪城中救出来，就将千姬许配给对方，后来坂崎出羽守将千姬营救出来，不料幕府却将千姬令许配给本多忠刻，所以才有了坂崎的"千姬夺回计划"，结果以失败而告终，大阪坂崎氏因此而绝后。第三种则是折口君报告中提到的"掠夺婚"，指娘家出于经济原因无法为女儿准备嫁妆而采取的一种婚娶方式。

如果仅限于第一种类型的话，那是野蛮人中才有的婚娶办法，但是随着社会的进步，如今也演变成遮掩贫困、形式从简的一种方式，如果接下来撰写婚姻史，这些类型不容忽视。形式没变，但是内容却发生了很大变化，从折口君的报告中，我第一次意识到这一问题。

可能有些人在撰写婚姻史的时候会从媒人开始下笔，我觉得这是不正确的。因为可能在更早先的时代，只要男女当事人约定之后便可以结婚。

义太夫式道德的责任

提到婚姻的历史，在平安时代常有的一种婚姻形式是男方在晚上前往漂亮的新娘住处求婚。几日后公开表明其存在，即"露见"，在古日语中也称"所あらわし"（tokoro arawashi），其实是在对外宣告"您家的女儿已经成为我的妻子，期望得到您的承认"。当然，其实女方的父母早先都知晓这些情况，只是装作不知道而已。但是为了防止男方见异思迁，女方父母甚至会抱着男方穿着的草鞋睡觉。这种潜伏到女方闺房的通婚形式，毫无疑问是两情相悦的自由婚姻，但是也有遇到麻烦的时候，如果男方在外面拈花惹草，最后放弃了女方，那么女方及其父母可就要遭殃了，所以才有前述女方父母抱草鞋的习俗。其实类似的场景在江户时期松尾芭蕉的《七部集》中有许多记载。男方态度极其嚣张，"如果给我添麻烦的话，本大爷就……"当男方把话说到这个份上，那么女方大半是要倒霉。其实这种情况直到现在仍然存在，或者是受到父母的强制，女方哭泣，不情愿地结婚，然而事实上这种情况毕竟是少数。

因为在农村，一旦做出婚娶的承诺，如果男方背信弃义，恐怕他本人没法继续在村子里生活下去。特别是村民们认为是"良缘"的场合，即意味着婚姻得到了全体村民的承认，如果背叛则必然会遭受村民们的制裁。女方个人的力量毕竟有限，然而在集结了全村的力量之后，恐怕就会呈现出另一种样态了。村落社会不同于贵族社会那样闭塞，普通的民众毕竟要承受着舆论谴责的压力，特别是普遍被看好的婚姻，就更不能抛弃对方了。现代社会的多数人不太考虑这样的事实，只是片面地去相信以前的婚姻都是"父母之命，媒妁之言"，女方如泪人般哭泣着出嫁，如果不是这样反而就少了许多浪漫的情调，"昭君出塞"的话题恐怕也就没有吸引力了。但问题是，许多人却把它当作常识，以至于今天的我们往往对过去的婚姻嗤之以鼻，而对自由婚姻如获至宝。所谓"父母之命，媒妁之言"，不过是义太夫式[①]的道德塑造出来的结果，除了追究文学的责任之外别无其他。

有人说过去日本人的生活过于随便，但是在有关婚姻道德的问题上却令人意外地忠贞。曾经遭遇一件令我汗颜的事情。记

---

① 指日本元禄年间竹本义太夫所创始的"净琉璃"一派，用琵琶或三弦琴伴奏。

得从信州的诹访向西调查访问时，听说当地村里有一位老者年轻时放荡不羁，他的回应言简意赅，切中要害：一旦我承诺要娶对方，便不会再做背信弃义的事情。从道德的层面来看，我们的先人做得丝毫不比我们差，既然相爱并嫁娶就没有理由抛弃对方的这种思维方式，其实自古就存在。当然我也希望能够有更贴切的方式证实这一说法。

一直以来做学问的大都是士族出身，士族社会出于维系生活的需要往往受到严格的法则支配。所以遵守道德被视为理所当然的事情。但不能把它当作士族社会的专利，那些生活在农村的自由自在的年轻人，开春之后即便到草地上约会、欢愉，他们也有自己的道德判断，也不会因此而乱了章法。

男蝶女蝶

我为什么要讨论结婚的话题呢？其实这跟我幼时的经历有关，我生活在一个变革的时代，一些经历可能外人未必会留意。

白圆帽、配新娘，这种婚礼的礼仪是最平凡不过的。虽然过去并不是这样，但我幼年的时候却参加过这样的婚礼仪式。我做过两次"三三九度"①斟酒的工作。负责斟酒的限于5岁的男孩和7岁的女孩，称为"男蝶女蝶"，女孩只需要斟酒即可，而男孩还要说一些固定的套话。我当时少年老成，所以被选作男蝶。还有一点，必须得穿着宽口裙（即和服中的"袴"），即使破旧也不要紧。基于这两个条件，我成功中选。

婚礼仪式对于儿童而言非常复杂。首先要把两个容器中的酒

---

① 三三九度是日本和式婚礼中代表性的斟酒礼仪，一般为男三次，女三次，最后男三次共计九次饮酒。

倒在一起，然后用乘酒的舀子将其一分为二。轻敲杯盏壁沿三次之后将酒倒入。新郎新娘饮酒之后，男蝶要将放置在岛台的乌贼卷等菜肴用筷子做出左右挑动的样子，嘴里还要说"有肴在此"（おさかなこれに）①。女蝶穿着长袖宽口裙，一般只需坐着即可，男蝶还要说诸如"这里有菜肴"（ここにお肴がございます）之类的话。

仪式要尽可能严肃、简单，因为接下来还要给满座的宾客斟满酒。

我的两次经历中，有一次是给邻居卖酒的店主家做男蝶。他们只有一个名为"より"（yori）的女儿，后来家境富裕之后，从大约距家二里地的地方收了一位名为又三郎的养子。这是明治十二年（1879年）时的事情。当年还有一次是三木家一处名叫大东的新宅迎来了新娘。新郎是我兄长的友人，大概二十一二岁，新娘则来自姬路。两次做男蝶的经历都大获成功，好像还得到了奖励，至于奖励了什么我却无论如何都想不起来了。

但是当时的情景历历在目，每当我想要写作婚姻问题或者日本婚姻史相关的话题，都想要把这些内容写进去。②可能是我当初斟酒做得还不错，两家的婚姻都很圆满，尤其是第二次在三木家，他们家的新娘到了很大年纪还记得我的模样。我很早就有写作婚姻史的计划，背后毫无疑问有上述经历的刺激。

然而过去常被认为是"半开化时代"，或者非常粗鲁的权力本位作祟，以至于很难将前人一些非常用心的考虑纳入婚姻的礼

---

① 联系上下文，特别是后文原文使用了"肴"，故此处的"さかな"（sakana）应指菜肴。

② 可参见[日] 柳田国男著：《关于婚姻》，史歌译，北京师范大学出版社2020年版。

仪中。对此，我们不能无视古代的婚姻制度，而放任士族流的解释不顾。四民平等固然是好事，但凡事都向士族看齐或者模仿士族行事并不可取。农民的生活亦有可取之处，对此我们有必要认真反思。

丹波街道[①]

从京都延伸到播州中央地带的丹波街道或许是同乡人最关心的话题了。

我到东京之前其实并没有读到过有关丹波街道的著作，直到读了近江学者伴蒿溪[②]所著《闲田耕笔》之后，才让我对丹波街道有意外发现。北条出身的学者儿岛尚善往来丹波街道的经历，以及与其师蒿溪的对话等都在这本书里有所记述。

这位儿岛尚善的后代中有两位是我在北条时的友人，好像他们父亲的名字也是尚善，大概是第三代"尚善"，因此对这个名字既亲切又怀念。他的面容以及作为医生世家的身份也让我印象清晰，因为跟同为医生的祖父家存在竞争关系。据说，他们家代代使用"尚善"的名字。

自此之后，我就对这条从播州东部出发，无需经过神户、大阪而直接跟京都相连的街道产生了浓厚的兴趣。

这条横贯播州中央的道路具有其他府县所没有的特征，知晓了这一特征其实也就不难理解多纪、冰上两郡划归兵库县的原因了。山道的作用自不讳言，古有源义经居高纵马而下取胜

---

① 日文中的"街道"为大道的意思，与中文有所差异。

② 伴蒿溪（1733—1806），日本江户后期歌人、作家，又作伴蒿蹊，别号闲田芦。

平家[①]，而历代武士也把争夺高地视为胜利的象征。建造这条道路的赤松家也深知其中利害，毕竟此地距离京都的足利氏不远[②]。现在我每每遇到多纪、冰上两地出身的人就像见到同乡一样兴奋。

学士院的安藤广太郎[③]是冰上出身，柏原的名门之后田艇吉[④]的弟弟园田宽[⑤]也在成城附近居住，他经常送我花椒调料，据说是老家的特产。除此之外，还有一个有关丹波街道的回忆，播州的有钱人多娶远地的女人为妻，我此前谈及的少时好友三木拙二，其两段婚姻经历中女方都是丹波出身。因此之故，我也经常听到各种对丹波的赞美，以至于在我心中形成了美好的印象。说到这里，我还想起了丹波的黑豆，粒大珠圆，堪称同类中的精品。仔细思量，像这样的山区恐怕也没有其他像样的特产能够出彩了吧！

我只有两次路过丹波的经历，实际上应该多走访一下这个地方。民俗学研究的同好们对丹波地区进行了大量的农村调查，也积累了相当多的知识，而我偏偏却很少访问此地。我曾经从福知山乘坐双人拉力车经过杉原谷到多可郡，最终返回自己的老家。记忆中那是在昭和六年（1931年），樱花盛开的时节。

始终令我难忘的是，山中寺庙若隐若现，周围垂樱随风乱

---

① 此处山道指鹎越，位于今日本兵库县神户市须磨区一谷，1184年源义经在此布阵，沿此山路长驱而下击溃平家，相关典故见《平家物语》。

② 赤松家是日本镰仓时代末期至安土桃山时代播磨地方的统治者，辅佐位于京都的足利氏室町幕府。

③ 安藤广太郎（1871—1958），日本农学博士，农政家。

④ 田艇吉（1852—1938），柏原（今兵库县丹波市柏原町）出身的日本政治家、实业家。

⑤ 园田宽（1883—?），日本实业家、朝鲜总督府官僚，曾任朝鲜平安南道知事。实为田艇吉的三子，后过继给了田艇吉妻家的园田稔；而非原文所说的田艇吉之弟。

舞，如此美丽的风景在我生命中没有出现过第二次。更可贵的是，山上盛开的樱花竟然不是山樱，而是人工栽培改良后的里樱。

化名一事

每次回忆起故乡的事情，相较于出生地辻川，我对北条这个小镇的印象更深一些，或许是因为搬到北条后的我年龄已经大一些的缘故吧。

说起北条，其实是一个特别值得乡土史专家仔细探索的地方。因为这个小镇乃天领①之地，人们不可对其妄加变更，因此留有很多古代遗迹。就相当于天领的甲州②一样，尽管距离江户很近，但也没有对旧有之物进行人工翻新。从这个角度来说，北条算得上是播州的一个都城。

我过去曾使用过的一个化名是尾芝古樟。尾芝是我母亲家的姓，母亲老家有一棵古老的樟树，所以化名如此。现在想来我前前后后共使用了近20个化名。大正二年（1913年）3月，我与高木敏雄③君一起创办《乡土研究》杂志，我们每月有时能够售出1 000多本，但后来高木君与我分道扬镳。虽然当时还有一些同道同情杂志的遭遇，但整体上执笔者的数量开始减少。当时我担任贵族院书记官长，工作非常繁忙，我以公务员宿舍为编辑部，侄婿冈村千秋承担了很多事务性的工作。记得当时折口信夫寄来难读的原稿，我对其进行认真的修改，并且获得极好的评价。

---

① 天领，原指日本天皇直辖的领地，德川幕府时期也指幕府直辖的领地。
② 甲州，指日本古律令国甲斐，位置相当于今天的山梨县。
③ 高木敏雄（1876—1922），日本神话学家、民俗学家和德语文学研究者。

说起折口信夫，还有一个趣事值得一提。当时京都的S博士屡次对我们刊物表示同情和支持之意，却一次都没有给杂志投过稿。我当时开玩笑说S博士就像是鸟居强右门①一样的人物，来到城门口却不能入城，折口君误以为我的玩笑是针对他，从那以后他给我的信件都属名为鸟居强右。

由于《乡土研究》缺少执笔者，我便以化名投稿，稍微变换一下文风以弥补版面的空缺。但第四卷十二号休刊时招致谩骂批评的《休刊辞》则是用我的本名发表的。杂志发行期间我所使用的所有化名在后来如发表短篇报告时仍然会使用。前述的尾芝古樟就是其中之一。中川长昌取自我祖父的姓以及祖父家附近的菩提所长昌寺；桂鹭北取自曾祖母在砥堀②的娘家桂家，桂家位于白鹭城③以北，故取名鹭北；久米长目则取自田原村南面名为长目的地方，相传久米仙人在此坠落后隐居于该地一处寺庙。使用化名写作文章仅限于《乡土研究》发行之时，其他场合我都是使用本名发表。

我使用过的其他化名也顺带介绍一下。大野芳宜来自到那须野一带旅行时所创作的一首和歌《最忆大野牡丹饼》。④山崎千束取自我出生地福崎町的山崎，名为市川的河流贯穿此地，该地有临渊巨石，传闻此前有人在夜间看到从山上踏入河流的巨足，因此将该地区称为"千束"（千束的发音与洗足相同，或来源于

---

① 鸟居强右门是日本战国时期三河国豪族奥平氏的士兵，因奥平氏所在的长篠城被武田氏围困，鸟居强右门自告奋勇冲破围困前往德川联军请求支援，后回长篠城通报奥平氏，但因武田军围城封锁紧密而不得入城。武田军威逼利诱鸟居不成，最后将其凌迟处死。

② 砥堀，位于日本兵库县姬路市。

③ 指姬路城，又称白鹭城。

④ 原文为"思ふこと大野のおはぎ"。

此）；榎本御杖来自我曾经一段时间写过许多有关榎木的文章，同时还接触过榎木做成的拐杖；板垣小棠来自我对东京根岸一家居酒屋板塀后面盛开的海棠花的印象；另外，我养父所在的柳田家，由于传宗接代遇到困难，总是倾向于从安东、菅沼两家中过继养子，我的养父本身就是从安东家过继而来，所谓"安东"其反义词应该就是"危西"了吧，所以安东危西也曾是我的化名之一。菅沼家与安东家都有祖传枪术"风传流"，且美浓国可儿郡也有菅沼家的同族，所以我也用过菅沼可儿彦这一化名。顺带提一句，枪术"风传流"的发祥地在播州的明石一带。

此外，我们家族（柳田家）的祖先曾居住于神奈川县足柄上郡山北的川村，所以我还用过川村这一姓氏，名字则是向岛崎藤村致敬，他本名为春树，所以取了同音不同字的"杏树"[1]。小野吾滑则来源于传说中小野小町的和歌。[2]清水松亭则是借用老朋友的名字。森绿一名则来自祖母的祖母，她出身于福崎町——现在新町一个名为"森"的人家，而"森"的颜色是绿色，所以化名为森绿。

---

① 岛崎藤村（1872—1943），日本著名诗人、文学家。春树与杏树的发音皆为"haruki"。
② 小野小町（约809—约901），日本平安时代早期著名的女和歌歌人，此处原文为"あなめあなめ"，"吾滑"发音为"あなめ"（aname）。

关于兄弟

长兄的乡愁

这里想特别提及一下长兄的乡愁，长兄鼎其实留下了许多回忆故乡的记录。前面我已经说过，长兄在故乡小学做过校长，年纪轻轻结婚又离婚，尔后胸怀大志赴东京游学。我那第一个嫂嫂对我恩重如山，即便在70年后仍然历历在目，所以我在连载《故乡七十年》时，嫂嫂的近亲还专门寄给我一封热情洋溢的信件，可谓近来少有的高兴事。

长兄在下总的布川做了开业医生后，便很难专门拿出一个星期的时间回去省亲，虽然经常关注播州的动向，但其实直到他去世都几乎没有回过播州。即便也有怀念的说法，但也只是那种非常传统的恋旧之情。我跟长兄年龄相差15岁，虽然我们的故乡都是播州或者辻川，但是记忆中的故乡在观念上差别很大。

长兄从师范学校毕业回村担任小学校长的时候，当时同辈中人能够给长兄提供各方帮助的不在少数，然而在他去东京学医的五六年里，他的同辈们也经历了剧烈的时代变化。当中也有不少丧失锐气、萎靡不振的。对于长兄而言，即便是学成归来，也没

有太多能够值得依赖的朋友了。每当我问他的朋友都有谁时，长兄总会告诉我至交有谁、同僚有谁等。在长兄赴东京求学前夕，那些给他践行、请他吃饭、为他凑旅费的朋友，后来在时代的洪流中，生活并没有那么顺意。尔后出人头地之辈，都是和长兄年龄段完全不同的年轻人。

只有在故乡有能够说得上话的亲故，有能够让心情放松舒畅的朋友，才会勾起所谓的归乡之情。如果这根线断掉了，或者亲故开始刻意回避你的时候，归乡就变成一件寂寥的事情。过去在村子里，如果在城里工作的人回村省亲，总要扎好头巾（钵卷）向左邻右舍挨家挨户打招呼问候。后来觉得麻烦，大家装作不知道，这种习惯也就消失了。不知不觉间，我们也成为村民眼中所谓的上流阶级人士了。我回乡的次数还算频繁，明治二十六年（1893年）、三十一年（1898年）、三十五年（1902年）各回了一次，其实我也是有意识地空出这样的时间间隔。在此期间，我的故乡有人嫁进来，有人搬出去，故乡就成了"人走山水留"的地方。如此想来，着实孤单。但是，我从未轻视过农村，虽然没能够亲历自己村庄的成立和变迁，但我这一辈子观察过许多村庄的变迁，对于我这个研究农村的来说，倒也不觉得是个损失。然而对于一直生活在他乡的长兄而言，物理上与故乡拉开的距离，肯定会产生非同寻常的孤寂感。

长兄离开故乡前往东京学医的时候，肯定没有就此别过的想法。但是，他本人不在的这五六年，故乡发生了很多事情，特别是前面提到村里的"有志家"们，遭遇挫折、一蹶不振者不在少数。例如，长兄的好友藤本，他是一位特别仗义的人士，后来家门遭遇一连串的不幸，长兄即便回去也没有能够跟他说话的知心朋友了。可能是这些因素才让长兄断了回乡的念头吧！

此外，还有一个更重要的理由——故乡的亲人们大多是医生。我们家后来不再从医，如今再回去就要从亲属那里分一杯羹，长兄也不愿进行这种竞争。外加上他再婚的对象是茨城县出身，对故乡的心情也就逐渐发生变化，我想这也是促成他下定决心离开故乡的原因之一。

我的父母也是在上了年纪、无所依靠之后，才追随长兄来到关东。母亲没有见过世面，只懂得乡里的基本常识，双方之间的冲突并不少。从明治二十二年（1889年）夏天到明治二十九年（1896年）父母双亡，可能是身体越来越羸弱的缘故，二老的情绪也变得越来越易怒，虽然有时想着他们如果能心情舒畅安然离去的话会好一些，但这在我看来也是没办法的事。

因此之故，长兄一旦讨论起故乡，对于当时还是孩子的我而言，大多是一些十分落伍的话题。

进入明治时代之后，日本也开始盛行木棉织的布料，还曾出现过种植棉花的黄金时代。最初在大和以及河内等近畿地区的平原种植，后来逐渐扩展到山阳线（铁道）两侧，到了夜里，在月色的照射下，地里开裂的棉花一片雪白，美不胜收。没有水的田地都种上棉花，遍地采棉的乐趣和风景在关东是比较少见的。

明治初期，政府为鼓励国产、抑制进口，对进口的大米和棉花加征高额的保护税。日清战争（甲午战争）之后，进口保护政策受到冲击，保护税废除，放宽了对棉花的进口。大概以明治二十九年（1896年）为界，在此之后，国产棉彻底失去市场，唐系（即进口机织棉线）快速占领日本国内市场。据说是纤维更长的外国棉线更适合制作织物，日本棉的产量因此逐年减少。

那段时期长兄致力于在茨城县推广棉田，还购买了大量的种苗，其时已经过了种棉的最佳时代，所以不可能取得成功。但我

这里想说的是，长兄还是依仗着明治十六年（1883年）他离开故乡时的知识和思维，致力于向关东人推广种棉，进展不顺也是意料之中的事情。

最希望回到故乡，一辈子都操着播州口音的长兄，最终也没有回归故乡。为此他经常烦躁不安，而我们除了表示同情之外，并没有更好的慰藉方法。

关于成年

这是长兄松冈鼎就读神户师范学校之前的事情。长兄喜欢召集附近的孩子们玩扮鬼游戏，为此经常遭到母亲的训斥，"都15岁了，怎么只想着玩"等类似的牢骚。每次母亲训斥之后，长兄接下来的回应就是"那就给我买个烟袋啊"。当时正好在我家的外祖父接过话茬，"说得没错，我给你买"。

现在回想起这段对话，其实有很多层面的意涵。当时农家子弟成年的元服加冠仪式一般在15岁时举行，以此为标志宣告一个男子的成年。值此阶段，这些进入成年准备期的男孩子应该更多接受成年人精神和气质的熏陶。不幸的是，我家的子弟很少有机会融入成年青年们的世界，而只是片面地遭受前述母亲类似的教训。因此，当长兄要求买烟袋时，才有了外祖父爽快的允诺，他应该是有共感吧，现在的我非常能够理解当时外祖父的这种心境。毕竟，子弟宣告成年确实需要一个界限或者区别于幼年的标志。

关于当时区分幼年与成年的标志，还有一段挺有意思的记忆。小时候的我常跟着母亲到附近串门，一次对方母亲说"我们家孩子刚去参拜了神社"。母亲问道："参拜神社？是举行元服加冠仪式了吗？"随即便开始祝贺成年。对方母亲大悦，"是的，这是新做的兜裆布"①，说着便让后面的儿子展示给家母看看。对方儿子倒也实诚，摊开两手后发现兜裆布不见了，对方母亲又气又笑，训斥其沿原路返回寻找。碰巧在去神社的石阶上看到成"巾"字形的布料躺在那里，这才侥幸捡了回来。

天真无邪的少年成长为独当一面的成年人，怎么说也要两三年的过渡期。这段过渡期在当时的播州又被戏称为"破晓"②。我觉得"破晓"是一个很贴切的表述，大多数少年都在这一时期开始逐渐接受一些自己母亲所不能教授的人生道理，当然还有些地方称为"小青年"，还有些地方称为"青二岁"，实际上这里的"二岁"应该理解为"新背"，也有到了婚娶年龄的意思。③

我们兄弟就在这样的环境下成长，所以到头来也没有接受正式的成人教育。伴随着新式教育的推进，过去以僧侣、手艺人为媒介的成人教育逐渐式微，传统习惯在不知不觉间崩溃，也可以说是一种"无血革命"。在这些无形的变化中，很多重要的习俗、仪式逐渐被抛弃和忘却。我们国家的近世史遭遇如此轻薄的命运，感觉我们自己也有不可推卸的责任。

战后（二战）至今已经过去了十多年，这个问题一直没有得到解决，甚至还有进一步混乱复杂化的苗头。自由交流沟通与进入社会工作之间的年龄差别越来越大。关于这个问题我跟三岛通阳、山本有三④等人有过认真的交流，感觉日本虽然废除了兵役

---

① 当时日本男子宣告成年时佩戴新的兜裆布。

② 日文原文为"日の出"（日出），这里结合语境翻译为"破晓"更合适。

③ 原文为"青二サイ"，发音近似"新背"（にいせ），有新的个体或独立成人的意思。

④ 三岛通阳（1897—1965），日本小说家、剧作家、政治家，日本"童子军运动"（呼吁青少年权利）的发起者。山本有三（1887—1974），日本剧作家、小说家，对日本家庭、社会问题较为关注。

制，但仍然存在各种障碍让年轻人无法实现真正向成人的转型。目前来看最大的问题在于，"少年"这个日语表述，或者说近一段时期被称为"少年"的年轻人时常制造耸人听闻的恶性犯罪事件。其汉语最初的意思可能就是单纯指代"年轻人"，但是自明治二十一年（1888年）杂志《少年园》见刊以来，这个表述一直被用来指代"小男孩"。如果想要扩大这个表述的指涉范围，就应该更加明确地对其进行区分。据我本人粗浅分析，之所以出现上述含混不清的状况，大概跟近代以来对"青年"这一表述的警戒感有关，原本可以称为"青年"的群体，因为这种原因而不假思索地被弃用。我不反对就"青年"的表述和使用进行一定程度的限制，但不能粗暴地以"少年"来代替"青年"。对于有选举权的成年人而言应该慎重思考，不能让不注重语言使用的人来做政治家。

长兄的生涯

在我们兄弟中间，就我一个人不喝酒。长兄则是最嗜酒的一个，遇到不顺心的事情就喝酒，喝酒了就会把平时藏着掖着的事情吐露出来。考虑到在外面喝多了会给别人添麻烦，就改在家里面喝，喝完了后劲上来第二天要睡上一整天。后来长兄得了一场大病，那时已经到了懂事年龄的我，开始考虑的事情越来越多。次兄已经过继到井上家，长兄养育了3个子女，他稍有个三长两短或者身体垮掉，那么照顾全家老幼的工作就要落到我的头上。我本来就讨厌做医生，但是考虑家族的情况又必须做好这方面的准备，所以我在小的时候就有考取开业医生资格证的觉悟了。不过后来长兄该喝就喝、该睡就睡，越发成熟之后，反而一直健康地活到75岁。

长兄作为医生稳定下来之后，也开始有其他想法了，有一段时间对政治特别痴迷，做过千叶县议会的议员（虽然任期只有一届），还做过布佐町的町长。作为担任町长的纪念，长兄在任期间第一次在利根川上架起了大桥，将千叶的布佐与对岸茨城的布川连在了一起。这座长长的桥建在过去著名的渡口之上，确实方便了作为布佐町长的长兄。当时前往茨城方向成田铁道停车场的道路刚好完工，我们所在的布佐附近也因此变得繁华起来。大桥的名字叫作"さかえ橋"（sakaebashi），次兄井上认为这桥位于县境，所以命名为"境桥"（sakaibashi），不过当地的发音中"i"和"e"经常混同，村议会以讹传讹最后成为"sakaebashi"。如今这座大桥依然屹立在利根川上，我每次过桥，或者在桥上拍照等，总不免想起长兄的一生。酒是唯一的慰藉，在他乡孤寂终老，这就是长兄的一辈子。

还有一段轶事值得一提，据说当初有人向贞明皇后殿下[①]提及我们兄弟的事情，说"当地他们四兄弟，都很有出息，各有各的事业"，不料贞明皇后却说"还有一位长兄应该生活在乡下"。长兄听闻此事后感激涕零，说道"我已经知足了"。自己在背后支持弟弟们立身处世，这种不为人知的付出与牺牲，竟然得到玉音（皇后）的赞美，或许让长兄重新认识到了生存的价值。

次兄入赘井上家

次兄通泰的养家井上家也在辻川，出身于前田原村一个名为

---

① 贞明皇后（1884—1951），日本大正天皇嘉仁之皇后，昭和天皇裕仁之母。

吉田部落的旧家。井上家是在村子里居于中心地位的大户人家，他们家与村子的关系宛如寺庙与檀家[1]的关系那样。也有其他独立的家族，但大都是以井上家为中心而建立的几十户小家庭。播州海岸有名曰英贺[2]的地方，据说井上家原来居住在那里。井上家起源于吉田部落，在距今非常久远的小寺家[3]统治当地时搬到了那里。根据他们家谱记载，属于河野一族，如今还有代代相传的传家宝——河野通有[4]的盔甲。

次兄有和歌如下：

先祖半身盔，我辈万代传。[5]

这首和歌在次兄的作品里算是佳作，反响不错，我父亲也很喜欢。次兄出生在姬路，当时父亲在姬路的熊川舍担任塾监，他年长我9岁，11岁那年岁末去了井上家做养子，当时我还很年幼，完全不知道这些情况。等我懂事的时候，便已经称他为井上次兄了。次兄幼名泰藏，成为河野家族一员之后改名为通泰。

井上兄的养父名硕平，曾经在姬路医院工作，是一位评价相当不错的医生，大概在做医生的时候将通泰纳为养子。我不知道次兄是在几岁的时候回到了农村，但我清楚的是他去东京求学时

---

① 檀家指为日本特定寺庙的经营提供主要支持的家族，有靠山或重要施主之意。

② 位于日本兵库县姬路市饰磨区英贺町和英贺清水町一带。

③ 小寺家是日本室町时代到战国时代时统治播磨地方的大名，以姬路城为中心。

④ 河野通有（1250?—1311?），日本镰仓时代中期武将，镰仓幕府的御家人，活跃于抵御蒙古人的戒备活动。

⑤ 原文为"遠き祖の片身の鎧万代にいかで我が名も伝へてしがな"。

才十四五岁，年龄要比别人家的孩子小得多。东京有一位姬路出身、名为国富重彦的学者，读书期间承蒙他多方关照。次兄最初进入大学预备学校或者补习学校之类的机构学习。次兄在东京求学期间，我倒是经常访问井上家，其实就是闲来无事过去玩耍而已。每次过去，他们家人都很关照我，他们家的房子也很气派，所以我对次兄养父母的印象十分深刻。

11岁的通泰成为井上家养子的时候，在他们家总也住不习惯，井上家为此花费了不少工夫。小时候大人们经常聊这些事情，跟在大人身边的我也就听说了。比如养母会在次兄睡着之后在枕头旁放上他喜欢的零食或玩具，或者在次兄想要玩耍的时候，找邻居家两个男孩子随时陪他玩耍，可谓用尽了一切办法让次兄适应环境。年幼的我听到了这些经历之后，不由得产生出一股羡慕之情。

出了辻川的村口，远远地就能够看见井上家的屋顶。井上家北边是一户姓难波的人家，他们家黑色的板屏与井上家白色的墙壁交相辉映，似乎在向我招手说"随时欢迎来玩"。我小时候特别想去井上家玩，而母亲总是担心给他们家添麻烦，所以规定我每个月只能去一到两次。但是我也没有其他太多可去的地方，感觉我就像是他们家的孩子一样长大成人的。

中川、井上、松冈三家的关系

井上家的祖父母在三十二三岁的时候因为伤寒或其他疾病双亡，留下了曾祖父母以及两个女儿。大女儿就是次兄的养母。曾祖父当时已经60岁左右，着急给长孙女寻找入赘女婿。结果川边的中川家有两个儿子，便招他们家的弟弟硕平为婿养子。巧合的

是，这对中川兄弟的母亲是中川一族中网干（地名）的中川家出身，即与我的祖父陶庵是姐弟关系。也就是说，成为井上家养子的硕平与我的父亲是表兄弟，年龄长我父亲五到六岁。

网干的中川家在早几代之前是川边中川家的分家，代代行医。

我祖父的兄长善继也是一位医生，他常常往返长崎，学问很深。我的父亲作为善继的侄子，其实在很多方面深受他的影响。

网干的中川家虽然是从川边的中川家分离出来的分家，但是很快因为德才兼备而成为当地很有名望的家族。

善继的儿子淡斋跟我父亲是表兄弟，也是非常优秀的青年，曾经到长崎"留学"。可惜的是他英年早逝，留下了一个女儿，后来从明石的中泽家招来一位婿养子，对方也是一位著名的医生，在姬路医院工作。感觉每一个家族衰落的方式都大致相同，中川家也是因为没有男嗣而不得不由女儿继承家业。我最后一次访问他们家时，淡斋的女儿已经是中年妇人，她知道我，但是又对不上号，便问道"你是国男还是静雄"。据说她后来也是接二连三地接收养子，如今我们已经跟他们家断了交往。我祖父陶庵从网干的中川家来到松冈家，如我早先谈到的那样，我祖父的姐姐则是嫁到川边的中川家。

川边的中川家大概在六代之前从丹波搬迁过来，家族培养了不少学者和医生，这也是我们家族努力的目标之一。我祖父的姐姐嫁过去之后育有两个儿子，不过她丈夫很早就去世了，祖父的姐姐便将亡夫从丹波带过来的徒弟周节作为顺养子培养，周节作为兄长继承了医生的家业，待到两个弟弟长大成人之后，便选择了分家，他的儿子就是在东京学医的中川恭次郎。

中川家的两兄弟都是有名的医生，特别是硕平，在大阪学习医学，后来做到姬路医院内科部长一职。他在姬路医院任职期间成为井上家的婿养子。不幸的是，硕平到了井上家之后也没有生育孩子，倒是井上家嫁出去的妹妹生了很多孩子，所以便把妹妹的长女阿雅（マサ）作为井上家的女儿来养，后来次兄通泰过继到井上家成为养子，阿雅就顺其自然地成为我的嫂嫂。

次兄的归省

巧合的是，次兄以及养父母硕平夫妻都是寅年出生。次兄过继到井上家时，他本人11岁，养母23岁，养父35岁，这种关系确实不太自然。家里有"三只老虎"，一般来说制作绘有三只老虎的挂轴即可，但他们三人年龄各差一轮，有说法指出这种情形不适合挂老虎挂轴。为图吉利，他们就选择了排在虎之后第六位的猴作为配对干支①，为此还专门买了绘猿大师森狙仙的三匹猿图，每逢生日等场合会专门挂在墙上。比次兄年龄小的义妹是戌年出生，按道理应该插入有狗的绘画，不过最后他们家没有这么做。

义妹比次兄通泰小8岁，长我1岁，我称她为义姐。小的时候我经常跟她一块玩，算是一起长大的青梅竹马。

次兄的养父几乎挑不出来坏毛病，唯独喝酒一点值得一提。那个年代的医生不像今天这样开车问诊，通常都是骑马出诊。如果在出诊地喝醉了，驯化良好的马甚至可以载着主人原路返回。有几次听他们家里人说在马厩里听到马的声音，确认后才发现马已经回来，养父则在马厩里酣睡不醒。

次兄养父到了晚年之后，或许是担忧的事情较多的缘故，又或者有其他忧愁，总之喝酒越来越凶，最后不到50岁就去世了。

---

① 在日本有将干支后的第六个干支视为性向合适的配对干支的说法。

养母则活了很久，她为了让通泰留在井上家，确实花费了很大的精力。因此之故，我作为弟弟也承蒙她很多关照。

次兄大概15岁时上京，成人之后也不可能返回故乡定居，所以便时常回去看望父母。大概隔一年回一次。印象中在他第三次回乡的时候，就顺便把我也带到了东京。再往前一次，因为学习德语比较用功的缘故，竟用德语跟我讲话，后来才知道他教我的德语是格林童话中的内容。

我还想起了一件事，次兄写字常用墨水笔，所以每次都买很多。但没写多少就习惯性地换新笔，我便向他讨要用过的墨水笔，他每次都说"全部拿走"。小孩子们收集墨水笔在当时也是一种流行，如果给别人帮忙或者打赌输了等都会赠送墨水笔，当时为了收集更多的墨水笔我也下了很大功夫。每次次兄归省，我总是惦记着他的笔，所以往井上家跑也是常有的事。

我家邻居有个叫作鹤的男孩，是我的好朋友，稍稍有些特立独行。他每次看到我总是喜欢半开玩笑似的跟我说话。记得有一次我看到菜地旁边种着一畦毛豆，便想着连根拔起一棵毛豆将它种在花盆里。这时弟弟静雄看到了说道，"不能这么干，回家我告诉家里人"。我着急地答道，"我给你一支笔，替我保守秘密"。结果弟弟还是执意要告密，我便说"要不给你两支"，弟弟还是不同意。我的朋友鹤碰巧看到了这种无理取闹的争执，也开始笑话我了。在我向伙伴们炫耀些什么的时候，鹤就会在大家面前说这件事来拆我的台。

父母的幸福

打小时候起，我和弟弟静雄就表现出明显的不同，我喜欢收集旧钢笔，做着小孩子都喜欢做的事情，弟弟静雄则不为所动，钢笔尖等玩意儿无法改变他的意志，有着他那个年龄段少有的成熟。

我们小的时候，谁家孩子不听话，施灸是最普遍的教育孩子的方式。小孩子们比较害怕这种惩罚方式，但是对于弟弟静雄却不怎么管用。当时我们家雇用了一个叫作阿孝的婆婆，她每次都把调皮的我们抓住后带到母亲那里，然后看母亲的脸色行事。如果还是继续调皮捣蛋的话，就要遭受施灸的惩罚。这一招对付我们一般的小孩子还可以，但对静雄来说没有任何效果。一日他从邻居家回来后说，"我去隔壁邻居家做了个灸疗"，我问他为何要这么做，他回答道，"大家都做啊，据说对肚子有好处，我便也跟着做了"。也就是说，静雄不是那种恐吓施灸就能管得住的小孩子。

如今回想起小时候向次兄讨要并收集钢笔尖的场景，仍然觉得十分好笑。

次兄后来的一次归省，气氛则为之一变。关于这一段往事，我也经常向身边的人提及。当时正值舆论反对鹿鸣馆①而提倡国粹保存主义的最盛期。次兄当日撑着遮阳伞回来。头上没戴帽子，穿着和服配或黑或白的外褂，脚上套着布袜或者打赤脚，穿的则是竹皮屐。

我惊奇地问道："这是干什么？"他回答说："这是国粹保存主义啊！"时间大概是明治十九年（1886年），那是我第一次听说"国粹保存主义"这一概念。或许次兄的朋友中间就有这种主张

---

① 鹿鸣馆是明治维新之后日本政府招待外国国宾的宴会场所，后被视为欧化主义的代表而遭到保守派的攻击。

的人，不过我在明治二十年（1887年）去东京的时候，他已经穿着像样的洋装、戴着礼帽出行了，所谓国粹保存主义恐怕也是一时的现象吧！其实这也只是对鹿鸣馆风俗的一种反抗。我记得他还说过"东京都是这样"。

因为他两年回来一次，所以乡亲们都喜欢听他讲一些中央政府的动向，毕竟乡下人好这一口，次兄也被视为大人物来看待。父亲尤其如此，一边喝酒，一边聆听次兄两年间的进步以及世事变迁等。母亲也凑在一边，非常认真地听次兄说话。如今我们说"父母的幸福"，我觉得当时的场景最能够体现这句话的真谛。

兄嫂的急逝

与次兄有婚约的嫂嫂（义姐）井上雅，具体时间我记得不是很清楚了，大概是在明治十八年（1885年）前往东京，在严本善治[①]的明治女学校学习。前面我提到给《文学界》提供办公地的中川恭次郎，因为跟严本校长一家有亲交，对义姐的照顾也很周到。

义姐从明治女学校顺利毕业之后，一家人都很高兴，便与次兄一同回乡举办了婚礼。他们结婚的时间我记不清楚了，当时我已经去下总暂住，后来到东京的时候，他们已经住在一起了。

大概在明治二十二年（1889年）或者更早，长兄和次兄计划让松冈家的生父母搬到东京来住，井上次兄在御徒町开设了井上医院，地方比较宽裕，父母便跟次兄他们住在一起。也就是说，从下总过来的母亲终于可以行使妇女权做点想做的事情了，但是加上新婚的兄嫂之后，家里还是小了一些。最后不得已将二楼次

---

① 严本善治（1863—1942），日本教育家、评论家，致力于女性教育活动。

兄的房间分出一部分供母亲使用。我大概也是到了这个阶段，才搞明白女人的心思和道德这种东西。

嫂嫂怀孕了之后，大家便建议她回老家待产。毕竟乡下更有利于健康和安产。当时井上次兄的养母还健在。不幸的是，有一天嫂嫂去辻川的朋友家，在回家途中的某个村落感染了当时比较流行的痢疾，还没来得及施救就去世了。次兄闻讯后极速赶回去，但也没能赶上，因为嫂嫂的去世，井上家的血脉算是彻底中断了。

次兄非常悲伤，写了很多挽歌。我后来以《南天庄歌集》为名印刷出版了次兄的歌集，最初的几句和歌中就有"女郎花虽枯，残姿仍可留"①。当时正值9月末，还有歌如"举头望明月，恰似君面影"②。嫂嫂皮肤白皙，长得一张好面孔。我比嫂嫂小1岁，小时候就一起玩耍，所以对于她的去世深表哀痛。一个家庭的悲剧往往就发生在不经意之间。

当然，为了不让井上家绝后，次兄也想尽了诸多办法。最后他决定从其他亲属中间选择养子过继到井上家，而他本人这一代则离开井上家尝试新的挑战。虽然他操心养子的事情，但结果却没想象的顺利，最后次兄也因为传染病而去世。名门井上家到这一代就画上了休止符，实在可惜。

井上家的母亲去世后，次兄也不再回乡，管理井上家的事情就落到了山口大三郎的头上，他是井上家的亲属。如今接手吉田井上家的山口直泰君正是大三郎的儿子，我也一直把他视为亲属来交往。当年健康聪明的嫂嫂作为继承家业的绝佳人选，仅仅因为感染了痢疾就去世，而且去世的时候还身怀六甲。我每次拜访山口家的时候，总是有种莫名的悲伤。

---

① 原文为"折にあひてうらやましきは女郎花枯れても残る姿なりけり"。
② 原文为"月見れば月にいよいよ白かりし妹が面わぞ面影にたつ"。

姬路时代

次兄单身了一段时间之后，在一个名为日置默仙的禅僧的劝告下再婚了。默仙因为眼睛不好，在大学的河本眼科住院时被次兄的气质所吸引，病好了之后还常常到访御徒町的井上医院。没想到这个不经世事的僧人竟然还做起了次兄的媒人。教授次兄和歌的松波资之①老先生有一次跟日置默仙同席，老先生说道，"和尚，你要不要再出家一次啊"，这句话非常有警醒意义。当时中川恭次郎也在场，他还在想僧人会如何回应时，结果僧人面露难色，回应道"您说什么呢?"后来中川跟我说，那段对话很显然是松波老先生胜出了。

这位新嫂嫂是一位非常善良的人，我同情她的一点是，她嫁到了家风非常严谨的井上家，其实并不是好的选择。

很快次兄就带着新婚妻子到姬路医院工作了。在此期间我幸运地考上了高中，次兄为我支付旅费让我回故乡度假休息。在京都求学的弟弟静雄也一并被叫了过来，我们兄弟三人在次兄位于姬路的宅邸愉快地度过了几日。以前在辻川的老家给母亲打下手，还时不时给我们施灸的阿孝婆婆那时也来给次兄帮忙。阿孝婆婆身体硬朗，能够吃苦耐劳，堪称模范妇人。她在与丈夫离婚后，自己一手把一个女儿和两个儿子培养成人。在把女儿嫁出去之后，又帮两个儿子找了木匠或是其他的工作，不幸的是，她的儿子们都早早去世了，留下来的孙子还是由阿孝婆婆照顾。如果要说悲剧，我感觉没有谁能够比她更可怜。

---

① 松波资之（1831—1906），日本幕末、明治时期歌人，香川景树的弟子，号游山、随所。

这个阿孝婆婆一边帮忙干家务，一边仔细观察新婚的嫂嫂。总感觉她想要说些什么，但欲言又止，或许是自知不能说一些有违新时代氛围的话吧！后来她实在忍不住了，私下里告诉我说，嫂嫂这个样子恐怕是不行的。这些关于嫂嫂的负面评价很快就传到了仅四里开外位于吉田的井上家。当时井上次兄的养母还在，听闻这些评价之后很不高兴。次兄的养母一直活到大正八年（1919年）。

次兄宅心仁厚，虽然偶尔对嫂嫂也有斥责，但都是相对比较克制的那种，其实是嫂嫂这边完全不知道结婚意味着什么，或者说不知道作为妻子应该有的态度。所有这些，阿孝婆婆都看在眼里。

次兄后来从姬路搬到冈山，有一段时期居住在距离养家很近的地方，最后还是选择回东京做开业医生。

次兄的趣闻

次兄在年轻的时候就被过继到养家，一辈子也没有经历过特别困难的局面，整体而言，他有着过去传统意义上的"国士之风"，即不太考虑家里的事情，而把天下大事放在心上。从心理学来看，这也算是忘记自家杂事的一种手段吧！但是，恰恰是因为次兄不像我们一样吃过苦，所以他缺少应付复杂局面的经验，同时也欠缺与亲友交流沟通、共同应对困难的能力。

次兄的交际十分广泛，也有很多关于他的趣闻。例如，我在高中时期有个名叫副岛八十六①的老朋友。他出生那一年，父

---

① 副岛八十六（1875—1950），日本文学博士，南洋探险家、日印协会专务理事。

母两个人的年龄加起来是86岁，所以取名八十六。我第一次见到他，是在同为播州出身的八木家，副岛看到八木家小孩子天真无邪的睡相后不禁泪珠翻滚，说道，"你们如果不回转，变成小孩子的样子，就一定不得进天国"①。那个时期他刚刚受洗，总之是非常容易感伤的人。他后来在国外待过，喜欢冒险，也经历过苦难，回国后选择在同为佐贺人的大隈重信②身边做类似于秘书的工作。记得有一次，正好在日本青年馆举办乡土舞蹈的演出活动，副岛招手示意我过去，在没人的地方跟我说道："柳田君，井上先生那种傲慢的态度是不行的，风评会越来越差的，能否给你兄长提点建议改进一下？"听了他的话之后，我做了非常具有讽刺性的回应："既然这样，我倒是希望他能够更傲慢、风评更差一些。还不是因为你们经常去打扰他，让他自我感觉良好，自认为是国士了，就挑别人的毛病。次兄无论是作为歌人还是医生，他都认真地做好本职工作，今后不被打扰能够安静地休息当然最好。你们这些人去了之后问东问西，他本人当然觉得困扰，所以也麻烦你们带个话停止骚扰次兄。"我说完这番话之后，副岛竟然无言以对。

次兄大约在十五六岁时开始学习和歌，在东京求教于姬路出身的国富重彦门下。当时次兄做了一首题画和歌，题名为《灯下卧女》，诗文如下："长夜把灯盏，祈盼梦中见。追忆诚可待，为君夜半醒。"③次兄将写好的和歌向松波资之（号游山）请教，游山先生建议将"半醒"（起きつる）改为"不眠"（起きけむ）。我当时也希望能够通过次兄入门求教于游山先生，但先生没有收

---

① 语出《圣经·新约全书·马太福音》第18章，原话为耶稣所说。

② 大隈重信（1838—1922），日本政治家，曾两度出任首相。

③ 原文为"思出にみえなむ夢をさやかにと消さで起きつる闺の灯"。

我，给我推荐了松浦辰男。于是我在明治二十五年（1892年）1月拜入了松浦辰男先生门下。游山先生出家以后，每年都会访问姬路一次。

次兄晚年时加入了以山县（有朋）^①公为中心的歌会——常磐会，自然对政治方面的关心就多了起来。他在内幸町做眼科的开业医生，但是他的病人跟其他诊所的病人有所差异，以眼疾为理由来打听政界情报的人居多。山之内一次^②也来过，他是萨摩人士，做过递信大臣，负责邮政和通信。因为做过我女儿的媒人，所以我们后来关系非常亲密。一次，我因为有事情前往总理大臣官邸，这时候山之内也来了，他或许是没有意识到我在现场，便跟周围的人说道，"去眼科医生那里能听到很多政治讨论"。后来他注意到我也在，还吓了一跳呢。我一开始以为他会说些奇奇怪怪的话，后来才知道他只是想要打探情报才去了次兄的眼科诊所，因为在次兄那里能够听到有关山县的很多消息，据说有些人只是为了打探消息才称病就医。

对方只要稍一怂恿，次兄就说个没完没了，当然，次兄也是在知道对方意图的前提下说的，所以从这个角度而言，次兄以"国士"自居当之无愧。

手贺沼里钓章鱼

弟弟静雄比我小3岁，因为比我晚两年搬到下总，所以到布川时的年龄比我到布川时小1岁。

---

① 山县有朋（1838—1922），日本政治家，近代陆军的奠基者，曾两度出任日本首相。
② 山之内一次（1866—1932），日本政治家，曾为内务、铁道部门官僚。

　　或许有母亲暗示的成分在里面，静雄在那个时候就已经立志要成为一名军人。母亲经常对周围人说，"这孩子将来要成为军人的"，类似的话我不止一次听母亲说起过。据说母亲在静雄出生的时候做过一个与之有关的梦。

　　说是母亲在看夕阳，忽然夕阳周围射出光芒，形状就像军旗一样。于是她招呼大家来看，感觉旗子飘了几下，然后就只剩下太阳了。母亲说她做过好几次类似的梦，静雄小时候也常听母亲提起这个梦，或许是受到这种暗示的缘故吧，他大概在9岁的时候就决定自己将来要做一名军人。

　　静雄的朋友多以比他自己年龄大的为主，他不跟同龄人或比他年龄小的朋友玩。而我们这些人则完全相反，大家都想当孩子王，唯独静雄安静地聆听大人们说话，有着他这个年龄段不该有的成熟。

　　他从播州刚到下总不久，我曾欺负过他一次，没想到他的反应会如此愤怒，我为之一惊。印象中是在秋天，国会召开前一年的明治二十二年（1889年）9月，静雄从老家来到下总。我开玩笑说要带他去手贺沼钓章鱼，他很认真地问道："真的有章鱼吗？"我回答道："湖很大，应该有的，准备好工具，明天带你过去。"他问我："要准备什么样的鱼竿呢？"看来他是真心期待能够钓到章鱼的。我以为他应该知道章鱼只可能生活在咸水里面的，所以只是信口捉弄他而已。当知道我是在捉弄他的时候，从没有见过他脸上会有如此不愉快的表情。他一辈子都不听我的话，我想原因就在于此吧！

　　后来，手贺沼里钓章鱼成为大家时常提起的笑话。来我们家的客人也对我说"这种玩笑有点过分了，开不得"。从那之后，也经常有人拿这个梗来取笑我。

井上次兄在下谷做开业医生之后，说是想要母亲搬过来同住，静雄、辉夫便同母亲一起从下总搬到御徒町。再后来，静雄被安排在井上兄在京都的友人宫入家借宿，他在那里备考军校。

次弟松冈静雄

我还在读大学的时候，静雄就从军校毕业成为士官，而且已经出海远航了。日俄战争时，他以新手大尉的身份担任千代田舰的领航员，并参与了仁川海战。千代田舰作为诱敌船一直停靠在海湾内，趁俄国六千多吨级的"瓦良格"号巡洋舰以及"高丽人"号炮舰不备，埋伏在仁川海域的其他日本军舰发动攻击。黎明时分，两艘俄舰均被击沉。国内民众欢欣鼓舞，静雄劳苦功高，获得了金鵄勋章。海战前夜，静雄自觉此役凶多吉少，给我写了一封长篇书信，直到日俄战争结束，这封信才寄到我这里。在这场战争中，静雄的友人中有个名叫岩濑的机关大尉，岩濑周围的战友均壮烈牺牲，唯独他一人被俘虏后关在了旅顺。后来听他说被俘期间曾数度想过自杀，但最后都没有遂意。他的姐姐岩濑香终身未嫁，算是牺牲一生的幸福来培养弟弟。这位姐姐很长寿，我后来也多次拜访过她。

静雄先于我步入社会，有时会拿他的部分工资来支援我。我曾和他开玩笑说："能够给哥哥零花钱的就你了，应该感到光荣。"

他一个人在京都苦学，然后在很年轻的时候就进入军校，所以同级生中大多年长他两到三岁。

在我们兄弟间，长兄和次兄算是比较含蓄的类型，而我以及下面的两个弟弟，是具有猎奇心理且敢为人先的那种比较有野心的类型，所以待人处事不会有太多遮遮掩掩，喜欢的事情就尽

力去做。最小的弟弟辉夫相对平稳执中一些，但认准的事情，他也会坚持做下去。

其中最极端的要数静雄了，他的这个毛病后来越来越严重，最终海军部队已经没有他的容身之处了。道理他都懂，但别人不做的事情他想要去尝试。对于海军这种喜好统一的团体社群，显然是行不通的。

静雄同时又是非常认真且仗义的一个人。他很关照自己的部下，经常与他们打成一片。

纵观日本海军的扩张史可以发现，海军的军舰和武器最初主要从英美，然后部分从法国购买，只有一艘军舰"富士"是从德国的斯德丁（现属于波兰，名为什切青）购买的。购买该艘军舰时，首先是一位技术人员赴德，接下来则是静雄作为领航员前往德国接收军舰。为此他在柏林学习了德语，他学的德语让他受用一生。海军中能够无障碍阅读德语报纸杂志的少之又少，他自己便发挥懂德语的特长，海军方面亦充分利用了静雄的这一特长。

第一次世界大战奥地利尚且保持中立时，静雄作为日本驻奥地利使馆的海军武官常驻维也纳。他非常热心地招待从日本过来的人士，所以那个时候相当多的人承蒙静雄这个驻外武官而不是外务省外交官的关照，当然我在欧洲期间也得到他的关照。孤身赴任的他喝酒随性，日子过得无拘无束，我感觉这一时期对他后来的发展带来了消极影响。

有一次在车上碰到斋藤实[①]，他告诉我已经善意提醒过静雄多次，甚至还当面提醒过，但他本人不以为意，经常说一些批评军

---

① 斋藤实（1858—1936），日本海军大将、政治家，曾任海军大臣、朝鲜总督、外相、首相等职。

方的话。回国之后的他在军令部工作的时间很短暂，最终混成了局外人。

第一次世界大战结束后，日本获得了德国占领的南太平洋殖民地的委任统治权，静雄被任命为第一任民政署长。当时他的身份或许是中佐，也有可能已经升任大佐，大概从那时起，他开始搜集德国人在当地留下的资料，研究起一些别人不以为意的课题，最终他成为被孤立的对象而离开军队。

因为没有合适的人选，静雄被安排编撰《日俄海战史》，这时他"一根筋"的毛病又犯了。当时我在法制局工作，他来找我问道，为什么日本的法律中会有两套假名表记。我回答道，因为制定法律和敕令的人不同，所以才有不同的表记法。但他又问道，为何制定敕令的一方不向制定法律的一方屈服让步呢？我回答说是制定法律的一方有可能是错的，如此等等。他似乎对假名的使用等问题特别上心，最后终于成为海军中鼎鼎有名的语言学者、国语学者。如果他能够跟普通的国语学者有交流，或许可能紧跟舆论情势找到新的研究方向，除却登门到访的国语学者之外，静雄从来不主动去和其他学者沟通交流。他认为自己有独特的语言观、国语观，为此还出版了名为《日本语言学》的著作，书中除了一些奇闻轶事之外，成体系的论述基本没有。此外他还出版了《太平洋民族志》等类似的两三本著作，但是在专门的研究人员看来，很难称得上是优秀的作品。我想只是因为他在海军混不下去了，才尝试了上述这种并不太成功的转型。

我以及下面的两个弟弟，虽然程度不同但都有相似的性格取向，如今仔细回味，这一点或许从我们母亲那里遗传得更多一些。

日兰通交调查会

每次回想起葬在但马生野矿山附近的祖父陶庵居士，以及另一位脾气非常倔强的先祖松之助时，弟弟静雄的身影便与他们同时出现。静雄的一生短暂而丰富，59岁溘然长逝，在我们兄弟中间，他是最具有松冈家遗风的一人。

静雄一生做了很多事情，但又多少有些不经世事。他写了很多书，有着一定的语言学素养，所以对日语也有非常独到的见解。但他没有学术上的同道朋友，即便有不同的意见，也不会有人关照他跟学界保持一致。如果涉及外国的事情，他的视野就更加狭窄了，法国和奥地利的研究如何，这些都不是他关心的事项。也就是说，他平时缺少基于比较研究的视角来做学问的意识。当静雄还在军校读书的时候，父亲曾经说起过"这个年龄段去军校还是太早了些"。

感觉他做什么事情都特别容易过火。不过结婚之后倒是特别关照年轻人，来拜访他的年轻人没听说过谁是因为吵架不和离开的。最近还经常有人在我面前提"松冈（静雄）先生健在的时候……"，可见后人们对他的怀念之情。

在静雄的众多工作中，我最赞成同时也最积极鼓励他做的是"日兰通交调查会"的工作。此前就有"日兰协会"这样的组织，但我们这个调查会不同，实际上是专注于荷属东印度（印度尼西亚）的研究会。弟弟总是外出，我在贵族院工作的后半段为了这个工作花费了颇多精力。

从荷兰来的人士，至少那些通过外务省能说得上话的人未必高兴，因为荷属东印度过来的人总会来拜访我，后来这事情还上升到政治事件的高度。静雄从军队退役之后，相对有了一些闲暇，说是想去荷兰做点事情。当时荷兰正苦于处理新几内亚的农田事宜，考虑向日本人提供种植水稻的场所等，不料其他外国人横插一手，事情无果而终。我受中野正刚[①]的杂志《东方时论》委托，经常写有关荷属东印度的文章。当时尚没有飞机，也没有去过当地，不过我写的文章就跟我本人真正去过一样。当然，静雄的计划也有很多漏洞。如果日本人真的经手新几内亚，我想后来的日本文化史多少会有一些差异吧！

有一段时期我也猛学荷兰语。当时我还有一个很有野心的想法，做贵族院书记官长时，我曾花了好长时间尝试编纂荷兰语词典。

总之有一段时期，在我们兄弟中间，弟弟非常有事业心，而我则碌碌无为、不求上进。但值得指出的一点是，我们兄弟都希望挖掘当地与日本的些许关系，这也是我和静雄通力合作的极少数案例之一。

好男儿江川俊治

我跟静雄二人非常少见的合作见诸对荷属东印度的研究。一次偶然的机会，一个名叫江川俊治的奇人出现在我们二人的面前。

他出生在秋田县的一处寺庙中，当时还是一位血气方刚、非常有趣的青年。他的主要工作就是在日本全国漫步。我问道："真的能做到这样吗？"他肯定地回答我说"可以"。原来他的本职是

---

① 中野正刚（1886—1943），日本记者、政治家。曾任国家主义团体东方会总裁，《东方时论》是其会刊。

制作小学理科科目需要的标本，造出来之后一边卖，一边巡游全国。他首先收集的是海洋生物的标本。贝壳、海藻以及在海岸地带云集的很多生物都成了他的标本。

在转过日本之后，他还去了台湾。

"非常有趣的一件事是，流经台湾基隆海岸海潮与金华山海岸的海潮一样凉"，"植物带也是一样的哦"，他曾经跟我说道。

在故乡秋田，他迎娶了一位远亲作为妻子，后在大分县的别府经营土特产店，经营取得成功之后，又移居江之岛继续经营土特产店。总之，他一直在各地旅行，然后把稀罕物送到店里出售，途中制作标本并把它们卖到学校作为教学参考使用。

我在资金层面并没有给江川提供援助，只是跟静雄一起提供必要的助力。我帮他介绍了荷属东印度的朋友之后，江川便只身前往爪哇。最终在哈马黑拉岛定居，开始了他的事业。[1]由于他见闻广泛，所以利用掌握的知识干了不少事情。例如，他把像菊花一样的植物煎成汤药作为利尿剂使用，还给我寄来了一些。

他说话很有水平，能够打动人心，所以我曾经在《东方时论》上写过有关江川的事迹。比较有印象的是除害虫的经历。据说在新几内亚害虫传播速度很快，常常是种上秧苗不到一晚的时间就会被害虫吃掉。他与从日本本土过去的四五个年轻人一起彻夜生火驱除害虫，工作非常不容易。不过经过几个晚上的总动员后，驱虫工作终获成功。某日清晨几只白鹭在天空飞翔，看到此景之后，大家都喜极而泣。[2]江川把这段故事讲得绘声绘色，十分精彩。

---

① 江川还出版了著作《哈马黑拉岛生活》（南洋协会"南洋研究丛书"，1921年）。

② 白鹭被认为是益鸟，专食稻田中的害虫。

从江川那里我还听说了这样的趣闻。在新几内亚北海岸最大的城市有一位日本来的木匠。不知为何，他一人前往新几内亚，一直在岛上从事造船的工作。当地土著居民无论男女都全裸着前来看他造船。于是这位木匠也光着身子，一边忙着造船，一边摘掉自己头上的头巾（钵卷）向他们鞠躬行礼。江川看后对这位木匠产生了莫名的好感。据说这位木匠以前住在日本乡下，不知是听从了谁的建议，他便来到了新几内亚。江川说，他去过很多地方，却未见过像这位木匠般朴实的人。

江川还跟大谷光瑞[1]联系过，讨论进一步在新几内亚开拓事业，不想战争来临，最后只好返回日本本土，不久后就去世了。他好像有个女儿，后来嫁到了神户，过着幸福的婚姻生活。而他的妻子据说回到了秋田老家居住。

其实像江川这样的人，才是从大正到昭和时期最应该关注的人物。身无分文开创一番事业，这一点固然值得欣赏，但我更佩服的还是他工作的方式方法。

末弟松冈映丘

末弟辉夫从小学、初中时代开始就喜欢纠集一帮年龄比他小的孩子们，自己享受做孩子王的感觉。在这方面他的性格跟静雄完全相反，而我本人总的来说跟辉夫比较接近。

井上次兄因为跟桥本雅邦[2]的关系不错，所以很早的时候就把辉夫托付给他（学画）。雅邦因为家人眼疾的关系，承蒙次兄多方关照。又或者说次兄原本就想让辉夫跟随雅邦学画，总之就

---

① 大谷光瑞（1876—1948），日本僧人、探险家，大正天皇的连襟。
② 桥本雅邦（1835—1908），日本明治时期画家。

是因为这层关系，雅邦欣然接受了这个请求。这样雅邦就成为辉夫的第一位绘画老师。但辉夫在雅邦先生那里难以沉下心来学习，他本人说希望尝试土佐风的绘画，但在我看来，其实是希望创造他自己"松冈流"的作品，所以萌生了换老师的想法。从雅邦先生那里出来后，他就拜师于土佐派画师山名贯义[1]老先生门下，山名是美术学校的教师，不过他不久后就去世了，这让辉夫十分困扰，他也不可能重新回到雅邦先生的门下，便师从新锐画师小堀鞆音[2]，然后考取了美术学校。鞆音先生日后声名鹊起，但在当时名气还没有那么大。

土佐绘并非小堀先生的专长，近世的土佐绘往往关注于型，其实没有太多创新的空间。即便如此，辉夫仍然坚定地跟着小堀先生学习。而且很难入手传统的画具，就算入手了，画具的使用方法也未必通晓。纵使有如上种种技术层面的障碍，辉夫仍然独自开辟了一条绘画的道路。他58岁时就去世了，某种程度上也是他一门心思扑在绘画上积劳成疾的结果吧！土佐绘不可能像油画那样将画布倾斜然后创作，辉夫只好将绢布舒展开后趴在上面以半臂支撑来绘画。由于群青、绿青等画岩石所需的绘粉比较重，所以倾斜着或者竖立着画很容易下垂。辉夫之所以不愿意这样，是因为在他看来，有这样的瑕疵是一件丢人的事情。平日绘画的姿势让他的身体出现了状况。即便是在展览会的时候，他也不屑于展出一些拿不出手的作品，所以往往会创作巨型的作品，这也是导致他健康出现问题的原因之一。

辉夫在创作过程中留下了很多标本和模板，因为战争大多都

---

[1] 山名贯义（1836—1902），日本明治时期画家，在当时被誉为大和绘最后的大师。

[2] 小堀鞆音（1864—1931），日本画家。

已经烧毁殆尽。他在出国旅行的时候因为看到意大利的名画，基于同日本画进行比较的考虑，还出版过《绘卷物评释》等一两部著作，但最终没有发展出自己成体系的美术理论主张。他不是那种自怨自艾的人，作品也不多，虽然还有些弟子仍活跃在美术圈，但很难说他是留名后世的著名画家。

辉夫的画风既非浮世绘，也非单纯的土佐绘或者狩野派的画风，他所尝试的与以往的土佐派不同，想在绘画中更加突出山水的位置。他常对我说，打开画轴的瞬间映入眼帘的风景不仅要宏大，而且要更加自然地呈现在人们的眼前。他最初的尝试是从日光到盐原之间的高原越的风景画，他说把这幅画先放在我家，后来就一直挂在我家的接待室。我记得这幅作品在神户新闻社主办的展览会上展出过。

他的一幅濑户内海的风景画如今被收藏在大三岛神社的宝物馆中，大概是赤穗附近的坂越当地的景色。细川家所收藏的屏风画《室君》，是他少数突出人物而不出现风景的作品，我想这也是他为故乡播州作的一份贡献吧！① 辉夫还与同道中人镝木清方②、结城素明③、吉川灵华④等人结了金铃社。

记得在小的时候，我常常带着辉夫去辻川人力车停歇的地方，我向他介绍车夫背上曾我兄弟的武者绘，如今想来感慨颇深，弟弟对绘画的爱好终于结出了丰硕的果实。

---

① "室君"（むろぎみ，murogimi），指旧时日本播磨国室津的游女，后泛指一般意义上的游女。

② 镝木清方（1878—1972），日本画家、随笔家。

③ 结城素明（1875—1957），日本画家。

④ 吉川灵华（1875—1929），日本画家，通称三郎。金铃社之名即吉川所取。

当初怎么会写这种没有价值的东西呢，但这就是我写作生涯的开端。

文学的记忆

懂得冷幽默的儿童

小时候的我经常在大人身旁听他们讲话。父亲的友人大多是学问人，他们这些人谈话有一些共性。

在父亲的友人中间，整体上对赖山阳①持反感态度的居多。虽然也能听到关于山阳的话题，但更多的则是有关他的对家——中岛棕隐②的话题。我小时候听到有关棕隐的逸闻中，就有这样一段。

某个雨天，棕隐因为没戴斗笠，便到某户人家避雨。不知是他们家主人还是哪位说了一句"骤雨浸透腐儒者"，这时，棕隐马上回应道"有斐君子道是谁"③。《大学》中有文"有匪君子"，指非常高雅的君子。"浸透"（nureta）对"高雅"（hitaru），对

---

① 赖山阳（1781—1832），日本江户时代后期历史学家、思想家、汉文诗诗人，著有《日本外史》等，对幕末的尊王攘夷运动产生了影响。

② 中岛棕隐（1779—1855），日本江户时代后期儒学者、汉文诗诗人，通称文吉。

③ 原文分别为"夕立にぬれて骨まで腐れ儒者""斐たる君子と誰か見るべき"。

仗非常完美。当时能够熟背《大学》的人颇多，像我们这些小孩子听了也不免笑出来。

还有一段传闻是这样的。加茂季鹰[①]跟棕隐非常要好，来往很多。当时流行净琉璃剧《染分手网》，其中有个人物是自然生的三吉，有台词"三吉乗ったか昔のくち合"（过去的调停人三吉骑马吗）。当时的小孩子们有时骑着竹马也会说"三吉乗ったか"（三吉骑马吗）。棕隐则援引此句说道，"文吉、すえたか（季鹰）今のつき合"（文吉、季鹰，今我交友人），他将文吉、季鹰糅合进台词中。然后说道，"染分手网，诗歌之道""五十三次，道行且长"，以至于最后越来越离谱。当时的大人们喜欢这种意义上的舞文弄墨。

我在旁边一边听，一边笑，大人们惊讶"这孩子竟然听得懂"。这些都是当时非常痛切的幽默，在听了所谓的幽默之后笑出来的人们中间，有些确实是懂得内涵而笑出来的，还有些则是完全不懂只是顺应周遭人士而笑出来的。如今这种风气仍然留存不少。

《竹马余事》

有些人在小时候就熟读古典，只为将来写得一手好文章，而我小时候基本上是放任型的，没有在这方面下太多功夫。倒是有些与做文章相关的趣事值得分享。

这还是明治二十年（1887年）前在播州时的事情，当时我有一本堪称处女作的作品。这部作品的封面和封底文字由父亲题

[①] 加茂季鹰（1754—1841），又作贺茂季鹰，日本江户时代后期歌人、国学家。

写，如今过了70年还完好地保存着。记得我准备离开播州的时候，父亲说道，昔人送别和留别的时候往往会以诗相赠。听到父亲的话后，我差不多在出发前几天，绞尽脑汁写了留别诗。我将习字用的半纸①对折后，沿着边折成账簿似的小册子，然后抄上自己作的诗，制成了书本模样。父亲最后在封面和封底帮我写了作品的题目。

诗本身是参考《诗语碎金》《幼学诗韵》等格式而写成的，所以是谁都能写且没有任何价值的"作品"，但是父亲所起的标题却非常有趣。题名为《竹马余事》，即在玩竹马游戏之余写作的诗歌。封底的题目也是父亲按照汉风书写的。

当时大概是13岁时的秋天，其实也到了舞文弄墨、故弄玄虚的时期。稍微学了点汉字，便迫不及待地想要像大人那样出口成章、著书立说。

大概在明治十七年、十八年（1884年、1885年）间，宫中有新年"御歌始"的征文比赛，我当时写了一首题名为《雪中早梅》的诗歌，不过没有通过预选，这首歌也收进《竹马余事》中，小时候的作文以及偶尔的日记等都收录在这本小册子中。

关于《竹马余事》还有一件比较有趣的事情，大阪有个名叫中井履轩②的人士，将过去的故事如"猿蟹合战"等模仿《春秋》的写法写成了一部《昔昔春秋》。我当时年轻气盛，读了这本书之后很有启发，所以也模仿着写了名叫《花鸟春秋》的文章。写作时间大概也是在明治十八年（1885年）。虽然后来再看不免笑话自己，当初怎么会写这种没有价值的东西呢，但这就是我写作

① 日本纸张规格的一种，现在尺寸一般为33 cm×24 cm居多。
② 中井履轩（1732—1817），日本江户时代中后期儒学者。

生涯的开端。

当时的文章用毛笔小楷书写，如今翻开它还能看到写字时打的格子边框。

我的下一部"作品"大概是在从下总搬到东京之后，是当时针对香川景树的和歌而写作的批评文或感想文。

前面提到将秋元安民①的传记向《栅草纸》投稿是在明治二十三年（1890年），那么香川和歌的批评集大概也是在同一时期完成的。

游历儿童

我大概在二十一二岁时，在森鸥外和家兄井上通泰等人主办的《觉醒草》（めざまし草）杂志上发表了一篇批评佐佐木信纲②和歌的文章，为此还跟当事人产生了论争。

佐佐木君成名较早，其父弘纲③于明治十三年（1880年）出版了《明治开化和歌集》，其中就有当时不过六七岁的信纲所做的和歌。不知何故，家兄通泰手里有这本《明治开化和歌集》，所以我很早的时候就读过该书，而且产生了强烈的竞争意识。当时和现在一样，是和歌备受推广的年代，该书也是市面上出版的诸多相同题材的和歌集中的一种。信纲在很小的时候就跟着父亲游历各地，据博文馆《续续纪行文集》中有他们父子从福井至金泽游历的纪行文章。父亲游历带着孩子，当然有好的一面，但是

---

① 秋元安民（1823—1862），日本姬路藩藩士、国学家。

② 佐佐木信纲（1872—1963），日本国学者、歌人。

③ 佐佐木弘纲（1828—1891），日本幕末、明治时期国学者、歌人。

对于孩子而言，还有许多忌避，不能一概而论。

　　说起从小便开始游历生活的人，我曾经花费很多精力研究的菅江真澄是其中一位，感觉其经历多少有些相似。他一生放浪，游历四方，不愿意安身于一处。所以我猜测真澄小时候是不是也跟父母亲人四处游历呢？真澄是三河出身，当地有很多他本人以及其父亲的作品和字画等，但是却不知道他具体出生在三河的哪个地方。他最后死于秋田的角馆，墓地则位于土崎。

　　话说弘纲到了东京之后开门立户，便终止了游历生涯。后来成为法学博士的添田寿一[①]也是以游历开始，最后稳定下来的一例。我属于少年老成的那种，各种书都读，所以多少明白这种行为的风险性。之所以想要多读书，原因之一是当时身体虚弱，我是抱着命不久矣的觉悟才决定多读书的。

　　当时我们最想要读的是《大阪新繁昌诗》。大阪有一位非常有名的田中医生，其子在19岁时英年早逝，田中将亡子的汉文和诗整理后便是这本《大阪新繁昌诗》。其子文采斐然，年少成名，深受年轻人崇拜，而且在当时亦有为早逝的才子结集出版的风潮。

　　我很早就离开父母，在下总渡过了两年无拘无束的时光，我觉得这倒是一件幸事。读了拜伦、雪莱、高青丘[②]等英年早逝者的传记之后，感觉自己恐怕也活不过40岁。以至于后来友人常常调侃，"柳田君，已经40岁了啊"。

① 添田寿一（1864—1929），日本明治、大正时期财政家、银行家、实业家、经济学家。

② 高青丘（1336—1373），即高启，中国元末明初文学家，因文字狱被腰斩。

湖处子的《归省》

　　我年轻的时候出版过一部诗集，这是由6个年轻的同道中人合作的新体诗集，名为《抒情诗》。才华横溢的国木田独步①负责收集我们6人的诗歌，利用跟《国民新闻》的关系拜托民友社将其出版。诗集全权委托国木田来操作，在出版过程中有很多值得纪念的话题，在这里试举两三例如下。

　　我们这6个人的组合是国木田的主意，最初的成员我只知道田山（花袋）②、国木田和我。另外有田山妻子的兄长太田玉茗③，他是一位僧人。还有一个人名号嵯峨廼舍御室（saganoyaomuro, さがのやおむろ），即后来研究二叶亭四迷④以及俄罗斯文学的矢崎镇四郎⑤，他直到晚年还坚持文笔创作。受到坪内（逍遥）名号春廼舍胧（harunoyaoboro, はるのやおぼろ）的影响，当时名号中使用"noya"（のや）文学家不少，矢崎正是其中一位。至于他为何出现在6人名单里面，我也不太清楚原委。

　　还有一位是促使我想到"故乡"的宫崎湖处子。他比国木田年长，大概比我大10岁吧。他跟国木田都做过《国民新闻》的记

---

　　① 国木田独步（1871—1908），日本小说家、诗人、记者、编辑，与柳田国男私交甚笃。

　　② 田山花袋（1872—1930），日本自然主义派小说家。

　　③ 太田玉茗（1871—1927），日本小说家、诗人。

　　④ 二叶亭四迷（1864—1909），日本小说家、俄罗斯文学翻译家。

　　⑤ 矢崎镇四郎（1863—1947），又名嵯峨廼舍御室，日本小说家、翻译家、诗人、俄罗斯文学研究者。

者。我第一次拜访国木田位于涩谷的宅邸时，山路爱山[①]君也在场。距离国木田宅邸不远的地方，大概在今天涩谷地下街附近，以前是通往世田谷的道路，湖处子租住了道路旁一家普通民房的二层。他人非常好，后来也加入了我组织的以和歌为主题的红叶会，还成为松浦（辰男）先生的门人。松浦先生倒不觉得他的和歌有多好，反而对他夫人陆子（むつ子）女士的和歌功底赞赏有加。湖处子小说代表作《归省》中理想妇人的原型其实就是陆子女士。我跟湖处子见过一两次面，他也不怎么拜访松浦先生，然后就不知所踪了，去世的时候也没有接到通知。他有一个弟弟，据说是一位牧师，好像也是岁数不大就去世了。《归省》这部小说虽然以理想的妻子为主轴，但是小说中所出现的"故乡"，是最能够打动年轻读者心扉的概念。湖处子的故乡在九州筑后川沿岸名为秋月领的地方。当地有盛产黄杨的湖处山，秋月领就是山下宁静小路旁的小村庄。

《归省》是介于小说与散文、新文学与旧文学之间的作品，深受读者们的喜爱，我就是其中最热心的读者之一。作品中的"故乡"与我这本《故乡七十年》中的"故乡"概念相似。其实仔细想来，故乡好在哪里，哪里能称得上故乡等问题或许很难回答，但是如果回到曾经住过的地方，当地的人们还认识你，彼此之间没有太多交流还能产生默契，儿时的玩伴如今已为人父、为人母，湖处子的作品中忠实地还原了这种对故乡的精神皈依感。

这种"归省"的思想对于那个时代的年轻人而言，是普遍有认同且能够产生共情的思想。因为当时的读者大多是背井离乡游学的年轻学生，读了《归省》之后产生共鸣也是十分自然的事情。

---

① 山路爱山（1865—1917），日本评论家、历史学家。

歌 口

关于民友社出版我们6人的新体诗集《抒情诗》，还有很多有趣的回忆。

当时刚好从法国留学回来的无名画家和田英作①君，经由国木田君介绍为我们6人各画一幅原墨色的插画。原画如今仍保存在布佐的松冈家。和田君在去年去世，生前我还把这幅画拿给他看，勾起了关于过去的诸多回忆，毕竟当时他是免费给我们6人作画的。印象中插画是在明治三十年（1897年）春完成。

我的诗题为《原野往来》（野辺のゆきき），是一篇有关利根川沿岸秋日寂寥风景的抒情诗，凭着我的想象以白描的风格写就的一篇诗文。

前面提到的宫崎湖处子，之所以加入我们的红叶会并成为松浦先生的弟子，也是因为这本诗集的机缘巧合。"红叶会"的名字来源于该会成立时恰逢赏红叶归来，那时我刚成为松浦先生的弟子不久，收到邀请后便成为红叶会的成员。

当时红叶会的成员还出版过一本名为《松枫集》的歌集。如今已经成为珍本，不过内容都是大家的"题咏"，是以练习为目的而写就的和歌。战前改造社准备出版《新万叶集》，折口信夫君自告奋勇说想以《松枫集》为原本将我的旧作放进去。我认为以练习为目的写作的和歌不足以纳入留给后人参照的选集，所以最终让折口君打消了这一想法。

所谓题咏类的和歌，可以不需要歌咏真情实感，只需作者的

---

① 和田英作（1874—1959），日本画家、教育家，东京美术学校校长。

想象即可。所以如妙龄少女相思之恋等类似的和歌也可以咏唱，如今想来这种操作方式似有不妥。因为仅仅题咏"四季"未免过于无聊，故而当时还添加了"恋"和"杂"等主题。所以当时的题咏和歌中还有"我夫君如何如何"等表述，这完全是凭空造句。如今题咏往往遭到轻视，但我认为无论何时，题咏这种必要的训练是和歌中所必不可少的环节。正如柔道运动中的"乱取"训练一样不可或缺。在经历过多次的训练之后，真正到了自己不得不作一首辞世和歌或者送别友人时，或许就可以出口成章，这也是和歌之道的乐趣所在。我们小时候称这种训练方式为"歌口"。

题咏说到底只是为了能够作出和歌而在方法上进行的一种强化，不能以这个作为真正的和歌留给后人，我当时传达给折口君的正是这一逻辑。

无题之歌

香川景树的歌集《桂园一枝》^①中将无题之歌以《因时》《因事》为题放在末尾。这些都是不知道何时作的和歌。这种现象在其他人的歌集中并不多见，可以说是《桂园一枝》的特征。当然，桂园派歌人并未以此为主流。

如果真的是因时、因事而作，那就是练习题咏，毕竟当时有以题咏来比试和歌水平的风俗。从体裁上来看，仍然是以四季为主题作歌，但是它们与新派和歌的关联性就在于是"无题之歌"。《桂园一枝》中就有不少无题之歌。我在离开先生以及离开红叶

---

① 《桂园一枝》完成于日本文政十一年（1828年），刊行于天保元年（1830年），共收和歌983首。

会后所作的和歌大多是无题之歌。有些年份不作和歌，有些旅行途中不作和歌，当然也不练习题咏。我认为这个所谓无题之歌正好处于新旧歌道的过渡时代，但是好像没有人关注并解释这个问题。

松浦先生于明治四十二年（1909年）去世，在他去世之前，我每次旅行途中只要作了一些和歌，回来后便会找先生批评。先生驾鹤西去之后，成为自由身的我也变得懒散起来，不仅仅是题咏，甚至连无题之歌也不作了，自然地就跟和歌断了缘分，或者说我的"歌口"变生疏了。

宫崎湖处子的《归省》所反映的心情与当时的年轻学生产生了强烈的思想共鸣，成为一种定型的理念。其实和歌也是如此，最终流于普遍或日常的定义。至少在日清战争（甲午战争）之前，这种思想认知十分强烈。而我们就如奴隶一般，是这种思想的追随者。

当今这种随想随写的文学方式大概是从明治三十年（1897年）以后兴起的。湖处子就处于这一转型发轫期，内容虽然有些夸张，但又并非空想，而是基于事实之上的夸张。我的抒情诗《原野往来》也采取这种叙事方式。由于我有题咏的习惯，所以认为新体诗大概也相同，年轻人大概倾向于恋爱主题的诗歌，恋爱主题的文章大概是湖处子的《归省》那类吧，不然就是偶遇的故事，其实大多数题材都已经定型。所以，对于现代的读者而言，一定要在理解当时风潮的基础上来阅读文章写作的用意。

我现在手头已经没有过去出版的诗集，所以对于自己的诗歌不再过多赘述。大阪有一位名为泽田四郎的热心读者，不知道从何处收集了我早年的很多作品，其中还有我的另一本诗集——《山高水长》，这本诗集其实是在我不知情的状况下由某家书店整理出版的。

关于书籍收藏的话题，还有这么一件值得回忆的事情。当时一位读者偶然找到我说，他有一本我的《抒情诗》。对此我比较震惊的是，该书竟然是这位读者在旧"满洲"（中国东北地区）捡到的，时值日俄战争，这位读者在中国东北牛庄和营口一带担任侦察兵，独自一人乘马前行，发现路边有本落下的书籍，捡来一看竟然是《抒情诗》。这位读者一边兴奋地说"这就是那本被带到中国的书"，一边拿出了那本只印刷了1 000册的书，让我深刻地感受到了什么是因缘巧合。

文学的两面性

关于诗歌或者说文学的两面性，我算是有着切身的体会。首先是浪漫色彩的虚构性的一面，凭借着自己的空想便可以创作有关恋情的诗歌；其次是不真正经历便难以创作出或者说难以真挚地写出的文学，这是近人的观点。我直接体验过这种对立。

我们所创作的新体诗属于前者。弱冠之年是不太可能有那么多人生体验的。即便如此，诗歌中竟然有这般歌颂爱情的壮烈篇幅，以至于发展到招致子孙后代误解的程度，不得不说是一件令人感到困扰的事情。当然，当时的新体诗也呈现两大发展趋势，其一是受到西洋诗歌影响后的创作方式，其二是像我们这种从短歌题咏的练习中延续发展的创作方式。

这种立足于诗歌基础之上的虚构，某种程度上来说是一种情操教育。像我们这种男士，在日常生活中是不太会表达露骨的男女之情的，以诗文为寄托并培养这种情愫或许是一个好的选项。《原野往来》中收录的抒情诗大多刊载于《文学界》，这指的是北

村透谷①去世后再度兴起的《文学界》，其他还有诸如《帝国文学》等的杂志。对我们这些年轻人而言，当时能够提供发表机会的杂志不多。

同在《文学界》发表的上田敏②君作品《町娘》（まちむすめ），也是我十分欣赏的作品，记得当时的文学青年纷纷将该文作为模板来背诵。同一时期土井晚翠③君的诗歌也受到较高关注，这里可以看出彼此之间的竞争意识。不过土井君绝对不会触及《文学界》，二人虽然是大学同级，但似乎关系并不怎么好。

或许二高出身的人大都一脉相承，在立场上与上田派相对立。④我其实是中间派，两边都不得罪，算是"脚踏两只船"。我深受土井君的影响，不仅仅是短诗，他还鼓励我创作长诗，在《帝国文学》上发表的《桐花操》就是我创作的一首长诗。所谓"操"指的是一首曲目，至于我的诗能否称得上"操"，我不敢妄言。其中有"桐木长于深山，随波逐流入乡里，锯木成琴弹此曲"这种完全基于空想而创作的浪漫片段。当时这篇诗作备受土井一派好评，不过上田君那一派却不怎么感兴趣。写这首诗是在我高中毕业那一年，上田、土井两君好像是大学三年级。

此外，如果遇到西洋文学的翻译问题，我会更多地拜访上田君，总之我算是不偏不倚的中间立场。在诗歌领域，我和土井君的交流更多，他本人在当时的高中生中人气很高。

----

① 北村透谷（1868—1894），日本评论家、诗人。
② 上田敏（1874—1916），日本评论家、诗人，文学博士，京都帝国大学教授。
③ 土井晚翠（1871—1952），日本诗人、英语文学研究者。
④ 上田敏是一高（东京）出身，参与《文学界》的编辑工作；土井晚翠是二高（仙台）出身。

顿阿的《草庵集》

日本的文学有一段不幸的历史，"和歌"作为一种"兴趣"，与"茶、花、琴"同列，即便没有实际应用价值，也被视为一种必须，甚至成为女孩子出嫁时的必备条件。女孩子泰然自若地吟唱出"等待恋情""等待看不见的恋情"等和歌，但她们未必真正体验恋情。必须认识到这是日本文学史上非常重要的一页。

更有意思的是，吟唱这种虚构的和歌最在行的竟然是僧人。室町时代有顿阿①、兼好②这样的"歌僧"留下秀美的诗篇。其中，顿阿召集门人编撰的《草庵集》中也有不少关于恋爱的和歌。读起来确实枯燥乏味，但就是这样枯燥乏味的歌集，曾几何时在文人墨士中也是人手一本。

从足利时代到江户时代初期的和歌，大都是如此廉价轻浮的样式。如今看来那个时代的和歌确实不怎么样，但是考虑到当时创作和歌的毕竟是少数，对于读者们来说就弥足珍贵，也算是十分重要的一个阶段。由于没有直接指导创作的参考书，所以近似于"类题集"的东西开始盛行。收集大量主题之后再加上例文，制作这种"类题集"确实花费很大的工夫。即便是写情书，如果不配上一首和歌的话，那多半也是不合格的，回信的时候还要配上一首和歌，如若不然，男女婚娶之事则不成。在那样一个男女皆咏歌的时代，谁都要练习如"恨恋""待恋"等题材的和歌，所以"类题集"成为必需。《草庵集》可谓最早形式的类题集，

---

① 顿阿（1289—1372），日本镰仓后期至南北朝时期的僧人、歌人。
② 吉田兼好（1283 ?—1352后?），日本镰仓后期至南北朝时期的官吏、歌人、随笔家、遁世者。后出家为僧，亦称"兼好法师"。

前述秋元安民的《青蓝集》也是如此。

读这些类题集可以看到恋爱方式以及恋歌目的的变化。松浦先生是一个非常固执的人，他的和歌从来不涉及恋歌，但如果是在喝酒即兴而作的场合，也多半会创作相关主题的恋歌。这种创作因人而异，如果着力点恰到好处或者能够很好地利用时宜，即便是身处深闺的少女也能创作出轰轰烈烈的恋歌。

今人之所以嘲讽古风和歌的轻浮，其要点恰恰就在于，和歌已经超出一个地方、一两位职业歌人或者诗人的范围之外，成为普通人谁都能作为兴趣爱好练习题咏并且吟上一段的文学形式。

石坂素道先生

振兴近世国学的契冲[①]，其和歌优美典雅，但他的歌集中不见恋歌，好像避开了这一主题。他或许不情愿通过创作恋歌而进入文人行列。而其他的僧人即便品行正派，其歌集中往往收录恋歌，这是契冲与其他僧人的不同之处。

我小时候也遇到过像契冲那样的人，他就是父亲的友人石坂素道先生，一位能创作和歌的僧人。在我10岁的时候，他已经70岁左右了。不知何故，他离开寺庙，后来在居于辻川和北条南大概二里路之遥的地方建了一间小庵室，该地名为"别名"，是在足利时代开垦地的基础上形成的村庄。他通晓国学，书法很好，本人也十分敬仰契冲。他好像也没有太多朋友，大概一个月来我家交流一次。

母亲非常了解素道先生，给我讲了很多有关他的趣闻。据说

---

① 契冲（1640—1701），日本江户时代的僧人、歌人和国学者。

素道先生讨厌女人，他离开我家时，母亲把拐杖递给他，他便迅速地伸手取回拐杖，连谢谢也不道一声。母亲笑着说："后来没有办法，我们就让他把拐杖放在容易取的地方。"

素道先生到了晚年，身体其实已经十分羸弱。终于不再像以前那样严肃，也开始时不时抚摸一下我的头，后来实在没有办法独自生活了，便找了一位老伴照顾他起居。"原来素道先生也是会变的"，怀着这样的好奇心，我多次想去他家拜访一下，但是最终都没有成行。虽然只有一间四叠半的房子，但也算是像样的夫妻生活，因此引来不少村民的关注。

关于素道先生，有一件事情令我终生难忘。晚年时候的素道先生委托父亲转交给我一件纪念品，竟然是做工非常精美的刀刻品，掏去杨梅核的果仁，然后放入连着坐台的菅原道真天神像。纪念品用白纸包裹着，外面的那层纸上写着道真天神的由来，然后署名并写着"送给国男君"。

不过那时的我过于顽皮，不仅仅在包装纸以及由来说明纸上乱写一通，同时还有十分丑陋的涂鸦。父亲知道后勃然大怒，可以说我一生中都没有见到过父亲如此生气。当时的我并不知道为何会这样，直到后来才明白这种不尊重他人馈赠的行为是不被允许的。

有着高尚品德的素道先生，作为僧人他有都市人士的高贵气质，但是到了晚年难免寂寞，也开始给外面的小孩子一些私藏的物品。他后来越来越远离佛教，在和歌创作方面的造诣却越来越深，所以留给我的印象便是一名寂寥的歌者。

如今他的庵室或许已经不存在，知道素道先生的人恐怕也已不多，我虽然也想要去这个叫作别名的地方，但一直都没有机会，所以这一计划一直被搁置。芭蕉的门人中也有名叫素道的人

士，所以比较容易混淆。我想播州一带还有人藏有他的诗笺吧！

国木田独步的回忆

　　大概是二战刚结束的时候，一个自称是国木田收二[①]的儿子的人来访，据说他好像在东京的某家报刊或者杂志社从事编辑工作。这让我想起了国木田兄弟的往事，而且我还认识他们的父母。他们的父亲专八是播州龙野出身，在他们所在的藩做船夫的时候，曾驾船到达千叶的铫子，与当地女人结婚后便定居在那里。他们的孩子即龟吉（即独步，后改名为哲夫）和收二。关于他们二人的出生，据说还有各种各样的传闻，我在认识独步之后，从来没有从独步那里听说过任何细节。作品《命运论者》中有些描述或许跟他的出生有关，但是我本人对此并不感兴趣。总之他们两兄弟长得很相似，不过体格上收二相对强壮一些。

　　如今我还记得田山花袋君向我介绍国木田君的情景。当时我在本乡的大学前名为"喜多床"的理发店附近，田山花袋追上来拍我肩膀说道，"有个家伙想认识你"，我说"谁呀"，"一个叫国木田的男人"，"那挺有意思的"，所以我们便一块去见了他本人，时间大概是明治二十九年（1896年）的秋天。田山是松浦辰男先生歌塾的同门，我们很早之前就认识了，相反跟国木田的交际更晚一些。

　　独步在青山住的时候，他父母年龄已经相当大了，基本上都是他们兄弟两个照看。我常听他们说，旧历十月以后出生的孩子是那一年干支的"丸儿"（maruji），尤其是蛇年出生的"丸儿"

---

①　国木田收二（1878—1931），日本明治、大正时期的记者，国木田独步的弟弟。

最好，哲夫的儿子虎雄就是这样的"丸儿"等。此外，他们也向我说起过龙野的事情，不过记不清楚的事情他们从来不提。当时是国木田家最稳定的一段时期，不久后国木田的父母就相继去世了。

虽然后来独步遭遇了诸多挫折，但是在担任《民声新报》的编辑期间，他的事业还是比较顺利的，经常穿着优质的和服，如果有地方的人士来访，他不惜让对方等待，也会坚持跟我们讨论关心的话题，可谓气势正盛。

直到他担任西园寺公望的私设秘书时，他才意识到自己有从政的才分，后来还一度想要竞选国会议员。

在我改姓柳田后不久的明治三十四年（1901年）前后，我们之间的往来十分频繁。他经常不请自来，我们会就一些感兴趣的话题讨论很久，以至于让在门外接他的车等待很长时间。

町学者

如前所述，年少时我有很多机会认识文坛人士、听闻有关文坛的话题，年龄稍微长一些的时候，不免在同伴面前炫耀，例如我认识迟塚（丽水）①啊，跟田山（花袋）有交情啊等，而且以让对方感到嫉妒为乐。这比较符合当时文学青年的样子。自己没有像样的作品，却喜欢拿文坛茶余饭后、道听途说的话题来讨论。仅有很短的一段时期，我在前面提到过的郁文馆中学上学时，往返学校途中喜欢购买短诗集，这也算是那个时代的特征吧！

次兄在御徒町的家门前是一家装饰各种漂亮羽毛的弓箭店。

----

① 迟塚丽水（1867—1942），日本明治、大正时期作家、记者。

旁边则是一家烤红薯店，这家店的烤红薯非常有名，店主的儿子名为奥村繁次郎[1]，周围人称"小繁"，年长我四到五岁，终日沉迷于阅读。他后来成为"町学者"，在当地小有名气。虽然我当时也写点东西，但是像他那样深入研究江户文学的毕竟是少数。不过也有人说他的坏话，即便不从事烤红薯的工作，也常有人称他"芋繁"。后来回忆起他来，我还专门去他家门前探个究竟，烤红薯店已经没了，取而代之的是旧书店。

那个时候的东京，还有很多诸如文化、文政时期（1804—1830年）那样纯粹的学者。后来虽然逐渐有被手工业者、乡下人代替之势，但在我小的时候尚且保留一些旧时的痕迹。

住在筑地河岸的三村清三郎（即竹清）[2]也是町学者中的一位。他的父亲好像是伊势抑或大和出身的竹材商人，后来在东京开了一家竹材店。所以他自号"竹清"。我是在他遭受继母欺凌的时候开始结识他的。他有著作《佳记春天（信笔）》[3]。他书法功底深厚，随笔类的文字十分美观，而且笔耕不辍，留下了相当多的文字记录。

我是在拜访山中共古[4]之后结识了这些町学者们。相较于在《文学界》认识的那一批人，这一批人大概晚了一个时代，大概是在改姓柳田之后的事情了。在过了外神田筋违桥的地方，我们每个月都会举办名为"集古会"的研究会，并编辑出版杂志《集古》。杂志为"和装本"，每年年初定下来12个月的主题，然后每

---

① 奥村繁次郎（1873—1919），日本明治、大正时期美食爱好者，有诸多料理相关著作。

② 三木竹清（1876—1953），日本书志学者，本名清三郎。

③ 这里应该是笔误，应该是《佳气春天（信笔）》。

④ 山中共古（1850—1928），日本牧师、民俗学者。

个月根据主题邀请相关的学者撰文。如果杂志的内容涉及热门的话题，往往会收到非常积极的反馈，以至于多少有一点赌博的性质，所以我其实参与得并不是太频繁。但我前面提到的芋繁、清水晴风[1]等人虽然一副一本正经的样子，却又大量收集与乡土玩具有关的著作，而且还出版了很多看似不务正业的著作。印象中还有热衷于研究墓地的人，研究会成为这些有着特殊爱好的学者们的大本营。

龙土会时期

能够认识那么多的町学者，完全得益于山中共古的介绍。他经常到我家，翻阅这一时期的日记，总能够出现山中的名字。明治二十年（1887年）前后，山中在甲府任牧师的时候，将其当时的见闻汇总成为《甲斐落叶》，在远州的见附写有《见附次第》，在同为静冈县的吉原写有《吉居杂话》。《甲斐落叶》作为我"炉边丛书"的一册已经出版，书中还收录山中的素描，这本书具有重要的纪念价值。如果不读这类书籍，我们极有可能陷入对明治的片面认知。那个时期的明治与我们所成长时期的明治差别很大。如今甲州（山梨县）的朋友可能十分新奇地讨论奈良田[2]，殊不知山中的书里很早就记录了这个偏远村落的情况。他的著作中还有一本《共古日录》尚未出版，主要收录了与友人的信函，大多是由半纸尺寸大小的信件汇集而成。

---

① 清水晴风（1851—1913），日本明治时期乡土玩具研究者。
② 奈良田为日本山梨县南巨摩郡的一处秘境，在明治时期尚不为人所知，当地温泉比较出名。

参与建设大矶海滨浴场的林洞海[1]，其孙林若树[2]也是一个收藏家，他家的收藏库里有很多珍本，同时还经常邀请同好一起举行收藏品鉴会。品鉴会的成员还有堀野文禄堂的店主，堀野文禄堂是一家书店，主要经营珍本书。这些人对收藏的痴迷程度令人震惊，像我这种乡下人跟他们走在一起，总显得有些格格不入。

翻看当年的日记才知道，其实还有很多研究会活动是在我家举行的。

家里的养父母为了让我安心，不光提供研究会需要的坐垫，还拿出点心食物等招待大家。

英国大使馆的科克先生与其家政妇结婚之后，在大使馆后面开了一家叫快乐亭的餐馆，不知道哪位参与我们文学沙龙的人士发现了这家店之后，便倡议将原来在我家举办的沙龙转移到了这家餐馆。餐馆的老板耳朵有点背，但是性格非常单纯，后来餐馆迁址到了麻布的龙土町，沙龙也随之转移到那边召开，沙龙的名称随餐馆名称"龙土轩"而定为"龙土会"。

当时武林无想庵[3]还是个青年，主要承担龙土会的日常事务工作。薄田泣菫[4]、国木田独步等人也参加龙土会的沙龙。小山内薰[5]还是个学生，总是穿着黑白相间的和服外罩，我们一直把他当作孩子看待。当时他已经展现出在小说创作上的天赋，只是我们没怎么注意到这一点罢了。

记得当初我们一个成员跟小山内吵架，我闻讯后大怒，"这

---

① 林洞海（1813—1895），日本武士、兰医。
② 林若树（1875—1938），日本明治至昭和时期收藏家。
③ 武林无想庵（1880—1962），日本小说家、翻译家。
④ 薄田泣菫（1877—1945），日本诗人、随笔家。
⑤ 小山内薰（1881—1928），日本剧作家、导演、批评家。

是我们组织的沙龙，你们来这里吵架让我们很困扰，如果想吵尽可以去别的地方，我们也不会干涉你"。后来沙龙活动的形式逐渐发生变化，老人慢慢退出，小山内等人开始成为中心。如今还记得龙土会的人，恐怕也就只有正宗白鸟①等人了吧！

初识鸥外

井上次兄虽然是一名医生，但是对文学有着浓厚的兴趣，自从《栅草纸》和《觉醒草》等杂志创办以来，他跟鸥外一直保持着很好的合作。因为次兄的关系，我在10来岁还是孩子的时候就将《秋元安民传》投给了《觉醒草》发表。中川恭次郎因为多少懂点德语，所以也爱读鸥外的作品。次兄结识的书生们都崇拜鸥外且喜欢读他的作品。邻居中还有像芋繁这种另类的文学爱好者，这让井上医院的氛围变得更加愉悦多彩。我受到这种环境的感化，也不自觉地开始阅读起鸥外的文章，特别是《水沫集》，精彩之处甚至能够背诵出来。

《国民之友》刊载诗集《於母影》（omokage）大概是在明治二十二年（1889年），以"S·S·S"即"新声社"为笔名进行发表。当时拿到的稿费是30日元，据说就是靠着30日元才出版了《栅草纸》。井上医院门前热衷于讨论文学话题，大概始于《栅草纸》创刊之后。

当时年龄还小的我每次去鸥外的家里，总能吃到美味的点心，所以总找时间去拜访。不过在他创刊《万年草》之后我就没有去过了。即便我到了高中去拜访他，他也总是很快就出来招待

---

① 正宗白鸟（1879—1962），日本小说家、评论家、文学评论家。

我。那个时候也没有人管束我，所以来去自由。每次到他家，他都会问我最近在读些什么书，有哪些有趣的著作等。那个时候他的弟弟三木笃次郎[①]、森润三郎[②]等都还年轻。

鸥外对我的影响很大。露伴[③]先生长寿，我跟他也有长期的交流，但他总是有一种高高在上的感觉，所以他对我的影响不大。鸥外是一个能放下身段来跟我交流的文人，这点我觉得十分难得。比如读完一本书之后，他会过来问我读后的感想。我本人对德语并不在行，但鸥外翻译过保罗·海泽[④]（Paul Heyse）的作品，某日我对他说"我觉得海泽的作品不错"，他听闻后回答道，"海泽的作品我有的，你拿去看吧！"他给我的是一本德意志短篇集，其中有海泽的短篇小说若干。海泽早于爱德华·冯·哈特曼[⑤]（Eduard von Hartmann）一个时代，当时非常有名。后来还有与他相关的电视剧，只是在日本比较小众罢了。

最近见到小堀杏奴[⑥]，我还跟他开玩笑道，"我在你出生前几十年就到鸥外在千驮木的府上吃点心了"。

贺古鹤所

次兄以及森鸥外的好友贺古鹤所[⑦]是一个非常有趣的人，平

---

① 三木竹二（1867—1908），本名森笃次郎，日本剧评家、医生。

② 森润三郎（1879—1944），日本近世文艺史研究者。

③ 幸田露伴（1867—1947），日本小说家，与森鸥外、夏目漱石并称。

④ 保罗·海泽（1830—1914），德国文学家，1910年诺贝尔文学奖获得者。

⑤ 爱德华·冯·哈特曼（1842—1906），德国哲学家。

⑥ 小堀杏奴（1909—1998），日本随笔家。

⑦ 贺古鹤所（1855—1931），日本医生、歌人、和歌社团常磐会成员。

时对我多有关照，只要有时间就招呼我过去交流。关于鸥外在寄宿时代的传闻都是从他那里听来的。

在壮汉盛行的时代，贺古偏偏喜欢跟年龄小、个头小的森鸥外交流。

打开宿舍格子窗的门闩，鸥外只需开一扇窗户就可以钻出去。当其他室友想抓他的时候，他已经敏捷地爬上屋檐，并在上面行走了。走在屋檐上十分危险，伙伴们让他下来，鸥外也完全置之不理。据说当时贺古总是包庇鸥外。

贺古这一辈子都是鸥外的忠实拥趸。据说以贺古为中心，山县（有朋）、鸥外、井上等人才联络起来。

在山县影响力还很强的时候，我曾想劝说贺古去做山县的工作[1]，但后来发现一切都是徒劳，所以最终放弃这个念想。

贺古夫人的大姐是樫村医院院长樫村清德[2]的夫人，樫村医院位于骏河台，是现如今明治大学的所在地，在当时是可以跟佐佐木东洋[3]的杏云堂医院相匹敌的大医院，他们家族人丁旺盛，势力很强。樫村夫人的两个妹妹，其中一位嫁给了播州人陆军一等军医中岛一可，另一位嫁给了军医出身的贺古鹤所。

樫村家的长女是加藤恒忠[4]的妻子，加藤是松山人士正冈子规[5]的叔父。二女儿好像是从事日美关系的富豪的妻子，如今居住在小田原，这位富豪的出生地在铫子。三女儿玉夫人（おたま

---

[1] 无从知晓柳田希望山县推动的具体工作为何。

[2] 樫村清德（1848—1902），日本医学者，曾任东京大学教授，留德归国后从医。

[3] 佐佐木东洋（1839—1918），日本西医内科医生。

[4] 加藤恒忠（1859—1923），日本外交官、政治家。

[5] 正冈子规（1867—1902），日本明治时期文学家、俳人、诗人、国语学者。

さん）也是个才女，是外交官石井菊次郎[1]的后妻，尤擅钢琴，被称为巴黎社交界的女王。小女儿则嫁给了江木翼[2]的弟弟，他原姓羽村，后来过继到国光家做养子。

中岛一可居住在御徒町附近。井上次兄开医院的时候中岛就已经住在那里了。他夫人也很好客，播州出身的学生到了他家里没有不饱餐而归的。当然，井上次兄也跟他们建立了深厚的友情。贺古作为中岛的连襟，也经常出入御徒町一带。

读大学的时候，有一年年初我去樫村家做客，碰巧从法国回国的外交官加藤恒忠夫妇来访。加藤戴着夹鼻眼镜，一副典型的外交官打扮，其夫人端庄漂亮。原来这就是外交官啊，我一面好奇，一面以批判的眼神打量他。但后来逐渐熟悉了之后才知道，像他那样优秀的外交官着实少见。他做事洒脱，品行端正。不仅我本人很佩服他，河井弥八[3]君对他亦是五体投地。不幸的是，我们拜访他的时候，他还住在类似于大杂院的房子里，养了5个孩子，大多年幼的时候就夭折了。第三个孩子正冈忠三郎过继到堂兄子规家，如今在大阪的每日放送广播台工作。

樫村家的女儿个个都漂亮优雅。3个儿子也有良好的教养。几年前，正冈忠三郎来我家，听他说他的外祖母樫村老妇人死于战争期间。

不知为何，樫村一族人丁异常旺盛。石井夫妇育有4个子女，其中两人早逝，悲剧的是石井夫妇在战争末期的东京大空袭中死在了明治神宫表参道。

加藤恒忠出身于司法省法学校，但后来在日本新闻领域工

---

① 石井菊次郎（1866—1945），日本外交官、政治家，曾任外务大臣。

② 江木翼（1873—1932），日本官僚、政治家。

③ 河井弥八（1877—1960），日本官僚、政治家。

作，三十五六岁的时候没有花费一分一文就在故乡爱媛县被选为
代议士（国会议员）。当选后准备赴东京前夕，他对前来送行的
当地村长等有头有脸的人物说，"我可不会为了松山而工作"。

　　如今要是有那么一两个这样的代议士那最好不过。一辈子不
图钱，是个了不起的文化人。

遇见尾崎红叶

　　穿过日光的神桥的左手边，过去有个叫作照尊院的寺庙。寺
庙位于高地之上，可以听到大谷川流水的声音，地理位置极佳。
不过后来因为河道更改的缘故，河道旁边的悬崖坍塌，寺庙消失
了，只剩下神桥。这座寺庙过去是上州馆林的旧藩主秋元子爵家
的菩提所[①]，也是文人骚客笔下经常出现的一处寺庙。

　　过去秋元家在日光任职时，一位族人死去之后被封照尊院，
葬在日光之后，寺庙就成了秋元家的菩提所。田山花袋出生于秋
元家的旧臣之家，因为这层关系，田山也经常往来寺庙。我和中
川恭次郎等人也有机会访问这家寺庙。

　　记得当时日光羊羹五钱一个，但是寺庙前面的店忽然涨到了
五钱五厘。寺庙里的一个小僧便趁着泡茶的等待时间跑到远处元
宿那边一家便宜的店去买羊羹。小僧很贫穷，寺院收留照顾了他。
他年龄比我小，但是很干练，他就是日后成为日光执事的菅原英
俊。后来我还带着妻子以及外甥（矢田部）在日光过了一个夏天，
当时菅原已经掌管整个寺庙的事务了，我们受到了他的照顾。

　　当初跟田山花袋同去照尊院的时候，田山说，"今天尾崎先

---

① 菩提所指供奉有特定家族祖先遗骨的寺庙。

生要来，我得去接他"，我当时尚不知道尾崎红叶为何方神圣，便与他一起到神桥旁边等待。迎面走来两个穿着和服浴衣、扎着绉绸腰带的人，来者正是石桥思案①和红叶。至于脚上穿的是什么，我记得不是很清楚，但当时给我一种着装十分得体的谦谦君子的感觉。

我那个时候大概只是跟他打了个招呼而已，因为我还有些抗拒心理，所以没有深入交流。

红叶和思案住在日光宾馆，宾馆比我们借宿的寺庙还要靠里面，田山便给他们带路。我感觉腹中咕咕作响，于是打算回去，田山却说，"这么早回去不是很合适"。我们没听田山的劝告，说"要么让国木田过来吧！"我跟中川君走后，国木田就过去了。不料国木田一陪就是两三个月。本来一直以诗人自居的国木田，恰恰从这一时期开始向着小说家的方向转型。

一些评论家在论述红叶等人的文学时，往往把在日光的这段时间看得很重，但在我看来这一段可谓"空白时代"。那时我刚刚大学一年级，时间大概是在明治三十一年（1898年）。

泉镜花

星野家的天知、夕影②两君和他们妹妹阿优的住处位于日本桥。这是一处有中庭的旧宅，平田秃木③就在隔壁。阿优因为总

---

① 石桥思案（1867—1927），日本小说家，砚友社创始人之一。

② 星野天知（1862—1950），日本作家、教育家、武道家，创办《文学界》杂志，本名慎之辅。星野夕影（1869—1924），日本建筑家，天知的弟弟，负责《文学界》杂志的具体运营，又名男三郎。

③ 平田秃木（1873—1943），日本翻译家、随笔家。

是被她哥哥的友人们捧着，有一种莫名的优越感，后来嫁给了吉田贤龙[1]。

吉田君和泉镜花[2]都是金泽出身，两人关系一直不错。吉田人品温厚善良，是镜花的小说中频频出现的人物。我跟泉君是在吉田君的大学宿舍结识的。

吉田君的宿舍位于距离运动场最近的四人间，入住这间宿舍的以高年级学生为主。由于周围都是空地，所以从外面可以清晰地看到屋子里的人。当时我穿着白色条纹的宽口裙，这是大学里面比较时尚的穿着。我从宿舍外面经过，跟里面的朋友打招呼，估计是畔柳芥舟[3]君说了一句"要不要进来"，我便不假思索地从窗户跳了进去。碰巧泉君也在，他不知道我本来不擅长器械体操运动，认为我跳窗户的动作很连贯帅气，反而以为我是器械体操项目的运动健将呢。泉君的小说《汤岛诣》中写到的那位身轻如燕、跳窗而入的学生，其实原型就是我。泉君日后还说"心情从没有如此爽快过"，对此我也很高兴，后来有时间我便造访他在小石川的宅邸。大学毕业后，我们之间的友情一直维持。

镜花在搬到小石川之前，曾经在尾崎红叶位于牛込横寺町的家中做过弟子。不过随着自己水平的长进，弟子也有摆脱师傅而独立的一天。泉君的竞争心理也很强，或许这是周围人对他评价不高的原因吧！

喝酒也带着过去的那种臭毛病，喝完之后有些家伙仍然肆无

---

① 吉田贤龙（1870—1943），日本教育家。

② 泉镜花（1873—1939），日本小说家，也涉足戏剧和俳句，是尾崎红叶的弟子。

③ 畔柳芥舟（1871—1923），日本比较文学研究者，旧第一高等学校教授。

忌惮地喧哗玩耍。其中最抢眼的要数小栗风叶[1]，他公然骂泉君是个伪君子，当然后来两人也因此而绝交了。

同为金泽出身的德田秋声[2]君，其实两人的关系也不太好，倒是德田君表现得勉强交往的样子。德田君多少懂得一些外语知识，而泉君比较传统，头脑聪明，但是主要以阅读译著为主。总之泉君在处理与朋友的关系上遇到很多问题，但我本人却跟他保持了一辈子的友谊。

江见水荫

江见水荫[3]也是和播州有关联的人士，他后来担任神户新闻社首任社会部长，我们在很早的时候就保持了亲密的交流。

江见本是冈山人士，但他母亲出身于播州赤穗的森家，是其家老村上真辅[4]的女儿，后来嫁给了冈山池田家的家臣江见阳之进[5]，他们的儿子忠功就是水荫。水荫在播州有很多近亲，我因为知道这一点，所以跟他的关系便更加亲密。

江见的外祖父村上真辅因为做过家老，所以在维新时期属于守旧的佐幕派阵营。从村上家过继出去的河原翠城[6]在当时是赤穗首屈一指的意见领袖，他被夹在勤王派和佐幕派中间，最后选择了切腹自杀。另外，勤王派的足轻[7]等下级武士在斩杀了村上

① 小栗风叶（1875—1926），日本小说家，曾拜在尾崎红叶门下。

② 德田秋声（1872—1943），日本小说家，曾拜在尾崎红叶门下。

③ 江见水荫（1869—1934），本名忠功，日本小说家、翻译家、探险家、编辑。

④ 村上真辅（1798—1863），日本幕末赤穗藩参政，儒学者。

⑤ 江见阳之进（1834—1871），即江见锐马，日本冈山藩士。

⑥ 河原翠城（1827—1863），日本幕末赤穗藩儒学者，村上真辅次子。

⑦ 过去日本的一种步兵部队。

真辅后逃走。村上的族人们一直在寻找凶手，最后将他们逼到高野山走投无路后复仇成功。

该事件被称为"高野仇讨"，发生于明治四年（1871年），作为日本最后一波"仇讨"而知名。江见有一阵子经常提起这段往事，我们也听得津津有味。

江见曾经在杉浦重刚[①]的日本中学学习，应该比较熟悉严谷小波[②]，另外他还加入了砚友社。虽然个性稍显特立独行，但也曾经在红叶门下谋生。他作品风格多变，一开始多有感伤主义的色彩，但后来也紧跟着新文学的动向而发生变化。他编辑过一本名为《小樱缄》的杂志，田山花袋在该杂志上发表了两三篇小说，两人因此而成为好友。在此过程中，江见的风格进一步变化，总感觉越发接近村上浪六[③]的风格。

江见早年丧父，母亲一手将其养大，晚年住在品川，收了很多门生，他家因此成为文人们讨论的场所。其中有个名为长井金风[④]的汉学家，进入明治时期之后像他这样有水平的汉学家凤毛麟角。不知何故，江见本人热衷于考古学，只要有时间就埋头于考古发掘，所以家里收藏着很多挖掘出来的土器。有传闻说他本人收藏的考古作品达到一万件以上，这或许有些夸张。今日的考古学与当时完全不可同日而语。

---

① 杉浦重刚（1855—1924），日本明治、大正时期国粹主义教育家、思想家、政治家。

② 严谷小波（1870—1933），日本儿童文学家、德语文学研究者、俳人、记者。

③ 村上浪六（1865—1944），日本小说家。

④ 长井金风（1868—1926），日本汉学家，早年研习法制史、经学和比较语言学，后通过考古学研究汉学。

晚年因为押川春浪[①]等人组织的天狗俱乐部[②]的关系，江见跟杂志《武侠世界》的"豪杰"们交集颇多。冈山县美作市东部有个江见乡，江见的祖先或许出身于该地。该地距离播州也比较近，或许是这个原因与赤穗结缘。他赤穗出身的母亲比较传统，据说因为江见与风尘女子结婚而颇有不满。

《山的人生》

自明治三十五年（1902年）2月至大正三年（1914年），我在法制局担任参事官，在那里我度过了最年轻、精力最旺盛的一段时期。至于工作内容，大多以看起来威风得意的内容为主，不过也有让大家很厌烦的工作，即与特赦相关的事务。

关于大赦，只需要规定赦免那些特定罪行的所有罪犯即可，是相当简单的工作。但是特赦就不一样了，要详细调查每个人的犯罪内容，研判是否有再犯的可能，酌情酌量，必须参照具体的标准来执行。所以一年到头都要读相关资料。有时候根据新政府的方针或许会考虑特赦，这时又要处理产生的相关问题，而且这些工作总会推到新任参事官的头上。不过在历任参事官中，数我对这类事务最感兴趣，所以一直从事这项工作，也没有把它推给别人。

我因为习惯了速读，所以并不认为这是一件繁重的工作。更何况我最感兴趣的是内容。因为对案件的内容感兴趣，所以才会

---

① 押川春浪（1876—1914），日本小说家，主要写作冒险小说和科幻小说，是《冒险世界》《武侠世界》杂志的主笔。

② 天狗俱乐部，日本明治、大正到昭和初期的业余体育社团，为相扑和棒球的兴盛作出了贡献。押川春浪是该社团的核心人物。

从预审笔录开始读起。每个案件的笔录有六寸、八寸甚至近一尺厚的内容。因为要从这部分开始看起，所以对于不感兴趣的人而言，自然是一件繁琐的工作，我因为喜欢所以看得十分认真。当然，看到了有趣的故事，不免想要分享给身边的朋友。

我出版过一本名为《山的人生》的著作。有不少人不明白我写作这本书的主旨。其实书里面的故事并非空穴来风，而是根据我在法制局工作期间所听到的内容写作而成。我进新闻社工作之后，马上开始在《朝日画报》连载，后来整理成书出版。

书中开篇的标题为"埋首于深山老林的人生事态"，这一篇我印象很深，因为连续介绍了两个重大的杀人刑事案件，书的结尾我提出有必要从人类学的视角对"山男"（yamaotoko）进行系统研究。总之，或许这些差异很大的各类题材汇总成为《山的人生》，所以才给人一种不可思议之感吧！

书的第一节介绍的是在大饥馑的年头，西美浓山中一个烧制木炭的男子用斧头砍死两个孩子的故事。两个孩子中有一个是自己的儿子，另一个是不知何故收养的女儿，他们都是十二三岁左右的孩子。因为木炭卖不出去，到了乡里连一合①米都换不到，最后两手空空地回去。他痛苦于看到孩子们面黄肌瘦的脸，所以回到家便径自到小屋里面睡去了。睁开眼后看到小木屋门口夕阳遍洒，大约是深秋。两个孩子在向阳的地方弯着腰，用力磨着工作用的斧头。孩子们对他说："我们想死了，用这个把我们砍了吧。"说完孩子们就躺在小屋入口的门槛上睡着了，父亲晕晕乎乎的，什么也没想就把两个孩子的头给砍了下来。后来他因为自己害怕，便没有选择自杀，而是到山下乡里选择了自首。这是一

---

① 合（gě）为容积单位，十合为一升。

桩非常悲惨的案件，在我所经手的特赦事件中从没有哪个像该案件一般能够打动我。

大约同一时期，我还经手了一件与刚才的话题同样悲惨的案件。说是九州某个村庄的女子，跟一个男人关系特别好，结果父母不允许他们在一起，最后两人选择了私奔。初次走上社会的两个人经历了疾病等各种不幸，食不果腹，结果还生育了孩子，最后没办法只好忍辱回到位于山中的故乡。但是周围的近亲都还健在，对其冷嘲热讽的大有人在。他们也是被迫返乡，不想男方因为重病无法劳动，于是女人便背着孩子走到返乡时经过的山道，下面就是瀑布落下的地方。这对夫妇认为，活在世上已经没有任何意义，便决定一家三口用腰带绑在一起，从瀑布口的地方跳下去。结果女人掉入水中后生还过来，被救后的女人发现丈夫已经死去，而小孩则挂在悬崖的树上也死去了。

真不知道她跌入水中是幸运还是不幸，丈夫和孩子死了，而她自己却得救了。

这位妻子当时的心理我不得而知，我猜想本人肯定是抱着想要一死了之的心态来自首的吧！孩子没有责任能力，所以构成杀人罪，妻子被判处长达12年的有期徒刑。但是这位妻子品行端正，再考虑当时可怜的背景环境，既然没有再犯的可能，所以上级要求我以特赦处理，最终我盖章通过了这位妻子的特赦。

目睹了这两个犯罪案件之后，我不由得对如此凄惨的事实感到痛心。我很想把这些案件分享给谁，于是就跟老朋友田山花袋提及了此事，他说这些确实是不太常见的话题，相关事实也发人深省，但是无法通过文学或者小说等形式表现出来，所以我们的对话就这样不了了之。田山小说中所体现出来的自然主义色彩，从文学的历史来看具有深刻的意味，但是相较于前面两个凄惨的内容话题，田山的自然主义文学好像也不过如此。

前述法制局资料中记载的两个悲剧深深刻印在我的心底，因此我一直想要找合适的时间把这些悲剧以适当的形式表现出来。所以在《朝日新闻》连载以及后来出版成书的时候，我以序文的形式将这两个悲剧故事放在最前面呈现给读者。

这两个事件最终没有入田山的法眼，倒是我参与的其他四五个特赦案件所获取的一些知识被写进了他的小说中，成为其创作的材料来源。印象中田山的小说《一束葱》（葱一束）就是根据我提供的素材写作的，讲的是从很小的事件发展成为重大犯罪的故事。当初我读这份笔录正在兴头上时，田山问我有无好的话题，我便说给他听。类似的作品还有《一兵一卒的死亡》（一兵卒の銃殺），大概是在日俄战争前后，也是我提供给他的素材。

这些自然主义作家，总是对非常平常的现象以奇妙的故事情节展开写作，而且很享受这种自然写作的状态。

自然主义小说的时代

提起自然主义，自然会想到田山君。自然主义直接译自英文"naturalism"，最初并没有特别深奥的意涵。田山在言谈中吐露高深莫测的哲学词汇，其实是很久以后的事情了。所以自然主义就是以通俗易懂的语言将普通人的日常生活作为文学的材料来创作的一种文学方式。

自然主义并非仅限于我提供给田山的那些奇怪话题。例如，二叶亭的《浮云》、坪内的《书生气质》等也并没有什么特别的，从广义来说也算是自然主义的发端之作。田山不仅喜欢听我有关犯罪调查的话题，我旅行归来时他也兴致勃勃地听我讲述旅途中

的新鲜事。所以除了特赦的话题之外，他也从我其他的一些客观讲述中寻找写作的源泉。我觉得不可思议的是，文学家们真的很认真地在听我的讲述。嘴上还评论道"完全不敢想象"云云。总之就是"事实总比小说要奇特"。受到他们的影响，我也会尝试阅读西方的写实派小说，然后拿具体的案例进行比较，有一段时期我也特别痴迷于这种事情。以至于认为只要去到那些地方，就总能获取相应的写作材料。

小栗风叶等人也经常参与进来。他家境殷实，学习也不怎么努力，是推动代笔之风的罪魁祸首。真山青果①最初是以风叶的名字写作并以此维持生计。青果或许是在自己出名之前，本着练习的目的才从事代笔的吧！总之，我在风叶等人心中形成了这样的固定印象，即只要到我的住处来，就总能够听到新鲜的话题。

这些人中还有砚友社出身的川上眉山②。眉山的家庭比较复杂，或许是考虑的事情太多的缘故，所以总是借酒消愁。他也是靠笔墨文章讨生活的人，为此花费不少气力。作为砚友社的同好，他还对新兴文学产生了浓厚的兴趣，因此通读了森鸥外的著作，接着又读国木田的著作。在去世前的一年半到一年前，他常来我的住处交流。

当时有10人左右的同好聚集在我家。因为每次都是在周六（土曜日）举行，所以聚会命名为"土曜会"。聚会不是每周都举行，大概一个月举行两次。国木田其实是幕后主力，岛崎君也时不时地参加。大家参加的动机各异，好像只有田山是为寻找素材而来的，所以对我们的聚会赞赏有加。时间大概是在明治

① 真山青果（1878—1948），日本小说家、剧作家。
② 川上眉山（1869—1908），日本小说家，文笔优美，颇有人气。40岁时自杀。

三十七、三十八年（1884年、1885年）间。大约相同时期的欧洲，英国的文学也发生了巨大变化，欧洲大陆的文学被陆续翻译成英文。法国小说家都德的作品在当时也出版了英译本，我记得当时曾推荐给田山去读。乘船的人热衷于购买的《杰克》船上版①等英译本，在那不久后也登陆日本。我当时拜托丸善书店帮我订购一本，书一到手就介绍给"土曜会"的同好们。"土曜会"后来改称为"快乐亭"，几经转变成为前述的"龙土会"。

田山花袋的作品

　　田山年轻的时候，因为母亲以及兄长劳作辛苦，他便只学习了英语（没有研习其他领域）。他人品很好，我因为学习和歌的关系，在松浦先生那里早早与他结识，是一起成立红叶会的故交，他一直鼎力支持红叶会的活动。土曜会的成员们大都从事文学活动，而田山则是这一批中最早崭露头角的一位。

　　进入晚年的松浦先生大概在明治四十一年（1908年）7月，承蒙武冈丰太氏的推动，在须磨寺立了歌碑，第二年松浦先生便去世了。武冈是淡路出身，定居于神户，曾经负责开拓凑川新开地等事业。松浦先生晚年时曾经对我说起过下面一段话："我已经从歌道隐退了。至于接班人，我觉得田山君最合适，但是如今已经进军文坛，而且已经成为他的职业。不知道你有没有兴趣继承祖传的文台和砚函，接我的班呢？"也就是说，田山在当时就已经被公认为是"文人"了。

　　田山是个认真起来有点固执的人，后半生一直以写小说为主

---

① 具体指的是哪一本著作尚不清楚。

业。但是有相当长的一段时期，他越来越随波逐流，追随世风，"自然主义"这一表述的意涵相较以前也发生了变化。我对其作品的故事内容、情节思路等也常以"这样写不行啊"等口吻进行批判。记得正宗白鸟在文章里写过，"柳田君见了田山就开骂，而田山每次都默不反抗"，这样我就成了恶的一方。实际上最初并非如此。

他在写完《重右卫门的末日》（重右衞門の最後）之后，我曾登门拜访，盛赞"此乃最能让读者产生共鸣的作品"。如今我对这部作品仍然充满敬意。故事的配角原型是北信[①]出身的人士，曾经到过田山的宅邸，我跟他也很熟悉。但是《棉被》（蒲団）出版后，我便对他挑毛病了，说这是一部令人反感的露骨作品。因为很多关键的情节完全靠想象写出来，这已经脱离了自然主义的创作初衷。

二叶亭曾说，文学必须要处理现实问题，自二叶亭出道以来，我们就认为小说应该来源于现实生活。作品中只有才子佳人的结合是不行的。但是，我个人跟二叶亭并不熟悉。

后来所谓的"私小说"，即便没有素材也可以通过凭空想象写成小说，这种倾向大抵是受《棉被》等小说的影响。在我看来，《棉被》开了这类小说题材的先例。所以我每次见到田山君时才毫无顾忌地批评"都怪你"！

给予田山的好意

或许是我总说田山君坏话的缘故吧，后来有一阵子他也不来

---

① 在日本长野县北部。

我的住处了。在我们彼此疏远的时期，想必也是田山君生活最丰富的时期。即便旅行也会带着同伴一起前往。

我个人比较喜欢昆虫，对昆虫特别有感情。田山去世之后不久，后辈文人们以纪念田山为名在新宿附近的料理店聚餐。虽然以纪念田山君为名，却多是说他的坏话，席上的我毫无顾忌地说道："田山君对在座诸君最大的功劳就是他去世本身，如果他今天还活着，各位恐怕还不敢这样批评他吧！"我这句话当时博得了满堂彩。

在田山去世后活跃起来的人，就是《文艺春秋》菊池（宽）[①]君的同伴吧。其实他们在田山活跃于文坛时就已经崭露头角，但田山占据压倒性的地位。换句不太好听的话就是，两派处于严重对立的状态，但被压制的则是菊池一方。菊池、芥川（龙之介）[②]两君，外加久米（正雄）[③]君，他们的遭遇相同，所以批评田山的作品土气，带有乡巴佬作风等。我当时就坐在久米君的面前，对这些笑谈历历在目。

这就是田山君的一生。虽是我的老友，但我未必对他的每一部作品都高度评价。当舆论赞扬田山小说的时候，我却不时地质疑他，总之我们之间就是这种深切的关系。

我曾经建议田山写《东京三十年》（東京の三十年）。当时受到都德《巴黎三十年》的刺激，我便对田山说，"等你在东京生活满三十年了，也写这样的书"。好像田山在该书的序文中记下了上述我们的对话。

---

① 菊池宽（1888—1948），日本小说家、剧作家、记者。日本文学界设有"菊池宽奖"。
② 芥川龙之介（1892—1927），日本著名小说家，代表作有《罗生门》等。
③ 久米正雄（1891—1952），日本小说家、剧作家、俳人。

当时日本文坛非常崇拜屠格涅夫，这也是我们这一派文人积极努力推动的结果，不知道都德何时取代了屠格涅夫。田山在英国买到了屠格涅夫作品的法译本和英译本，彼时莫泊桑尚未出道。《东京三十年》从他做书童时开始写起，书中不乏无关紧要的内容。田山兄弟姐妹早年丧父，却十分好学。他有一个姐姐不幸早逝。听说他姐姐能言善道，我却没有机会当面目睹尊容。他的兄长成熟稳健，性格很好。

不幸的是，最近感觉田山的文学被世界所遗忘，这是一件很可悲的事情。

我对日本文学史写作的期望是，能够对作家个体的作品哪里好或者不好仔细做出评价，遗憾的是，这类文学史作品少之又少。有的只是无原则地褒奖或贬低，又或者是机械性地以年代来分别论述。有些作品喜欢以流派来划分并进行批评，但他们往往忽视的是，即便是相同流派中的不同作者，其立场、文风亦有很大差异。

皮内罗的全集

年轻时候的我，非要说特长的话，买书或可算是一个。无论去哪里，总会买几本书回来。丸善是我比较常去的书店，明治三十九年（1906年）的日记中对此有所记载。我的日记一般不记录翔实的内容，仅仅记录与人的往来以及备忘之类，但日记中却出现了丸善。

关于丸善，还有下面这段可笑的经历。有一次通过丸善预定的书寄到了我的住处，不料却是一本非常破的著作。我向对方抱怨，不料对方解释道"这书只有一本库存，既然你预定了这本书，中途破损也是没有办法的事情"，从而以拒绝的姿态回应我的诉求。

同一年的日记中还有这样一句，"志贺直哉这个人，竟然买下了皮内罗①的全部作品，究竟何方神圣"。

皮内罗是用英文写散文戏曲的著名剧作家。我曾经也有一段时期收藏了很多皮内罗的作品。他正好与易卜生等人相衔接，不拘泥于音律、信手拈来是其戏剧写作风格。当然同一时期，这类人才还有很多，只是皮内罗最出名。所以，丸善书店上架了他的很多作品。

我听说志贺君也读皮内罗的作品，稍微感到有些吃惊，所以在日记里记了一笔。对于有钱人而言，买皮内罗的全集并不是一件令人意外的事情，而像我这种人反而比较吃惊于购买其全集的行为。如今算来，当年的志贺君也就二十三四岁的样子吧！

我当时主要考虑练习英语会话，觉得皮内罗的书比较有趣，所以接二连三地买进皮内罗的全集。但是，过了接近10年之后，当时已经进入贵族院工作。某日，美国的东亚艺术学者兰登·华尔纳②来访，第二次世界大战让京都、奈良免遭轰炸的就是他。一开始他是在别人的陪同下来访，后来经常独自一人来我的办公室。有一次他来我办公室后发现书架上摆着整排的皮内罗文集，他便说道："柳田先生，我知道你为何会摆放他的书，但我觉得这样不可，并不有利于你记忆英文。"也就是说，他认为阅读皮内罗的作品达不到练习英文的目的，事实上的确如此。

---

① 皮内罗爵士（Sir Arthur Wing Pinero, 1855—1934），英国著名剧作家，近代戏剧先驱。

② 兰登·华尔纳（Langdon Warner, 1881—1955），美国考古学家、艺术史学家，主要研究东亚艺术。

当时的华尔纳还是一个风趣且爱开玩笑的年轻人，但谁都没有想到的是，几十年后他会成为日本文化的恩人。

关于兰登·华尔纳博士，还有如下一些零碎的回忆。

华尔纳年轻的时候曾经访问过西伯利亚，所以手头有大量俄罗斯卢布。我问他怎么处理这些钱，他说现在正是高价卖出的好时机。后来据说银座的夜店出现了大量的卢布，我不禁付之一笑。

战后他也来过几次日本，性格还是那么直率、风趣和温柔。介绍我们认识的是英国人斯科特，他们二位经常同行来访。斯科特的妻子也是喜欢开玩笑的人，有一次要求华尔纳模仿她本人，华尔纳二话不说拿起毛巾卷在腰间，就像苏格兰男子穿的短裙那样，唱起歌来。我本想等他今后有时间再来日本时，对其战争期间所做的努力表示感谢，不过最终也没能等来这一天。

学生生活

两位兄长的关照

我与长兄相差15岁，与次兄相差9岁。次兄虽然后来过继到井上家，但只是形式上成了别家的人而已。我下面的两个弟弟静雄和辉夫尚且年幼，不谙世事。我在年龄结构中位居中间，与上面两个兄长又有比较大的年龄差，无形之中自己也多少兼具了长兄的意识。

此外，鉴于当时我们家的实际情况，我小时候还有过下面的想法。双亲慢慢衰老，而长兄身体抱恙，我恐怕没法从家里拿到学费来做学问。对此我并不为意，只要去不收学费的地方就行。当时觉得能够去师范学校读书也已经足矣，但又觉得这样不太甘心。后来又想到无需缴纳学费的商船学校，如果能做个船长什么的，在船上也能读书，还可以游历各国。

当时我的"船长热"愿望还是十分强烈的。孰料在我不知情的情况下，长兄和次兄已经开始帮助我谋划学习的问题了。两位兄长达成共识，决定由次兄提供我求学的费用，而这些都是他们背着我协商的。我当时从没有想过要去读高等学校，因为这是以

上大学为前提的设定，但是两位兄长已经为我设计了出路，所以鼓励我参加考试。我对两位兄长充满了感激，与此同时也打消了想要成为船长的热切愿望。

我们学校除了少数学生有零花钱以外，大多数学生都过着相当朴素的生活。我从兄长那里仅仅领取最少限度的零花钱。记得最初大概是每月8日元，其中食宿费用3元30钱，即伙食费每日10钱、住宿费每月30钱，共计3元30钱。后来食宿费略有上涨，但入学当时的8日元已是相当充裕的了。如今手头存有的莱克兰世界文库书[①]、卡塞尔国民文库书[②]等，文学类书籍在当时新品价格一册10钱，旧书则3钱左右。莎士比亚的《麦克白》《威尼斯商人》在当时最多也就3钱。威尔逊等人版式典雅的著作，虽然被收进了莱克兰世界文库，但封面一点不逊色于专业出版商。被我们奉为圭臬的西洋经典名著，在旧书店的显要位置总是能够轻易找到，而且还很便宜，买书就像买点心一样，不需要背负太大的财政压力。

扣掉每月食宿费3元30钱、学费1元20钱，共计4元50钱，还剩下3元50钱可供我自由支配。这种生活着实轻松，丝毫没有后顾之忧。我原本打算放弃那些需要缴纳学费的学校，承蒙兄长的资助，我得以有更好的学习环境，而且也没有辜负他们的期望，非常刻苦地读书。由于我没有读过初中，所以在经历上少了一些世故，可以毫无顾忌、不持偏见地对同学朋友进行批判。

大学考试通过之后，次兄当时还在姬路的医院工作，便以

---

① 莱克兰世界文库（Reclams Universal-Bibliothek），德国发行的一种廉价系列文库书，旨在以更低廉的价格传播经典著作的价值。

② 卡塞尔国民文库（Cassell's National Library），相继在英国和美国诞生的廉价系列文库书。

祝贺为名邀请我到他在姬路的住处。次兄给我3元或是3元50钱作为旅费，对此我喜出望外，当时好像在姬路待了挺长一段时间。然后，我顺路回了一趟故乡，那是我13岁离开故乡后第一次回去。

寄宿生活的困难

我在就读高中之后，经历了大约两年的寄宿生活。当时学校鼓励学生们选择寄宿制度。刚入学第一年，我们的宿舍是靠近北面、冬天比较寒冷的房间，不过有几个很要好的室友，例如乾政彦[1]和菊地鞠次等人。乾具备大和十津川人的优良传统，这是我们非常敬重的一点。菊地是旧幕臣的御家人出身，后来入职外务省，曾担任驻法国大使馆的参事官。后来低一级的松本烝治[2]加入我们宿舍，其父亲是播州福本出身的庄一郎博士，前面我提到过他的事迹[3]。烝治君是我非常要好的朋友，我们彼此之间无话不说，即便是很麻烦的事情，他也愿意作为我倾诉的对象。我们宿舍里出来的三四个好朋友，后来都成为一生的至交。

我们刚读书那会儿还称"高等中学校"，后来便直接改称"高等学校"了。当时学校有针对地方县立中学的名额分配制度，大概每个中学有三到四个学生可以免试入学。而我们这些通过考试进来的学生总是嘲笑他们，"我们是竞争进来的，不能跟这些免试的同学在一起"。通过考试进来的学生中，东京府立第一中学、附属中学（东京高等师范学校附中）较多，接下来则是关东

---

① 乾政彦（1876—1951），日本法学家、律师、贵族院议员。

② 松本烝治（1877—1954），日本商法学者，因战败后制定宪法草案而知名。

③ 本书所采用的版本见后文第193页"同乡人"。

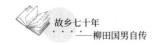

五县或者六县的学生，寄宿制的目的之一是要将各学校出身的学生们混在一起。在宿舍里，学生们在一楼学习，晚上到二楼铺着大约8个榻榻米长的通铺就寝。到了这个年龄段，大家非但不吵架，反而相处得很融洽，会谈一些即便是亲兄弟间都未必讨论的话题。

为了能够在较短的年限内完成中学高年级阶段的考试，我专门转学了好几个学校。即在第一个学校读一年级，结果不到两个月就转到别的学校从二年级开始读，然后再过三个月去第三所学校读三年级，就这样我在很短的时间内完成了中学的课程，也因此把自己搞得异常忙碌，没有时间练习体操、绘画等项目。中学毕业考的最后一门是绘画，要求为石膏柱画写生。因为没有学过绘画，所以对于有凹凸的地方该如何操作，我完全不懂。当时我已经19岁了，结果就在现场抽泣起来。老师问我："你难道没有练习过绘画吗？"我解释道："我光忙着转学，没有专心学绘画。"老师一边用铅笔熟练地利用凹凸绘画，一边说道，"那你可太惨了"，经过老师手把手的教导之后，我终于明白凹凸的画法了，后来这位老师也给我很多关照。这大概是初中毕业准备考高中时候发生的事情。关于转学，我在本乡千駄木的郁文馆待过一段时间，结果对方不给我开学籍证明，理由是"只待6个月不能开证明，只有在籍1年以上才可以"，当然前面提到只待过两三个月的学校就更不用说了。不过开成学校（前身为开成所的学校）倒是把我算在了其毕业生的行列中。

对于经历了上述初中生活的我而言，高中的寄宿生活算是一大变革。读初中的时候既没有学绘画，也不会器械体操，甚至连拉单杠这种简单的运动都不会。所以刚进入高中我便背上了"糖棒"（アメンボウ）的绰号。或许是我经常宅在家里行动不够敏捷的缘故，别人还给我起了"小姑娘"（お嬢さん）的绰号。入学大概不到半个月"获赠"的两个绰号，后来一辈子都伴随着我。

虽然身体瘦弱，但我却并没有大家想象的那般柔弱，所以我总想证明自己强大的一面。想让别人改变第一印象是很难的事情。同班同学或许会认为我是个柔弱的家伙，但是宿舍室友们在熟悉了我之后便不再持有上述看法了。

与冈田武松君的初次旅行

在茨城县布川暂住的长兄，不久后就搬到了利根川对岸千叶县的布佐。长兄返回播州的夙愿未能实现，最终将布佐作为托付终身之地。

不过，在布佐家附近，竟然有一家名为播磨屋的旧衣物店。这家店就是气象学者冈田武松[①]博士的生家。大家常说"播磨屋、播磨屋"，其实对播磨一点也不感冒，只是想要跟冈田君一起交流而已。

冈田君或投靠亲戚或投靠朋友，最终去了东京并在第一中学就读。所以我就只有在暑假时能跟他见上一两次面。后来我到东京读高中的时候跟他入读相同的学校，冈田君高我一级。我们曾约定在茨城周边进行一次旅行，这是我第一次感受到旅行的乐趣。在这次旅行途中，我们还见到了木户孝允[②]的遗孤木户忠太郎[③]君，他于昭和三十四年（1959年）春在京都去世。

---

① 冈田武松（1874—1956），日本气象学家，曾长期担任日本中央气象台台长。

② 木户孝允（1833—1877），日本政治家，"维新三杰"之一。

③ 木户忠太郎（1871—1959），日本地质学家，木户孝允的养子。

当时母亲还在世，我便向母亲申请了3日元的旅费。冈田君
的旅费大概也跟我相当。在尚没有火车的时代，我们从布佐步行
出发，渡过利根川之后爬上筑波山，并在山上住了一宿。住宿费
包括盒饭在内，一晚上不过27钱。翻过筑波山准备下山的时候，
遇到了一位同高中的校友，是宿舍里对我们关照有加的前辈，当
时担任委员长的木户忠太郎。

我从木户君那里受益匪浅。"仔细看这种植物，这就是尾花
下面生出的相思草"，"尾花的根部生长的如喇叭状的草，这边叫
作烟管草"。如此这些都来自木户君的直接教授。相思草这种植
物在《新古今集》里面经常出现，例如，和泉式部[①]的和歌中有
"田边尾花相思草，枯萎即是冬将至"[②]。

我们大概与木户君同行至水户，又或者是在前往水户的途
中，便各自分开了。我早先在学校就对这位亲切的前辈有所耳
闻，但是真正的交流则始于那次旅途中的偶遇。

我们住在水户的常盘神社附近，当时正值盛夏，住宿费22
钱，还带一份便当。当时一份便当大概3钱。第二天拜访了太田
的西山庄（西山公德川光圀[③]的别墅），并在当地住了一晚。然后
前往位于海岸附近松林中的村越，当地有著名的虚空藏菩萨，位
于今天的东海村原子能研究所附近。然后继续前往矶崎，该地位
于那珂港北部，与大洗隔港相望。在矶崎住了一晚上后，第二天
住在铫子。接下来到鉾田，乘利根川的汽船回到了布佐。如此长

---

① 和泉式部（978—?），日本平安中期歌人。

② 原文为"野辺みれば尾花がもとの思ひ草枯れゆく冬になりにける
かな"。

③ 德川光圀（1628—1701），日本水户藩第二代藩主，奖励儒学，设彰考
馆编撰《大日本史》，奠定了水户学的基础。

途跋涉，3日元的旅费竟然还有结余，我记得把剩下的钱还给了母亲。

这是解开我旅行醍醐味的初次体验，而当时遇到具有长者之风的木户君，其循循善诱、亲切指导的情景令我终生难忘。

第一高等学校最开始是五年制，后来改成四年制，最后则变成三年制。冈田君是五年制的最后一届学生，当时应该是从三级升入，而我在一年后以英预科二级升入。第二年改为三年制，所以我的预科缩短为一年。

关东的播磨人

布佐播磨屋的少爷冈田武松君，其实文科各门课程也非常棒。每次去找他的时候，总见到他与家人聊学科以及有关课程的话题。其中，既有解释德意志文学的话题，也有理科以及数学的话题。最后到了选择文科还是理科的时候，据说他是把火钳或者拐杖立起来，以其倾倒的方向来定文理科。最终以此为准选择了理科。他说，虽然一直都很喜欢德意志文学，但最后却选择以数学为核心的理科作为其职业。听闻他的经历之后，我对他的崇拜之情便更增一分了。

冈田君还有两个妹妹，他的母亲非常年轻且性格温厚。后来冈田与我长兄在布川的房东——小川家的孙女结婚。因为长兄与房东小川家关系恶化的缘故，反而我们之间见面的机会变少了。小川家的那位小叔40岁时便英年早逝，他们家族经历了多番波折。他的女儿嫁到海老原家后生了一个女儿，这个女儿后来成为冈田君的妻子。

冈田君进入晚年之后，其生活起居由侄子以及妹妹夫妇照

顾，过着相对孤寂的生活。侄子是继承家业的长兄之子，后来也跟着冈田君走上了气象学研究的道路，出任气象台布川事务所的所长，显然是承蒙叔父的多方关照。

播磨出身的人士搬到关东，并且以"播磨屋"命名的，据我所知只有冈田君一家。据说是从他的父辈开始搬到关东。我本想了解他们搬到关东的原委，但一直没机会。他母亲却是地道的东京人，操一口标准的江户官话。

此外，龙野①出身的学者股野琢②曾官至元老院议官。股野的兄弟长尾因为创设千叶医学校的关系，便扎根了千叶。还有一位播州出身同姓长尾的人士在银座经营一家书店，但不曾听闻两人之间的关系。本家的长尾与股野是亲属关系，也是龙野出身，我猜想或是时任千叶县令柴原和③的邀请才前往关东。

在银座经营书店的长尾，其养子来自下总的布川。前文所述布川小川家的小叔将女儿嫁给了播州人海老原家，其外孙女即冈田武松君的妻子。因为这个关系，在海老原的关照下，这位养子也来到了布川。

从这里可以看出，播州人特别是龙野出身的人士，如来东京则必然拜会海老原家。我长兄定居下总虽然出于偶然，但当时也是被龙野人带到了海老原家，然后在暑假帮他们家干活，承蒙海老原家关照后才得以落脚。海老原曾对长兄说："我太太的娘家，家主是一位医生，因为英年早逝在当地就空出了一个医生的职位，你要不要继承他们家的诊所？"长兄听闻后也做了很多思考，

<hr>

① 现日本兵库县龙野市一带。
② 股野琢（1838—1921），日本儒者、官僚。
③ 柴原和（1832—1905），日本幕末播磨国龙野藩出身的志士，首任千叶县令。

考虑到也没有太多回播州的资本，且老家亲属都是行医的，同他们进行竞争没有太多空间，于是抱着试试看的心理答应下来，结果定居于下总直到今天。

小川家的祖父东秀是医生，父亲东作是一位资深藏书家，40多岁英年早逝，被我称为小叔的小川虎之助并没有继承医生的家业。据说，赤松宗旦编纂《利根川图志》时所用资料大多来自小川家的藏书。

生于辻川的长兄，最后定居于下总布川这样偏僻的地方，其原委大致如上。

同乡人

从茨城县的布川搬到千叶县的布佐后，还有一些值得回忆的事情。当时千叶县令是出身于播州龙野的柴原和。他很有实力，后来担任元老院敕选议员。柴原爱乡心切，因而成为播州乡亲们的坚强后援。我的长兄赴京就读东大别科时，因为学费不足而颇费周折，当时父亲曾用汉文给柴原写了一封信，请求提供必要的支援。柴原经常资助故乡出身的苦学生，还会让其中的两三人寄宿在他家中。前面我们提到当时的弑婴现象，千叶县要比对岸的茨城县少，这与柴原县令所作的积极努力是分不开的。

松本烝治的父亲松本庄一郎[①]也是播磨出身。他的出生地位于我所出生的辻川以北，沿市川一带的粟贺福本地区。他也是医生家庭出身，少时贫寒，或许是他本人较少提及出身经历的缘

---

① 松本庄一郎（1848—1903），近代日本的铁道技术官僚，工学博士，出生于播磨国神东郡（现兵库县神崎郡神河町）。

故，世人只知道他是岐阜县士族出身，身份为大垣藩士，而其真正的出生地则是神崎郡。我们年少的时候，经常听说从故乡走出去的风云人物，而松本庄一郎则是其中一位。福本这个地方是池田藩所统治的一块飞地，由很少的一部分士族集团统治，可谓池田藩授权下的一块领地，福本这个名字取得也很吉利。此外，福本似乎还有姓藤本的军人世家。

松本庄一郎后来拿到工学博士学位，曾担任铁道院工务局局长一职。出于获取赴外留学的方便，他迁转到岐阜大垣藩。我在东大读书的时候，曾经和友人一起拜访过他在汐留车站前的铁道院住所。

记得当时闲聊了一阵之后，松本开始回忆起明治维新伊始为了赴美留学而到横滨的场景。在出发的前夜，松本与好友四五人同住旅馆二层，当时梳着发髻的大家一致决定剪掉长发，散发出航。夜雨淅淅沥沥，众人将剪掉的发髻从二楼窗户扔到了旅馆前面的水沟。这意味着大家抱着与过去相切割的觉悟就寝，并迎接新挑战。

然而第二天早上，大家起床后才发现，前一天晚上他们以为已扔到水沟的发髻竟然都被外面屋檐给挂住了。四五个发髻无一例外被雨水淋湿后挂在屋檐的前梢，这让在场的他们目瞪口呆。松本在回忆这段趣事时半开玩笑地说道，"即使我们决意与过去做个了断，但是总会有些牵绊让你无法断绝"，我对这段话记忆犹新。

赤穗出身的大鸟圭介[①]也是医生世家出身，曾求学于大阪的绪方塾，幕末时期曾为幕府所用。我初见此人是在日清战争（甲

---

① 大鸟圭介（1833—1911），日本幕末以及明治时期外交官、军事家、政治家、教育家。

午战争）以后。我敬重他倒不是因为他是五棱郭[1]的勇士，而是他在战争期间所表现出的毅然决然的态度。大鸟也担任我们同乡学友会的会长一职。

初次见到高砂出身的美浓部达吉[2]是在次兄通泰寄宿的宿舍。次兄说美浓部的弟弟也会过来，其实我主要是想结识他的弟弟。据说，他弟弟因为生病返乡待了一阵子，回到东京后就直接通过了东大本科二年级的考试得以入学。

一高游泳部的成立

在我每周做针灸治疗的诊疗所，经常能遇到一些老朋友。之前遇到了工学博士井上匡四郎[3]，我们还聊到了高中时代三浦半岛大津游泳场的话题。

浦贺有家姓石渡的旧名门望族，我们认识他们家族的兄弟。名字从大到小分别为秀吉、信太郎、雅治，长兄书还没读完便独立开展事业了，老二成为工学博士，老三雅治小时候便被过继到神奈川成为别人家的养子，改姓中村。三兄弟都是有能之人，特别是中村雅治能力出众，在台湾工作期间与内田良平等右翼有交情。这位中村跟箱根环翠楼的铃木英雄[4]是亲属关系，仰仗着同

---

① 日本幕府末期，不愿意投降的幕府官军在当时虾夷地的箱馆（今北海道函馆）建设的抵御倒幕军的要塞。

② 美浓部达吉（1873—1948），日本著名宪法学及行政法学家，主张"天皇机关说"，是日本大正时代代表性的知识分子。

③ 井上匡四郎（1876—1959），日本工学家、政治家。

④ 铃木英雄（1877—1962），日本官僚、众议院议员，1944—1945年任小田原市长。

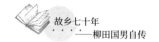

为环翠楼出身的小田原市长铃木十郎①的关系，他目前定居在小田原。

同在一高的好友还有入江一雄，作州②人士，建筑业清水组的分家清水连藏将其过继为养子。入江与其同乡——植物学者川村清一③、鸟类学者川村多实二④两兄弟非常要好。作州津山是传统游泳"神传流"的发祥地，而川村家则是神传流的家元⑤。所以入江与井上匡四郎有意在第一高等学校成立游泳部，他们将川村兄弟拉入伙之后，又得到清水组的支持，就正式启动了游泳部的建设问题。

接下来的问题是游泳部的选址。我们通过同年级的中村雅治费了九牛二虎之力说服其本家石渡家，在距离他们家很近的浦贺和大津之间建立了夏季游泳营，游泳营承蒙石渡家的多方关照。每年夏天，都会有50、70个年轻人来来往往，因为我们常去的缘故，所以对石渡兄弟也越来越熟悉了。不知为何，我们习惯了称呼信太郎为"大酱"（o-chan，オーチャン），这个称呼持续了很长时间。旧一高的寮歌⑥中有这样一句"群英集聚大津浦"（大津の浦にもののふの），所说的地点就是这里。

石渡家的家风淳朴，待人宽厚，所以大家都不觉得局促，中村雅治离开石渡家过继到位于神奈川的养家之后，我们大伙也常常组团拜访。当中还有几个小我们五六岁的家伙，经过石渡兄

---

① 铃木十郎（1896—1975），日本政治家，1949—1969年任小田原市长。

② 作州指美作国，日本旧国名，位于今冈山县东北部。

③ 川村清一（1881—1946），日本菌类分类学家。

④ 川村多实二（1883—1964），日本动物学家，淡水生物学创始人。

⑤ 家元，指日本继承某项手艺、技能的家族。

⑥ 寮歌是寄宿学生为了纪念学生宿舍自治而创作的各种歌曲，在纪念祭上发表。这一风俗起源于柳田就读的一高。

弟的介绍后跟我们同去玩耍。田岛房太郎即为我们这群人中的小弟，是一个温文尔雅的小伙子。毕业后，听闻他前往大阪的住友就职，当时我还挽留过他。他在住友混出名堂后，我倒不知道晚年生活如何。听说田岛君的妹妹嫁给了芦屋出身的诗人富田碎花君，这倒是让我吃惊不小。

我妻子的姐姐，矢田部良吉①的夫人，在矢田部先生去世后，在养育子女的同时，还特别关照我们这些年轻书生。将里昂挂在嘴边的法国文学者泷泽敬一②君、上野直昭③君等都是其中的一员。矢田部先生的家里足够宽敞，大家们也都乐在其中。

播州归省

因为日常跟播州人的交流非常多，所以给人感觉我是个经常返乡的人。但是翻开过去的日记记录才知道，自己回乡的次数并不太多。我13岁那年离开故乡，到19岁考上一高后回了一次播州，那也是我离开后第一次回故乡。

前面也已经说过，正好在京都的弟弟静雄一起回来，所以我们兄弟三人有过一段共同生活的短暂经历。

静雄和我都长大了不少，我们两人还一起前往但马。当时播但线尚未开通，只好选择步行。回到东京后倒是跟父母汇报了故乡的事情，或许因为他们离开故乡还不太久的原因，对我的见闻并不是特别感兴趣。

---

① 矢田部良吉（1851—1899），日本植物学家、诗人。
② 泷泽敬一（1884—1965），日本随笔家。
③ 上野直昭（1882—1973），日本美学家，日本学士院会员，东京艺术大学名誉教授。

我第二次回去则是在考上大学之后。不过返回东京以后，即便想要诉说故乡的变化，也已经没有了倾听者，因为那时我的父母都已经去世。当时是明治三十一年（1898年）的夏天，我先到了三河的伊良湖岬，田山花袋等好几位朋友从东京过来找我。岛崎藤村没来，但是我将在伊良湖捡到的椰子果实送给了他，这成为藤村的长诗《椰子的果实》的写作材料。离开伊良湖后，我与田山等人一同前往伊势，在伊势分别后，我独自一人前往播州。

当时次兄井上通泰已经从姬路转任冈山，所以我先去了冈山，回程经过播州时，在当地待了几日，然后回到东京。

说是故乡，但举目无亲，当时承蒙旧交三木家的多方关照，故乡已经发生了很大变化。少时的玩伴，以及他们的父辈、祖父辈等近邻、亲属等，不知不觉间疏远了很多。记得第一次返乡的时候，还有不少人亲切地打招呼。但是，第二次回乡就感觉形同陌路，彼此之间便没有更多的寒暄了。如果没有三木家的关照，我那次返乡可能就要投奔给次兄井上家看门的老婆婆了。这次返乡发生在大学一年级或者二年级的夏天，也是我离开故乡后的第二次返乡。

当时我已经开始写作文章，并且在东京小有名气。例如，当时写作的《伊势之海》（后改称为《游海岛记》），被收录在《二十八人集》中，当时探望生病的国木田独步时还将这本书赠送给他。故乡的人们或许多少知道这些情况，反而表现得较为疏远。

在那之后过了很久，明治四十二年（1909年）我徒步从北路到谷中时去过一次播州。当然在此不到10年的时间里，我可能也曾回过播州，但是具体几次以及何时回去的，如今已经无迹可寻了。

少爷班的出现

经历了高中寄宿制生活的磨砺之后，我于明治三十年（1897年）考进东京帝国大学。

进入大学以后，来自全国各地的学生们聚在一起，跟我有交情的同学中有来自佐贺县的，也有来自鹿儿岛县的，跟他们的交流让我受益匪浅。我的大学生活并不规律，而且比较短暂，即便如此也有很多难忘的瞬间，交到了很多知心朋友。特别是鹿儿岛出身的同学，我跟他们中一些人的交情一直保持到现在。因为这个缘故，我到全国各地乡间游历的愿望就更加强烈了。

当时的东京确实堪称乡下人的容身之所。因为前来东京负笈求学的，大多是出身卑微的穷人。所以这些人常常白天干活，晚上到当时流行的夜校学习，此外，拜托同乡前辈授业解惑的比较多。记得我在高中预科二年级四班时，有一位稍微年长且忧郁的男学生，他总是坐在前排，跟后面同学基本没有交流，自顾埋头苦读。后来才知道，他一边做人力车夫，一边学习。考虑到时间宝贵，他仅仅在吉原附近工作，没想到收入还不错。因为有兼职工作，他只好早上去学校上课。如果没有赞助者，过去的苦学生想要自食其力，的确是件十分困难的事情。

但是，当时大学还有它另外的一面，即非常有特色的"少爷班"（坊っちゃんクラス）。我跟着次兄初次乘坐从横滨到东京的火车，见到那些从女仆手中接过饼干的男孩子，我跟这些贵族气质的男孩子们并无接触，而且他们数量本来就很少。后来这些"公子哥"越来越多。其中，非常优秀且很早就出人头地的当属松本烝治。

松本的母亲非常反感寄宿制度，据说还发起过抵制运动，不过最终也没有什么效果。一开始，他们家在本乡的新花町有一套房子，他跟两个妹妹住在一起，此外还有两三个仆人。后来学校要求必须入住学生宿舍，所以在大学的最后一年他就住进了学生宿舍。在此期间他学了不少恶习，包括饮酒。我们担心他父亲会不会因此发怒，不料他父亲却表示"既然能喝也没办法，但不要贪杯酗酒"如此云云。后来他得名"踏板党"，因为他从外边喝完酒，总是酩酊大醉地回来，叫了人力车结果还没坐到座位上，就在踏板上睡着了。松本人品很棒，交友广泛，因为他的关系，感觉我们这些室友的地位都提高了不少。

后来，全国各地陆续建成大学，而高等学校在此前已经完成了一轮扩张。从那之后，东京也开始发生变化，已经不再是以前那些乡下人的容身之所了。我想这也是少爷班兴起的原因之一吧！

丙画展览会

高中时每年3月1日有学校的纪念祭，每个宿舍正门前都要挂一个看板用来展示。我们宿舍的成员大多不擅长绘画，我就呼吁大家展示自己拙劣的画作，即将自己绘画考试中得"丙"的作品展示出来，名曰"丙画展览会"。其他宿舍的同学也有意在我们这里展示他们的作品，最后我们的展览成了劣质绘画大杂烩。有人根据野鸡的标本作画，结果画成了肥鸭子。另一位比较有才的学生以罗马拼音"キジョムルキナ"（kijomurukina）为展览书写主题，题目顿时有了拉丁文的风格。

这是明治二十七年（1894年）3月的事情，那一年我20岁，

《未成年人禁烟法》刚好出台。其实在此之前我一直抽烟，既然有了法律规定，就只好等到明治二十八年（1895年）我21岁的时候重新抽烟。记得刚到21岁那一天，我狠狠地抽了一整天的烟，好不容易戒掉的烟瘾便一发不可收拾了。

高中时代的同学中如今仍然健在的已经不多了。其中有一位同学，我们在三四年前还有交情，他是曾经在台湾长期任职的大里武八郎。大里君年长我两三岁，如今居住在秋田的花轮。年轻时候是个美男子，在我们那个时代像他这般英俊挺拔的男同学不多。当时高中有雅乐会，大里君是其中一员。大概是在日清战争（甲午战争）的时候，雅乐会的同好们为我创作的和歌伴舞，所以对他们印象很深。我当初并非为了歌唱而写，只是模仿军歌调而作，其他的和歌因为汉语过多不适合吟唱，最后就采用了我创作的和歌。

印象中是一曲七五调的和歌，和歌中提到了黄海，除此之外还创作了一首名为《大八州》的和歌。高中时期的《寮歌集》应该部分收录了我的和歌。

教我们雅乐的老师出身于信州北部，是一位非常有意思的先生。他体格健壮，目光如炬，挑选了一批优秀的学生组成雅乐的伴舞团，其中以高年级的学生居多。这位怎么看都跟雅乐没有关系的老师，为何会选择教授雅乐呢？据大里君所言，这位老师最早在法国学习西洋音乐，乐感非常好。回国后在传教士办的学校教授音乐的过程中，逐渐痴迷于日本的雅乐，所以才起意复兴雅乐。据说他完全没有跟宫内省的相关人士提及复兴雅乐一事。[1]

除了大里君之外，还有一位美术学校出身的桃泽君也被选入

---

① 雅乐后期发展成为宫廷音乐，为日本皇室所推崇。

了雅乐会。大概共有4人，这两位尤其擅长舞蹈。桃泽君是景树的弟子——信州上田一带人士桃泽梦宅①的孙子。

给《文学界》的投稿

我在很早的时候就接触柔道了。次兄跟随的是比嘉纳治五郎②还早一个时代的名为井上的先生，因为次兄的关系，我也顺便学习了柔道。其所在的流派是天神真扬流，嘉纳亦曾向他取经。从学校出来，沿着水池走到天神下路口的小巷子就是道场了。道场里都是大学生，学习柔道是我来到东京之后最新颖的体验之一。早早吃完晚饭后，穿过广小路时有很多夜摊，周边环境肯定比现在要杂乱，但我却觉得往返于美景之中，不亦乐乎。

我对自己柔道水准的要求不高，只要能够做到摔倒时不撞到头，就算是成功。即便同期伙伴的水平突飞猛进，我也泰然自若。当时跟我一块练习柔道的伙伴中，如今还有一个人常来我家做客。他名叫宫本，长我1岁，经营一家火灾保险门店。

因为有了在道场练习柔道的经验，所以我进入高中之后也经常在寒冷的冬天练习柔道。在大冷天练习柔道的，除了乾政彦之外，大都是高年级且体格比较强壮的学生。这段时间经常见到的还有老朋友井上匡四郎，当时他的姓还是冈松，高我一级，非常热衷于柔道。冬日训练的时候，如果对方身体比较瘦，出击之后自己也会感觉手疼。所以我总是会等待冈松的到来，选择他作为我练习的对手。因为他比较肥胖，即使撞在一起也不会感到疼

① 桃泽梦宅（1738—1810），日本江户中期歌人。
② 嘉纳治五郎（1860—1938），日本柔道家、教育家，讲道馆柔道创始人，被称为"柔道之父"。

痛。明治二十六年（1893年）一起冬训的对手中，如今还健在的还有斯波孝四郎[1]君，不过除了道场上的练习之外，此后便没有再见过他。他成熟稳重，我对他满怀敬意。我后来见过他的兄长忠三郎君，得知孝四郎在长崎从事造船行业，所以一直都没有机会见他。

以上就是我高中生活的状态，日复一日重复着规律性的生活。不过我在此期间认识了《文学界》的同仁诸君。20岁时我在《文学界》首次发表诗篇。《文学界》的复兴大概是在明治二十七年、二十八年（1894年、1895年）期间。星野男三郎（夕影）为此做了相当多的工作，上田敏君也是最卖力的一位。

播州出身的中川恭次郎算是我的堂亲，他是一位医学生，住在高中校门口前的小巷子里。他为了成为开业医生而勤奋学习。中川君在严本善治[2]（但马出石町出身）的住处结识了星野兄弟。受星野兄弟委托，其住处成为《文学界》的发行处。因为这个关系，我也经常出入他的住处。恭次郎在《文学界》的笔名为中川尚纲。前面已经介绍过，我的祖父是从中川家过继到松冈家，当时祖父的姐夫英年早逝，所以中川家就把其中的一位弟子收为养子，而这个养子就是恭次郎的父亲。

星野慎之辅君和男三郎君两兄弟是《文学界》的创始人，他们的姐姐阿优在严本的明治女学校读书。因为这层关系，严本便跟星野兄弟商讨，将中川所租住的房子作为《文学界》的发行处。作为中川的堂亲，我经常有机会出入其住处，阅读寄赠的杂志资料，帮忙写一些批评性或者介绍性的文章，同时还将自己写

---

① 斯波孝四郎（1875—1971），日本实业家，曾任三菱重工业会长。
② 严本善治（1863—1942），日本教育家、评论家和实业家，曾担任明治女学校的负责人。

的新体诗投稿给《文学界》。《文学界》的同仁中跟我关系最要好的是户川秋骨①君，其他还有平田秃木君，以及从乡下归来的岛崎藤村君，他重新就读东京音乐学校预科，总是穿着镶嵌金色纽扣的制服，我们两个在《文学界》算是重温故交、加深友情。

明治女学校和播州人

中川恭次郎是个非常奇怪的人，他什么都懂，但唯独通过不了开业医生的资格证考试。所以，为医生代笔也成为他工作的一部分。医生中那些没有时间或者没有文采的人，如果想要出版著作，便会拜托中川执笔，他本人多少懂得一些德语，便以德语书为参考撰写相关著作，这在当时确实是不可思议的举措。本乡大道的医学书店中经常能看到有医生向中川打招呼，足见其在业内的影响力。中川除了做这份工作之外，还跟《文学界》有着频繁的接触，所以对很多情况都十分了解。

但马出石出身的基督徒严本善治，在巢鸭的庚申塚建立了明治女学校，他本人后来成为该校的校长。严本君与神崎郡的粟贺或福本有着较深的渊源。在明治女学校成立过程中，给严本君提供支持的是牧师木村熊二②夫妇。木村是旧幕臣、留美归国留学生，但马出石藩的樱井熊一③（樱井勉的旧名）是他的兄长，其夫人镫子据说是田口卯吉④的姐姐。或许是因为这层关系，木村牧

---

① 户川秋骨（1871—1939），日本评论家、教育家、翻译家、随笔家、英语文学研究者。

② 木村熊二（1845—1927），日本牧师、教育家。

③ 樱井勉（1843—1931），日本天气预报的创始者。

④ 田口卯吉（1855—1905），日本经济学家、历史学家、实业家、政治家、记者。

师才乐意帮助严本君的吧！ ①木村牧师建立了芝白金教会，在信州设立了小诸义塾，他还把岛崎藤村、三宅克己②、丸山晚霞③等人招聘为明治女学校的教员。据说藤村在明治学院时代曾做过木村家的书生。

明治女学校的宿舍建得非常好，播州出身的学生也很多。英年早逝的嫂嫂（井上次兄的第一位妻子）井上雅就是其中一位。后来成为严本夫人的若松贱子是比嫂嫂晚一年毕业的后辈。女学校出版的《女学杂志》，红色的封面格外亮眼。该杂志堪称《文学界》的姊妹杂志，当时的销量相当不错。

校舍位于庚申塚的一处高地，建筑格外壮观，不过后来随着外部资本的逐渐涉入，严本君在学校的地位也开始变得危险起来，在此之前，播州出身的教员占比也不少，所以说是跟我们渊源非常深的一所学校。或许我的嫂嫂也是因为这个关系千里跋涉、上京求学的吧！中川恭次郎也一直出入严本家，在结识了星野君兄弟以及其他同仁后，他本人便允诺将《文学界》的发行处放在他家里。

柳井子的弟弟

次兄井上通泰在大学毕业后，编制虽然留在医局，但是也被允许在自家开业行医。

---

① 明治女学校最初由木村熊二倡议所建，严本善治、田口卯吉、岛田三郎、植村正久是发起人，后来严本担任该校第二任校长，并在明治女学校的发展过程中发挥了重要作用。
② 三宅克己（1874—1954），日本西洋画家。
③ 丸山晚霞（1867—1942），日本水彩画家。

在下总长兄的住处度过了两年半无忧无虑的生活之后，我到了东京，借宿于次兄位于下谷御徒町的家中，在此期间我转了好几所中学。

当时的下谷还是非常传统的地方，次兄租借的是地位较低的旗本①家的住处，房东是一位名为葛城的陆军少佐。次兄借了他们家外面的房子，房东则居住在里面的房子。御徒町一丁目的大路旁边有个名为"柳井户"的井口，这是御徒町一丁目和二丁目的界线，井上医院与井口隔着一户人家。这口井的水质很好，次兄因此之故便以"柳井子"为笔名给《日本新闻》②投稿。我也偶尔以"柳井子之弟"为名向杂志投稿，时期大概与向《栅草纸》投稿时相同。

房东葛城先生有个身材高挑的女儿，热心的次兄便作为媒人将她介绍给同班同学宫入庆之助③。宫入曾经在京都担任教授，他家房子很大，因此还曾经收留过弟弟静雄。当时我在东京为高中入学做准备的时候，弟弟已经是独当一面的小伙子了，他独自一人在京都学习，后来进入海军兵学校。我读高中时他还是少尉候补生，等我进入大学时他已经成为一名少尉，并在军队有立足之地了。

我最小的弟弟辉夫与静雄完全相反，是个整天黏着母亲的娇惯孩子。在下谷练塀町的小学读书时，他和一帮合得来的朋友整日玩耍。市河三喜④跟辉夫出身于同一所小学，不过比辉夫低两到三个年级。

---

① 武士身份的一种，资格较低，但是有机会拜谒将军。

② 指陆羯南于1898年创刊的报纸《日本》，不是1925年小川平吉复刊的《日本新闻》。

③ 宫入庆之助（1865—1946），日本寄生虫学家、公共卫生学家。

④ 市河三喜（1886—1970），日本英语文学研究者、随笔家、日本学士院会员。

在御徒町时，因为各种因缘际会，我认识了很多了不起的风云人物。如今我还清晰地记得，当时德富苏峰①是文化界的中心人物。据田村三治②所言，"文坛"这个说法最早是田村他们一伙人开始使用起来的。当时能称得上"文坛人士"的非常少，不过如能够被苏峰看得上眼，可以说算是踏入了"登龙门"的门槛。这些人士大概有三四十人的规模，不过其中最耀眼的显然不是小说家。

井上次兄也在其中，他们当中在《日本新闻》工作的人士居多。次兄对于其中的成员也有自己的好恶，落合直文、小中村（池边）义象③是他的好友，据说是这些人中的执牛耳者。次兄每次从聚会上回来之后，总是带着微醺的酒气跟我交流，可以听到不少有关聚会时的有趣话题。因此之故，我也萌生了文学创作的野心。

芦花④先生当时还没有写作《不如归》，年轻气盛的他主要以翻译西方小说为主。因为一个偶然的机会，我结识了年轻时的芦花。当时芦花的母亲在次兄的医院看眼病，芦花来取药的时候，我正好帮次兄给病人叫号，因此之故就认识了芦花。

次兄租借的葛城宅邸的正面左边是一个隔道，沿着隔道进去又是一间出租的房屋，随笔家迟塚丽水借住于此。与他同住的还有母亲和两个弟弟。据说因为家族间有交情，幸田成友⑤以及他的妹妹也常常往来于迟塚家。迟塚担任《报知新闻》记者，因为这个关系，村上浪六等人也常来拜访。

---

① 德富苏峰（1863—1957），日本思想家、历史学家、评论家、记者。
② 田村三治（1873—1939），日本记者，与国木田独步交好。
③ 池边义象（1861—1923），日本学者、诗人。
④ 德富芦花（1868—1927），日本小说家，本名健次郎，德富苏峰的弟弟。
⑤ 幸田成友（1873—1954），日本历史学家。

我已经没有心情在官场上重新来过，至于将来，随缘就好。

官场生活

就　职

　　我在高中时期交了很多好朋友，学习生活也一帆风顺。但最不幸的是，高中毕业准备读大学的那个夏天，父母相继去世。父母两人时运不济，一辈子清贫寂寥。那时目睹许多衣冠楚楚的贵人乘坐华丽的马车驰骋于东京街头，我就想着日后有出息了，也要让父母享受这样的待遇。不料高中毕业的那个夏天母亲去世，紧接着父亲也随母亲驾鹤西归。更加悲剧的是，我当时感染了伤寒，因此不得不退宿，整个人的心情都变得很糟糕。

　　大学好不容易考上了法科专业，却一点干劲都没有。甚至一度产生学习林学、毕业后进入深山老林的浪漫打算。林学在当时是非常难的实用科学，对数学的要求很高，而我的数学基础本来就不好，最后只好选择了农学。既然双亲都已经去世，我本人即便将来在乡下生活也没有任何关系，当时正是抱着这样的觉悟选择了农学。刚好一位名为松崎藏之助①的老师，从欧洲留学回

① 松崎藏之助（1866—1919），日本经济学家。

来，在东京帝国大学讲授农政学课程。那时新渡户（稻造）博士
还没有来东大任教，本着研究农村问题这一初衷，明治三十三年
（1900年）7月大学毕业后，我进入农商务省的农政局，在该部
门一直工作到明治三十五年（1902年）2月。工作内容主要跟产
业组合以及农会法相关。

我们读大学那会儿，农商务省内一个高等官员都没有，局长
手下都是技术人员，没有事务官。当时政府出台了与产业组合以
及农会法相关的一系列农业法律，在冈野敬次郎[①]的推荐下，该
省录用了四五名法律专业毕业生。农商务省根据我们在学期间的
成绩定工资，松本烝治在大学期间是优等生，每月工资50日元，
我45日元，其他人40日元。

大概在那个时候，我开始有了入赘柳田家的想法。失去双
亲后的我特别消沉迷茫，这时把我推荐给柳田家的是歌人松波游
山[②]老先生。

老先生是明治初期十四歌人之一，在《十四家集》中收录
有他的作品。加纳诸平一派的海上胤平对该歌集不满，曾出版
《十四家集评论》对其恶评，但是，铃木弘恭针锋相对地出版
《十四家集评论辩》来反驳海上胤平。[③]如前所述，在次兄的拜
托以及松波先生的介绍下，我得以拜在松浦先生的门下。松浦先
生的门人田山花袋到我的住处访问过一次之后，便邀请我加入歌
会。此外，我也积极参加太田玉茗、宫崎湖处子、樱井俊行、土

---

① 冈野敬次郎（1865—1925），日本官僚、政治家，曾任东京帝国大学法
学部教授、法制局局长、司法大臣、农商务省大臣、文部大臣、中央大
学校长等职。

② 即前文所说的松本资之。

③ 相关人物情况前述"同乡人"一节有过介绍，这里不再赘述。

212

持纲安（冲永良部岛出身）等人所组织的红叶会。

　　我当时每天从市谷加贺町的养父家前往木挽町的办公地上班，在尚没有电车的时代，出了市谷见付便是一排等生意的人力车，我坐人力车前往办公地。工资中有一半都用来支付车费了，还有一半作为零花钱使用，如今想来当初的生活真是优哉游哉。

　　我于明治三十三年（1900年）进入农政科，明治三十五年（1902年）调到了法制局。实际上我在农商务省工作的时间不足两年，但在这两年间有机会走访很多乡村进行调研。当时官民之争日盛，国会解散司空见惯，而农政局则是名副其实的清水衙门，基本上没有太大的发挥空间。所以地方上总会有人打招呼，问我们有没有意愿去地方做个调研，报销相关差旅费用。当时甚至有些官员借此机会去外国调研，而我则主要是以在国内各地走访为主。后来跟我一起进入法制局的上山满之进[1]，担任山林局局长，所以每当有山林相关的问题他总是让我去出差了解情况。他人虽然固执，但是心地善良，总是默默无闻、不声不响地帮助我。只要是有山林的地方总能够有机会去调研，这是一段十分难得的经历。

信州的柳田家

　　明治三十四年（1901年），我入赘柳田家成为养子，但我实际结婚是在明治三十七年（1904年）。柳田家是信州饭田的藩士出身，因为公务的关系曾陪同养父（岳父）[2]前往故乡饭田。当时

---

① 　上山满之进（1869—1938），日本官僚、政治家。

② 　柳田国男在过继到柳田家做养子之后，娶了柳田家的女儿，所以原文中有养父、岳父混用的情况，后文中出现的养母、岳母也是如此。

操"风传流"枪法的达人是养父的兄长，我们称其为"饭田的伯父"，我拜访了他家以及其他亲属。

明治三十四年（1901年）9月或10月初，我穿着草鞋遍访了除木曾一郡之外的信州一市十五郡。当到达北信的大町时，冰柱已结二尺有余，异常寒冷。我向当地的产业组合了解了一些情况，但更主要的还是与农会交流，诸如县农会、町村农会等的生存状态等，我对其一一进行询问。同行的县厅官员鞍前马后、寸步不离，在我的后面旁听。想必他们也厌倦了千篇一律的问答，但是没有办法只好忍着。

由于太过寒冷，我便放弃了对木曾郡的调研。不料木曾郡长大怒，抱怨着"难道木曾不属于信州吗"云云。后来我专门去木曾做了一次调研，主要是为弥补上次未能成行的遗憾。

同年，当地产业组合请我到群马县讲演。当时有上州三社的说法，即当地养蚕农户自发结成的制丝会社。名曰甘乐社、下仁田社、碓冰社，三家都是非常不错的企业。因为这方面的关系，我常常踏足群马县的西南部。每到一处做一次咨询访问，就这样与这些企业保持了密切的交流。不知道这些企业如今是否已经破产还是怎样，总之这些都是50年前的事情了。

明治三十五年（1902年）去了哪里呢？东边好像是去了岩手县，至于西边已经没有印象了。

明治三十七年到三十八年（1904—1905年）日俄战争时，我在横须贺担任捕获审检所的检察官，所以长期居住在横须贺，中间也曾赴长崎等九州地区出差。我于明治三十七年（1904年）结婚，在此前后日子过得相对舒适。不过也去奈良做了一次调研，至于有没有去播州，倒不是很有印象。

明治三十九年（1906年）前往北海道，我顺道去了当时日本新占领的桦太（库页岛，俄称萨哈林岛）①，那也是我唯一一次访问当地。上半年妻子罹患伤寒，情况一度十分危急，所幸病情最终好转起来，所以北海道当地有人邀请我前往调研，我就欣然接受了。现在读起当时的日志仍然觉得十分有趣。

捕获审检所的经历

我们大学毕业那会儿，比较流行去私立大学兼课教书。其实也是一道难关。明治三十四年到三十五年（1901—1902年），我在早稻田大学授课。从明治三十五年开始到日俄战争爆发前，我在专修大学授课，科目均为农业政策。过后隔了很长一段时间，曾被邀请到庆应义塾大学讲授民俗学。

我在早稻田教过的学生有大山郁夫②、永井柳太郎③等人。大山君成绩总是名列前茅，他出生于播州赤穗郡（现相生市），读书的时候就是一个理性冷静的人。永井君很爱学习，时不时地会到讲台前问我问题。至于人文学科方面，最早的学生要数吉江孤雁君④了吧！课酬当时一次两日元。

日俄战争爆发后，考虑到随时都有可能被征召入伍，我便从事了与战争相关的工作——在捕获审检所任职。长官名为长谷川，我也兼任秘书官的角色，工作地在横须贺。

在审检所工作期间，有时候会忙得不可开交。美国的汽船

---

① 日俄战争后，日本与俄国签署《朴次茅斯和约》，以北纬五十度为界，南部的萨哈林岛地区划归日本。

② 大山郁夫（1880—1955），日本政治家、政治学者。

③ 永井柳太郎（1881—1944），日本政治家。

④ 吉江乔松（1880—1940），号孤雁，日本法语文学研究者、诗人、作家、评论家，早稻田大学教授。

鲁莽地通过津轻海峡后在桦太（库页岛）南部被抓获，装满几百打香槟的船只、满载高级香烟的德国船只等，在我任职期间都曾见过。印象中有一艘名为"帕洛斯"的船只，将装载物的目录对照字典来查，仍然不明白到底是些什么东西。后来找法文字典查了之后，好像是牵牛花的意思。但是不可能装这么多牵牛花在船上啊！还有人开玩笑说"不会是小便器吧"①。实际上后来才知道，船上装的是一种类似于芹菜的蔬菜。这类稀奇古怪的经历非常之多。

最初从亚洲方向进入日本的船只最多，所以通常会在佐世保（位于长崎县）进行通关审查。我很羡慕他们在佐世保的工作，战争期间还曾专门跑到长崎一睹盛况。在佐世保滞留期间，我特意登上一艘捕获的船只，船长的房间虽然脏乱，但他爱看小说，所以房间里有很多小说。这艘船是英国的，我还带了三四本英文小说回东京。后来把这些小说展示给英国大使馆武官、爱尔兰出身的萨默维尔少佐之后，他指着其中的一本说，作者是他的姐姐，人称萨默维尔女士，当时算是小有名气的女性小说家。

后来这位少佐说要展示姐姐的照片，就顺便把他宅邸里的照片通通给我看了一遍。他们家为捕猎狐狸而养了20多只猎犬，照片中他姐姐就在这群猎犬的中央。与萨默维尔结识虽出于偶然，但后来我们也因此维持了非常友好的关系。

当时跟萨默维尔一同赴日的卡尔斯洛普武官也常常一起来我家交流。后来他还把母亲和妹妹接过来，定居于麹町的平河町。卡尔斯洛普是个非常朴实善良的人，第一次世界大战时他已经升任少佐，在北方最困难的战线的要塞地带担任指挥工作。为通知

---

① 日文称牵牛花为"朝颜"（アサガオ、asagao），小便器因为与牵牛花比较相似，所以也俗称"朝颜"。

本方阵营的险情，他乘坐的汽车遭到敌军的轰炸，他本人的尸体被炸得无影无踪，可谓最壮烈的牺牲。我从英国方面听闻他牺牲的消息，震惊之余不禁为他感到悲伤，其命悲怆，为之怅然！

九州之旅·北国之旅

明治四十一年（1908年），我去了九州和四国。其中，5月下旬开始了为期3个月的长期旅行，这是我在日本本土持续时间最长的一次旅行。

我从福冈前往久留米，沿着矢部川逆流而上进入肥后。从阿苏经熊本、天草、鹿儿岛到宫崎，当然还到了最近评价不错的椎叶山。来自东京的人士进入椎叶村，据说我是第一位，总之无论去到哪里都受到当地民众的欢迎。旅行后出版的《后狩词记》如今已经成为珍本。这本书可谓民俗学草创期的出发点，当时旅费十分有限，所以这本书是自费出版，好像只印刷了50册而已。

接下来的明治四十二年（1909年），我去了木曾。木曾刚刚通火车，但只能到达盐尻，从盐尻要乘建筑用小火车到鸟居峠。翻过鸟居峠、出薮原之后，我便改乘人力车前往福岛。在福岛乘马车前往上松，然后进入山区。沿着王泷川逆流而上，在浊川的温泉住一宿后离开三浦，在这里我遇到了一位非常棒的向导，他带着我越过三国峠，进入飞驒竹原村一个名为御厩野的部落。出了下吕之后，在益田川附近的吉村屋住了一晚。第二天到落合伐木所参观之后，在当地名为"出会所"的地方借宿一晚。

之后便向高山方向前进，两三日后进入白川村。沿着庄川北行，翻越五箇山之后离开越中。

沿着金泽、七尾、和仓、富山、滑川等地到达黑部后，我甚

至徒步走到了比当前水电设施工地①更靠近深处的地方。

一番辗转之后看了一眼能登半岛，回程则沿着加贺海岸地带步行，过越前后进入若狭湾，这是一段相当长的徒步旅行。接着从丹后出发进入但马的丰冈，经停出石之后在生野下车。拜访了祖父真继陶庵在生野的墓地之后，我便访问了故里播州。这段旅行从5月末一直持续到7月初，关于这一段长旅行的点滴，都被我写进了《北国纪行》一书中。

明治四十一年（1908年）的九州旅行也有很多见闻，但我最感兴趣的是有关茶的话题。小时候在辻川经常能够看到山里的人挑着山茶到村里叫卖，这一情景如今仍然记忆犹新。

关于茶的来历有很多说法，有说是僧人荣西从中国带来，也有说是五山的某个和尚引进而来等，在前往九州旅行之前，我一直对上述说法确信不疑。

但是进入九州的山里之后，才发现遍地皆可采茶。筑后八女郡的黑木有茶叶的试验所，这里的茶并非栽培的，而是从山里采集野生茶在此进行精制。

因此之故，关于茶的历史我有了新发现，获得了新知识。

关于茶的话题

黑木的茶叶试验所处理的茶全是山上野生的茶叶，事实上在九州如今仍然有很多地方饮用这种野生茶。

大概在明治末期，黑木当地就有了制造红茶并将其出口至国外的大胆设想。

---

① 指当时正在修建的黑部大坝。

黑木这个地方在深山林道旁边，进入小镇的两侧是并排的两行石榴林，街道非常传统。当地民众采摘的山茶叶就是在这里精制。

对于九州，尤其是南部海岸地带的民众而言，离开了茶叶，干活都没有劲头，所以当地消耗了大量的番茶。[①]九州山地系烧荒开垦，据说最早生产的作物就是山茶。不过冲绳和奄美大岛一带没有茶叶，全部靠从内地进口。

在黑木听了有关山茶的话题之后，我留意到过去所谓背振山种茶、高山寺僧人明惠向栂之尾移植茶叶等说法，其实只是将饮茶的方法输入到这些长有野生茶叶的地方。山茶生长的区域十分广泛，如今著名的产茶区，其实都是生长有山茶的地域。

天然生的茶经晒干之后倒入热水会变成红色，基本上泡一次之后，茶叶即变成茶粕。最重要的是泡出来的茶没有苦味。如果是采摘嫩芽精制，可以制作出玉露绿茶，不过制作工艺尤其讲究。所以，日本的茶并非舶来品，只是从明惠和尚开始导入了制作好茶的方法。

有说法称王朝时代就有饮茶之习，又或者镰仓时代佛寺寺规中有饮茶之仪，关于这些说法的来源我尚不清楚。

日本的产茶区域到群马县算是最北方了。越后一带山地较少，仅在岩船地区有比较低劣的番茶。从日本的中央到西部则非常之多。

拜托僧人将茶从中国带来的解释站不住脚。喝茶这个习惯，更久远的古代我们不得而知，至少在很长的一段时期，只是一种非常单纯的饮用方式，如今在很多农村地区也只是将其作为一种

---

① 番茶是日本常见的一类绿茶，主要茶芽以下叶子较大的部分，属于茶叶等级较次的品种。

饮品来饮用。

在我的故乡播州，过去只要不是招待客人，我们日常喝的煎茶也不是专门去买的。茶农将一种名为"tate"（タテ）的茶，放在一叠榻榻米大小的布袋里沿街贩卖，以斗盒（枡）称重计量，购买之后便放进一个大罐子中。日常使用的量则放在火盆旁的抽屉里，事先烘焙好，每日按需取用。泡茶时将茶叶放进茶包中，茶包系在茶壶的耳朵上，当水烧得滚烫之后，就将耳朵边的茶包放进去。茶出色之后，用茶匙将泡好的茶舀出来饮用。如果开水不足，那么茶包就继续放在茶壶里，然后继续加水烧热就可以了。因此，茶包总是会染上茶渍茶垢。

农村多数家庭都有取茶水的习惯，所以才制作出茶匙这样的工具。

如今去哪里都能喝到煎茶，但其实煎茶茶碗的历史并不太悠久。日语中有"急须"（kibisho），这一说法的来源不得而知。在"急"或者"求"的后面加上"须"，当发音变成"kyūsu"时，可以发现其来自汉语，传入日本的历史也并不太久。①

关于茶所，无论是东京附近的狭山也好，还是骏河的奥山等地也好，往往选择十分相似的地形而建。这些都是天然基础，其中最好的非宇治莫属，当然要求不高的话，我所居住的成城一带，每次散步时也能遇到。狭山有宫中御用的茶园，宇治距离京都很近且附近就有黄檗寺，可以说具备制作好茶的天然条件。

一般认为茶的历史皆由中国传入，这种说法未必准确，至少并非全部来自中国。在日向的椎叶村可以看到漫山遍野的山茶，

---

① "急须"为日本冲茶用的茶壶，最早由中国发明，在日本早期称为"急尾烧"（kibisho），后来或受中国吴越地区发音的影响而改称"急须"（kyūsu）。

蔓延到防止泥石流的区域后，第二年则会生出麻栎等植物。

因为山地到处皆可生长茶树，所以也没有必要专门开辟茶园。不过像宇治这些地方规范栽培茶树，则能够长出味道特别纯正优良的茶树来。这跟奶牛比普通的牛所产的牛奶质量更好是一个道理。

小时候从播州来到关东，对关东人的饮茶方法很是吃惊。特别是茶点，他们什么都吃。新鲜榨菜自然很有人气，但在秋田一带则有将柿蒂入盐作为茶点的做法。有些地方流传着将盐放入茶水中饮用的习俗，还有些地方则将粥放进茶水中一并喝掉，这和出云等地的"bote"（ボテ）茶差不多，主要用来充饥。

内阁文库

因为在内阁做了4年记录科科长的缘故，我获得了接触其他方面文献的机会。科长这一职位非常不错，跟内阁文库本身没有任何关联，但我的前任江木翼氏认为我是最合适的人选，所以管理内阁文库的工作就落到了我的头上。

内阁文库包含过去林道春①时代流传下来的"千代田文库"，以及明治初年根据出版法而保存的新刊著作，所以管理起来并非易事。

林道春的旧藏本中有不少盖着"渭云远树书屋"的印章以及他本人笺注的珍本。中国的著作中有明代初期文化繁盛时代流传而来的诗文集。当时甚至有不少中国人远渡重洋来日本查阅资料。

---

① 林罗山（1583—1657），日本江户初期朱子学派儒学者，道春是其出家后的号。

日本的著作中，自明治以来，伊势曾经的神官家以及京都神社世家的藏书大都收藏在此。如果愿意花上一辈子去查阅，我想里面肯定有很多有趣的著作值得阅读。

在整理内阁文库的过程中，发生了很多有趣的故事。当时皇居的一部分，原来靠近近卫师团北部的乾门二层，有一间屋子因为堆满了书籍而打不开门。这间屋子被称为"不净仓"，都是有污点的书，诸如遭受刑罚的人，其所藏的书被没收后往往放到这里。

我与京都出身、同样喜欢阅读的新村出[①]君一起查阅此类书籍的过程中，竟然发现了大阪的大盐平八郎[②]家里的书。里面还有一本署名为格之助[③]的儿童习字书。这些图书如今都收藏于内阁文库中。

内阁文库除了书籍之外，还保存有明治初年以来的政府文件，这些政府文件所在的房间里面净是蝙蝠，感觉很差，不是人能去的地方。内阁成立前的太政官时代，铺张浪费的现象严重，字体大、数量多某种程度上也是一种显摆，所以浪费掉的纸张也比较多。

令我感到震惊的是，当时我想查阅冲绳的资料，咨询友人后才知道，大藏省的仓库里有很多从地方收集来的书籍，其中不乏记录奄美大岛的大量资料。当然，这些大多是进入明治时代之后手抄并收集起来的资料，当时并没有纳入内阁文库。过去的人们并不怎么利用这些资料，或者说句不好听的，他们不知道该怎

① 新村出（1876—1967），日本语言学家、文献学家。
② 大盐平八郎（1793—1837），日本江户后期儒学者，1837年领导大阪民众起义。
③ 格之助是大盐平八郎的养子。

么利用这些资料，便只雇佣大量的人手抄罢了。

管理内阁文库算是我为书而劳苦的最后一份工作。如果在文库工作的时间能够再长一些，说不定会考虑更多令我感兴趣的事情。不过毕竟是半兼职状态，最终便早早告别了内阁文库。

置身于庞大的文献记录中，我的感触是，书籍这个东西我们穷尽一生也不可能读完。

仅就农政而言，就涉及田制、土地制度等，且因藩而异，它并非始于江户时代，追溯起来总有更古老的制度有待挖掘考证。那么通过书籍来学习这些制度或惯例的差异，恐怕花一辈子都不够用。但这些又是我们如今从事学问之必须。在我看来，比起沉迷于文献，抓住要点之后进行实地考察似乎更有效果。这是我埋首书籍后的心得体会。

从台湾到广东

从台湾到中国大陆的大旅行是在大正六年（1917年）。台湾总督佐久间（左马太）[①]和民政长官内田嘉吉[②]因为"生蕃事件"[③]而辞职后，安东贞美[④]接任总督一职。安东是我养家柳田家的叔父——桑木严翼[⑤]的岳父。下村宏[⑥]君被选为民政长官。我跟内田君都喜欢读书，关系很不错，跟下村君也是朋友，所以有不少人

① 佐久间左马太（1844—1915），日本陆军军官，1906—1915年任台湾总督。
② 内田嘉吉（1866—1933），日本官僚、政治家，1910—1915年任台湾总督府民政长官。
③ 主要是指日本殖民当局针对台湾当地的原住民部落采取的一些强硬措施。
④ 安东贞美（1853—1932），日本陆军军官，1915—1918年任台湾总督。
⑤ 桑木严翼（1874—1946），日本哲学家。
⑥ 下村宏（1875—1957），日本官僚、政治家、歌人，曾任拓殖大学校长。

认为是我向叔父推荐了下村君。或许是听闻了这些传言，下村君本着款待的目的邀请我去台湾。但事实上，早在内田君在台湾任职的时候就已经做好邀请我访问的准备了。被邀请后自然心情舒畅，也没跟贵族院议长好好汇报便擅自接受了对方的邀请，这就是我失败的原因所在，以至于后来纠纷不断。

不过台湾之行确实舒服。我围着台湾岛转了一圈，到达高雄南边后再回到台北，然后下村等人给我举行了盛大的欢迎会。记得我在欢迎会上的致辞非常糟糕。致辞中我本想以序文开始，不料序文成了太平乐似的长篇演讲，在进入正式的致辞后，我又吟诵了6首和歌，感觉过于旁若无人了。

第一首和歌直接来自我在台南或台中所看到的景象，我当时到了一个名为西螺街的地方，因为生蕃叛乱导致该地大量居民被害，受到强烈冲击之后的我作了下面这首和歌："君王乃神高在上，不闻草民叹息声。"① 当时在场的宾客十分愕然，其实这就是我作这首和歌的目的。不恐多言，我本人一直在东京，我很清楚大正天皇本人肯定不知道在台湾发生的暴乱。所以才创作了上面的和歌，当时的我年轻气盛，唱起和歌来器宇轩昂。

在台湾时，下村君的秘书石井光次郎② 君给我很多关照。正好当时担任日本驻广东③ 领事的太田喜平夫妇（安东总督是太田氏的岳父）来台湾，于是我们三人搭伙去了厦门，然后一同乘船到了汕头，在汕头滞留期间，往返于潮州游玩，后经香港到达广东的日本领事馆，开始了我对广东一带的考察。

---

① 原文为"大君は神にしませば民草のかかる嘆きも知ろしめすらし"。

② 石井光次郎（1889—1981），日本政治家，曾任副首相、通产大臣、法务大臣、众议院议长等。

③ 这里应该指广州，广东系广州旧称。

时值第一次世界大战，蒸汽船只异常稀缺。由于在广东待的时间比较久，我便利用河船沿珠江逆流而上，到了一个名为三水（今佛山三水区）的地方，继续上行甚至到过距离广西很近的地方。所幸有懂得当地语言的三井（物产）人士与我同行，才得以了解很多情况。当时从湖南方向开来的火车只能够到达韶关（韶州），我就利用河船到了上述地区。

那次的河船旅行给我留下了深刻的印象，后来我之所以会调查"家船"（ebune，えぶね）[1]等以水上为生的人们的样态，其动机也来源于那次的河船旅行。

我们乘坐的船在当地被称为"疍家船"[2]。招呼客人的是一位年约六旬、热情爽朗的老婆婆，她年轻的儿子掌船。虽然语言不同，但老婆婆还是跟我讲了很多话。他们就是所谓的"海洋吉卜赛人"（海上漂泊者），福州一带是他们的根据地。

孩子长大成人，家里就给他们造船。孩子结婚之后，就要独自一人撑着新船开拓自己的事业。这位老婆婆有三个儿子，上面的两个儿子已经独立，自己则带着老幺乘旧船工作。如此一来，小儿子继承家业成为必须，即便从这一点而言，疍家的生活也足以吸引我的注意。广东附近甚至有疍家在船上开设的饭店，光顾饭店生意的客人熙熙攘攘。

中国大陆旅行

终于在坐上了有卧室的英国汽船后，我从广东到了上海。彼

---

① 近代日本以船为生、长期漂泊的渔民的统称。
② 原文为"蜑民"。

时河合良成①君正好到上海考察。在日语水平很高的戴天仇②的介绍下，我有幸拜会了孙文并跟他有所交流，不过具体内容已经记不清了。戴天仇颇受大谷光瑞的照顾，在早稻田留学时就常来我家交流。

后来我乘着日清汽船沿长江而上到达汉口。在船上遇到了一位30岁左右的美国传教士，有关日本的一切事情他都刨根问底地向我询问，我本着练习英语的初衷，对他有问必答，不过到最后也实在觉得厌烦了。我的养母大概于15年前在网岛（佳吉）牧师的知名教堂受洗而成为基督徒，但是每逢盂兰盆节还是照样祭祀以迎接仙灵，我用不熟练的英文讲到这一段时，对方脸色马上就变了。后来我回到东京后，收到了这位牧师热情洋溢的信件，还说要麻烦我把一本书转交给养母，显然是一本与传教相关的著作。这位牧师以他如此有限的知识对待日本，多少有些井底之蛙的感觉。

到了汉口之后，就开始对江西省的大冶铁山③进行往返调研。在铁山附近略显荒凉的地方独自行走时，一位10岁左右的孩子在背后大声叫我，然后给了我一颗蓝色的石头。我当然不知道是什么石头，既然对方好意相送，我本想拿出一点钱给他，他却拒绝接受，然后就径自离开了。我把带回来的石头让弟弟映丘鉴定，据他说是品相十分不错的青绿石（铜绿石）。那位默默送石头且不收一分钱的孩子给我留下了深刻的印象。

当时京汉铁路刚开通后不久，所以给我留下的印象更加深

---

① 河合良成（1886—1970），日本官僚、政治家、实业家，曾任厚生大臣、小松制作所会长、经团联常务理事。

② 即戴季陶。

③ 当时的大冶行政上隶属江西省。

刻。沿线车站的小商贩大多就在铁轨栅栏外面，他们向在站台上散步走动的乘客吆喝着，没有腿的乞丐跟这些商贩们一样，四处盯着有钱的主顾，乡下的官绅坐着轿子，后面跟着三四个仆人，这些景象就是京汉铁路车站附近的真实写照。

当时的北京公使是林权助[①]。其他人除铃木虎雄[②]君以外还有两三个友人在北京留学，还有一些是我在早稻田教书时的中国留学生，当时有不少已经身居高位了。在北京时还去了美国办的清华大学，见了不同领域的人士。顾维钧时任清华大学教授，其流利的英文令我非常折服。在公使馆的建议下，我旁听了议会讨论现场，巧合的是，那一次旁听的是那一届议会的最后一场。

我从日本方面的报纸了解到，当时的政情已经十分微妙。我外出访问的这段时间，如果发生内阁更迭等事件，不在岗位上的我可能会遭受更严厉的批评。坐立不安的我在奉天（今沈阳）住了一晚并往返一次大连后，经朝鲜回到东京。

家人们竟然到横滨来迎接我，长子当时也就4岁左右吧，见到我之后就一直盯着我的头看，然后说"秃头"，这让我大吃一惊。6月暑天，大陆空气干燥，我也没时间整理头发，或许是因为没有焗油的缘故，感觉头秃了不少。后来我去瑞士的时候，在日内瓦酒店经营的理发店里，理发师傅对日本非常了解，却告诉我还很少遇到像我这样秃头如此严重的人，不过他补充道，"不对，今天还有一个像您这样的人士光临"，来了之后才知道，对方说的是上野精一[③]。理发师傅告诉我，诸如在中国或者欧洲等空

---

① 林权助（1860—1939），日本外交家，1916—1919年任日本驻华公使，后改任关东长官。
② 铃木虎雄（1878—1963），日本汉学家，弟子中有著名学者吉川幸次郎等。
③ 上野精一（1882—1970），日本朝日新闻社第二代社长。

气干燥的地方，如果不给头发抹点油就会脱发，以至于秃头。

成为朝日新闻记者

担任贵族院书记官长期间，在没有充分获得领导谅解的情况下，我就开始了长期的大陆旅行，这对我的人望产生了很坏的影响。回来后感觉官场生活越来越待不下去。不仅如此，第二年还做了另外一件非常不受领导待见的事情。

在中国大陆接触了疍家民众的生活之后，我开始对这个问题越来越感兴趣，在查阅了相关著作的基础上，便产生了将其与日本的海女进行比较的想法，毕竟生活方式比较接近，所以希望在这方面了解更多。

后来我找了个去长崎县出差的机会，走访了该县的平户地区。调查完平户北部一个很大的海女村后，我还顺便考察了大分县内被称为"sha-a"（シャア）的向海而生的人们以及家船等。在我外出调研期间，发生了内阁更迭、众议院宿舍楼失火等大事件。我个人在官场上的评价进一步恶化。在丰后①名为日出的地方滞留期间，和时任下关铁道管理局局长的大道良太氏电话联系后才知道，东京情况紧张，他告诉我"全部都被烧掉了，连你本人的宿舍也包括在内"。对此我十分震惊，实际上后来才知道他是在撒谎，当时被烧掉的只是众议院的宿舍楼。当时大家都是四十出头的年纪，大道看我听得认真，就跟我开了这么一个玩笑。

在我急火火地回到东京之前，我已经有所耳闻贵族院内对我

---

① 旧国名，大致为今天日本的大分县。

的批判，即便没有批判我也自觉没法继续在官场混下去了，不过我一直熬到大正八年（1919年）才正式辞职，这一段时期于我而言异常痛苦。进入大正八年的下半年之后，连亲朋好友都开始劝我早日辞职为好了。不过经历长年的官场生活，想着做一些善后事宜，所以我一直坚持到那一年的年底。彼时的我已经没有心情在官场上重新来过，至于将来，随缘就好，最好是能够从事自由旅行相关的职业。如此想来，似乎只有新闻这个职业适合我了。

第二年春天，朝日新闻社的安藤正纯[1]氏找到我，问我是否有意加盟朝日新闻社。

于是，我在7月以客座的名义加入朝日新闻社。我提出的条件是，最初的3年间允许我国内国外自由旅行，做一个自由人。非常庆幸的是，村山老社长[2]欣然应允。

在这3年间，我前半段时间把精力放在日本国内，后半段时间计划到西洋、印尼、澳洲以及太平洋岛国一带巡游。然后3年旅行结束，我正式成为朝日新闻社的一员。

国内旅行

刚从官场辞职就直接加入朝日新闻社，让人看来计划性太强，所以我给自己空出了6个月的时间，在7月正式成为朝日新闻社的客座记者。

大正九年（1920年），我开始了东北之旅。关于这次旅行的印象，我以《雪国之春》为题，在《朝日新闻》的晚报"豆手

---

① 安藤正纯（1876—1955），日本记者、政治家。

② 村山龙平（1850—1933），日本朝日新闻社社主、社长、政治家。

帖"栏目上连载，文章意外获得读者好评，于是考虑开始第二段旅程。

接下来的旅行我选择了三河地区，即从静冈到爱知一带，相关的游记我以《秋风帖》为题继续给《朝日新闻》撰稿。

我从三河回到东京，准备马上开始下一次旅行时，不料二女儿因病住院，平时不怎么抱怨的养父对我说："这个时候还是暂时不要旅行了吧！"我只好暂停旅行，三河旅行开始的时候大概是大正九年（1920 年）10 月，回京后在家里待了 1 个来月，紧接着12 月又开始了九州旅行。

8 月末的东北旅行，在前往尻屋岬[①]的路上遇到了在当地矿山工作的一对年轻夫妇。闲聊之余，我对他们说："我今年内要到日本最西边的佐多岬[②]，新年的时候我从那边给你们邮寄信件。"

后来我开始了日本国内各地的旅行，到达佐多岬时已经是大正九年的 12 月 31 日。第二天就是元旦，所以信件的落款日期为元旦，当然也有可能是电报，具体形式我记不清了。总之就是寄给位于日本最北端岬角的年轻夫妇，同时还寄送了伴手礼——泡盛酒。灯台守护人特别高兴，印象中他是这样赞扬我的："来看灯台的人确实不少，但是一开始就计划好从最北到最南的灯台都看上一遍的，还真不多见。"

与这次旅行相关的话题，在《海南小记》中有详细的介绍，两个岬角因为我的文章而被更多人知晓，我本人也因为游记博得了好名声，旅行途中甚至有个女人帮我背着提包和鞋子等行头翻越山林。她说自己的东西很轻，两手空空也是浪费，所以就用槟

---

① 在日本青森县北部、本州岛北端的一处岬，北边为津轻海峡，东边为太平洋。

② 在日本鹿儿岛县南部，九州岛最南端。

椰叶捆成一束，放上我的提包和鞋子。我在岬角顶端名为"大泊小憩"（谁都可以休息）的地方稍作休息后准备继续下一段旅程，这时槟榔叶子开始发出只有在南国才能听到的声音，我记录下的这一段受到读者的广泛好评，据说当地承诺要在岬角建一座纪念碑，如今也不知下文如何了。

前往冲绳

从大隅半岛横穿萨摩湾回到指宿后，正好有一艘客船准备出发前往奄美大岛，日期大概是在1月3日，我便乘坐客船登上了奄美大岛，在岛上只待了一两天就出发前往琉球。大概是1月的7日或8日，到达琉球后，我第一时间拜访了伊波普猷[①]君。伊波君把他了解的情况统统告知我了。他也有过在奄美群岛调研的经历，所以给我讲了不少有关奄美的见闻。奄美在300年前从琉球割让给萨摩，伊波君本来据此认为那里已经没有任何与冲绳有关的事物了。实际上并不尽然，当知道冲绳语言的一些最古老的形式在当地还有留存之后，伊波君的想法开始改变，当他正准备开始再一次研究奄美的时候，我本人经过奄美到了冲绳。

伊波君作为冲绳县立图书馆的馆长，在文献的收集和整理上劳苦功高。

但是，不知道那些文献在刚过去的战争（二战）中是否仍完整地保存。战争期间的图书馆长们可不像伊波君那样对文献保护有着强烈的执念，而且战争结束后，占领军以冲绳当地家庭不够卫生为由烧掉了很多东西，岛上的民众也有对重要文献不以为然

---

① 伊波普猷（1876—1947），日本冲绳那霸出身的民俗学家、语言学家，被誉为冲绳学之父。

者，所以可能在此期间遗失了很多文献，很是遗憾。

我访问冲绳的时候，岛上有很多赋闲的老先生，我便拜托他们帮我手抄贵重的文献，并把这些文献带回了东京，其中有很多如今已经成为琉球研究文献中的孤本。

伊波君在东大读书时，据说与来自大阪的上野精一是同窗。上野君跟伊波君的关系不错。当我建议朝日新闻社出一些有关琉球的文章时，村山老先生建议我与上野君沟通交流。

我跟伊波君讨论了《思草纸》（おもろさうし），他答应承担校订工作。过了一段时间后，在大正十三年（1924年）1月9日的日记中记载了有关校订的事情。当时刚从欧洲回国的我拜会上田万年[①]，我请求道：“无论如何我都希望这本书能够出版，能否帮我想想办法？”善解人意的上田听闻原委后迅速活动起来，后来具体由币原坦[②]负责推进出版一事。承蒙各位的好意，大约一年后书籍得以出版，只印刷了300本，但出版费却是由学士院负担。我想这也构成了伊波君愿意重返东京的动机之一吧！毕竟《思草纸》只有一部原本可以参照，如今看来原本质量差、解说不全面、校订不充分等，人们以各种理由批评书，但在当时确实没有更好的办法（将书籍保存下来）。

除了伊波君之外，另一个给我带来重要影响的冲绳人是佐喜真兴英[③]君。我去冲绳的时候，他所在中学的老师说过，在其教过的学生中最有前途的非佐喜真君莫属。后来我拜访穗积陈重[④]时，穗积说道，“冲绳也有个认真的年轻人，读了很多书”，他说

---

① 上田万年（1867—1937），日本语言学家。

② 币原坦（1870—1953），日本东洋史学家。

③ 佐喜真兴英（1893—1925），日本民俗学者。

④ 穗积陈重（1855—1926），日本法学家，日本最早的法学博士之一。

的就是佐喜真君。因为我在冲绳的时候就听到过他的大名，所以就拜托穗积引荐给我。佐喜真从一高进入东大法科，毕业后在各地转任法官，出版了很多著作。我主编的"炉边丛书"中有七八本冲绳诸君的著作，其中有两本出自佐喜真君之手。

日内瓦任职

在从冲绳返回内地的途中，我接到政府的电报，建议我赴日内瓦国际联盟任职。我因为厌恶官场而辞职，最初以为电报发错对象了。但到了熊本之后，当地官员对我说："有电报请您赴日内瓦任职，祝贺！"我回应道："帮我拒绝了吧，我已经决定不为政府做事情了。"到了长崎后，担任知事的是通晓事理的渡边胜太郎，他对我说："还有这么愚蠢的逻辑吗？你是跟内阁吵翻了，而不是跟这个国家，你可以不给政府做事情，但要给这个国家做事情。"我就这么轻松地被他给说服了。"既然您这样说，我还是要先跟大阪朝日新闻的社长以及我的养父协商一下，如果他们二人同意，我就接受这一任命。"渡边君竟然当着我的面就给这两位打了电报。

大阪方面回电认为这是个很不错的机会，而我的养父也同意赴日内瓦任职。就这样，我在旅行途中的长崎，便决定了接下来的去路，或者说是我接下来"不得不去"的去路。

至今我还记得当时在谏早车站上看到的场景，一个很小的孩子在站台上摇摇晃晃地走路，当时我就在想，这个孩子不用去欧洲，真好！我这边还在因为去欧洲而烦恼，而小孩子却无忧无虑地走路，羡慕之情油然而生，每当想到这一滑稽可笑的心境便不禁感怀。

朝日新闻方面同意继续保留我客座的身份。我出发的时间是大正十年（1921年）5月，取道美国前往西欧。和田英作君与我同行，我们预定了春洋丸的船室。和田君跟我是旧识，早在明治三十年（1897年）前后，我跟国木田独步、宫崎湖处子等6人出版新体诗集《抒情诗》时，插画就是由和田君绘制。同一艘船上还有信州饭田出身的樋口秀雄（龙峡）[①]以及其他一干代议士人等。

和田的妹妹在芝加哥，所以我们在芝加哥中途下车，接着到了美国南方之后再向美东前进。关于这次美国之行，我只记得在华盛顿有过参观的安排，其他都没有印象了。在纽约，我见到了高中时代的好友，在住友任职的今村幸男君，在这期间承蒙他多方关照。离开美国后，我们乘坐法国的轮船直通法国，并没有取道英国。

到达瑞士时已经是7月末或者8月初了。我工作的内容与国联本部的委任统治相关。农政学的前辈，自乡土会以来就有深交的新渡户博士担任日本驻国联秘书长，让我感到特别安心。日内瓦在驻的还有从内务省外派至国际劳动局的吉阪俊藏君。如今担任宫内厅侍从长的三谷隆信君当时正值新婚，我仍清晰地记得他们夫妻二人在瑞士滑雪的情形。

在国联的工作相对轻松，从春季到秋季的大型总会以及日常业务比较繁忙，但是忙完之后到第二年开春之前都是寒假，相关人员通常都会利用这个机会回国探亲。我当时第一年也是在这个时候返回东京，第二年春天再回到瑞士。

我在伦敦听闻大正十二年（1923年）9月1日关东大地震的消息。当时就想马上回国，但是一直买不到船票。直到10月末或

---

① 樋口龙峡（1875—1929），日本评论家、社会学家、政治家，别名秀雄。

11月初，我才买到一艘小船的船票，并赶在年底前回到横滨。看到当地惨遭破坏的样子后，顿觉时不我待，于是决定利用休假的间隙快速行动、潜心学问。这样，我在大正十三年（1924年）春在国内做了两场公开讲演。

日内瓦的回忆

我在国联的正式身份是委任统治委员会的委员，并非日本政府的官员，而是由日本方面委派的国联工作人员。英法等国很讨厌，一直在国联扩大自己的势力范围，小国则跟日本一样普遍担心如何维持本国在国联的存在感。来自荷兰的代表曾担任该国驻爪哇的行政长官，是一个非常了不起的人物。挪威的代表则是一位大学老师。各国在国联的代表，有担任大学老师的女士，也有政治家出身的人物，总之给我留下了很好的印象。从5月到9月就在不停地开会，会期结束后一直到年底就可以尽情放松了，而且国联还负担本人往返母国的旅费。我任职第一年回国时乘坐的"吉野丸"是一战后德国赔付给日本的一艘客船。第二年我没有回国，而是在德国、荷兰、法国、意大利等欧洲各国周游。在意大利，老友关口泰[①]君和矢代幸雄[②]君给我做向导，我们一直到达意大利的南方，沿途做了非常细致的观察。当时还遇到了从埃及过来的木下杢太郎[③]君一行，记得我们谈到《即兴诗人》[④]，还兼怀

---

① 关口泰（1889—1956），日本记者，曾供职于东京朝日新闻社。

② 矢代幸雄（1890—1975），日本美术史学家、美术评论家。

③ 木下杢太郎（1885—1945），日本诗人、剧作家、翻译家、美术史研究者、基督教史研究者。

④ 《即兴诗人》（The Improvisatore）是安徒生的长篇小说，由森鸥外最早译成日文。

了鸥外。

日内瓦的宾馆过于喧嚣，我就在靠近法国领馆的一处名为博塞茹尔的地方租了一间房子。宫岛干之助[1]君到访过那里，记得我们讨论了有关冲绳的话题。在日本家喻户晓的张伯伦[2]博士也住在附近，他身患眼疾，不轻易见人，所以我没有机会一睹他的尊容。不过听说旧书店能够淘到他旧时的藏书，我后来买到一本他的著作《日本口语文典》，书里面有很多笔记。我当时也去日内瓦的大学旁听人类学的课程，大学里的老师们常常借给我图书字典类书籍，无论去哪里总能够得到温馨的关照。

只是语言不通是令我感到困惑的地方。有时候哪怕自言自语也好，总想要肆无忌惮地说一会儿日语。当时我还在犹豫要不要参加世界语推进运动，该项运动由我的同道中人发起。当时国联同声传译室有个名叫普利瓦的著名世界语专家，在他的建议下，我向新渡户提议是否有必要讨论在联盟以世界语作为通用语的决议案，不料遭到他的反对。持反对意见的不仅有英法，其他国家的代表也反对这个建议，据说世界语运动遭到年轻学生的反对，最终这项建议无果而终、不了了之。

每次思考语言的问题时，总会想起我在日内瓦时期的这段记忆。对于我们日本人而言，即便有机会，也总是倾向于避免说外语。在国联，我曾经向他们呈现了作为语言上不平等者的实例，但是却没有人认真去思考语言带来的障碍。我想，如果在语言上能够实现更好的沟通，很多困难的问题都会迎刃而解。

---

① 宫岛干之助（1872—1944），日本寄生虫学家。

② 张伯伦（Basil Hall Chamberlain，1850—1935），英国的著名日本研究者。

意大利·子安贝

罗马给我带来了很多新奇的体验。我单手拿着木下杢太郎君送给我的《即兴诗人》，边走边看周遭的景致，感觉这本小说就是为我这种状态的人而写的。在圣玛利亚大教堂，遇到了一位从九州的五岛前来研修的年轻学生。我跟这位连东京都不知道就跑到罗马来研修的学生交流了很多。我如今对五岛很感兴趣，跟早年在罗马遇到的年轻学生不无关系。

从罗马城的北门出来后是一家小博物馆，馆长是一位胸怀大志的人士，在展品的陈列上下了很大功夫。沿着宽阔舒展的墙壁，怀抱着耶稣的圣母玛利亚像按照年代顺序依次排开。当中自然也有罗马建城之前的母与子的塑像。看到这些塑像之后，我第一次知道当地对圣母玛利亚的信仰早于基督教形成之前。关于这一点我想到的是，从中国传到日本的所谓"玛利亚观音"，以及日本固有的"子安观音"，或许跟怀抱耶稣的圣母玛利亚像有些关联。

"子安"这个表述，是我当前仍然感兴趣的研究题目。在日本很早就有"子安神"的名称，作为神灵的名称在三代实录里有"美浓国儿安神"，即式外古神。子安这个词后面常跟形容词，以今天的语法规则来看比较奇怪，但在过去确实有这样的规则，只不过后来逐渐遭到遗弃。现在冲绳仍然还有这种说法。也就是说，提到子安这个词总能让人联想到关爱小孩子的那种心情。关于这一点，无论是基督教还是佛教并无本质上的差异，玛利亚也好、观音也罢，塑造的都是理想的母亲形象。

由此我联想到的是日本的子安贝，即所谓的"宝贝"。在参

观德累斯顿的博物馆时，我发现来自非洲的土著人木质雕像的眼睛中竟然有子安贝。在古代的埃及有这样的宝贝，所以不仅非洲大陆的南部，非洲北部的土著人能用上子安贝的也是少之又少吧！地中海不产这种宝贝，那么极有可能是从远处运进来的，具体运进来的路径是什么呢？

中国大陆自古以来就以此宝贝为贵，过去曾将其作为货币或者饰品来用。但是这种贝的产地比较特别，大陆周边的海域无法获取，能获取到这种贝的最近就是冲绳了。如今在冲绳，这种贝被用来作为拉网捕鱼时的"镇子"（shizu，しず），过去被用来做货币的其实是更小一点的贝。这些宝贝栖息在海底深处的珊瑚礁上，冲绳岛上的人告诉我，要在夜里带着照明器具潜水才能获取这些贝。虽然捕获起来麻烦，但是肉质却很鲜美。

查阅相关资料可以发现，冲绳曾经向中国进贡了几万乃至几十万的宝贝。明代的贡物目录中记载，有琉球进贡的海贝（宝贝）550万个。比较这些贝的产地和视贝为贵的地区，或可为理解民族移动、文化传播提供重要线索。

在德累斯顿博物馆发现的子安贝就这样与我今天的研究联系在了一起。

因为父母亲突然去世，才选择了一条无论是学问，还是其他都更加自由的道路。

关于柳田家

双亲猝然离世

在进入大学前一年，我父母陆续去世。

从兄弟中川恭次郎建议我接母亲到东京来住，他愿意提供住处，这样我和母亲之间彼此也有个照应。我向中川君表达谢意后，不久便把母亲接到东京来了。大概在中川君的宅邸住了刚两周，母亲便中风倒下了。父亲和长兄从布佐乡下赶过来，但也没有很好的解决办法。毕竟是在异地倒下，怎么才能妥善地把母亲运回布佐养病着实愁坏了我们一家人。当时我也频频进出于中川家照看母亲。

最后我们决定租一艘高濑舟，将其停靠在滨町河岸，我们把母亲放在担架上抬到岸边，然后用船经利根川辗转到布佐，这一趟归程花了两天时间。大概之后半个月或20天，母亲便去世了。时间是明治二十九年（1896年）7月8日，享年57岁。家人因为母亲的病情都被折腾得够呛，其中最劳累、最辛苦、最受打击的非父亲莫属。

父亲自从播州故乡来到关东之后，如果没有母亲的照顾，他便完全无法生活。即便是去上野的图书馆读书，母亲也总要给他

准备好10钱的盘缠，就像是家长打点孩子一样。父亲或许知道天保钱值8文，但是作为波纹钱的文久钱是2文还是3文，他完全不知晓，所以父亲可谓名副其实地生活在旧时代的人。一直以来都是母亲照顾他，如今母亲突然去世，父亲瞬间也衰老了很多，他开始不再外出，往往是一整天在家中呆坐着。

我当时也身心疲惫，在友人的建议下，我在铫子海岸度过了接近3周的时间。某日忽然收到家中来信，"如果身体恢复得还可以，请速归来，父亲近来身体欠佳"，我便急匆匆地赶回家中。父亲在母亲去世后，身体衰弱得厉害，没过多久便跟随母亲驾鹤西去。父亲去世的日期是9月5日，距离母亲去世尚不足两个月，享年65岁。父亲的身体一直很不错，我想正是因为母亲的去世，才让父亲快速衰老以致溘然长逝的吧！

父母双亲的突然去世，打乱了我人生中的很多计划。例如前面说的，想有出息之后让父母坐上东京的马车风光一回。或者说长兄如有不测，我要重操家族旧业，成为一名医生来照顾父母和侄子侄女等。随着时间的流逝，这些想法渐行渐远。

父母在世期间，我只回过一次辻川，从辻川回来后，我便赶快向父母报告故乡的变化。第二次回辻川，父母已经不在人世。打那之后，即便是回故乡，我也不会马上向在布佐的长兄汇报情况了。

年轻人往往会因为突如其来的遭遇而影响心情、改变志向。我也是因为父母亲突然去世，才选择了一条无论是学问，还是其他都更加自由的道路，如今想来，其中多少也有些无可奈何。

父亲的死以及自制的祷告文

父亲在中年时期成为神官，但他本人总认为既存神道像是差了点什么。祖母热衷于地藏信仰，母亲当时对神道一知半解，只有父亲自己展示出对神道的虔诚，祖母去世后便草草收拾家中的佛坛，相关器皿家什统统被扔进了市川。我出生的时候，丧葬已经开始抛弃佛教而倾向于神葬祭。印象中小时候神龛中祭奠神灵的器具是纯白的。

无论是祭奠先祖还是死去的儿子，父亲都是凭感觉自制祷告文。葬礼采取神式，因此称为神葬祭，但这又称不上是神道的方式。总之，日本神道的一大弱点在于，葬礼的时候无法根据实际情况做祷告词。即便是位居核心神社的神官也很难做到，名门的葬礼如邀请平田盛胤①等人前去祷告，亦是以优雅的声调悲伤地念出冗长的祷告文，关于这一点，我认为有必要重新思考祷告文的形式。

葬礼上尚且可以通融，若是在其他场合则不可避免地引起困扰。不知道对方的身份便以千篇一律的祷告词搪塞敷衍势必不会让人满意。祭祀的种类和目的繁多，祷告词的数量却十分有限。这种极端的例子就发生在我们家，母亲在明治二十九年（1896年）7月去世，而同年9月父亲紧随着母亲之后去世。

当时我们在布佐的神官是一位金毗罗行者，早先好像是一位船夫。这是一位只会使用大祓②祷告词的神官，而且祷告词上还附平假名。大祓其实只是为正式的祭祀做准备，有清场、静心之意，如果在送终的时候使用这种祷告词，对于遗属而言，良心上是说不过去的。在父亲的葬礼上，当时我自身并不在意，也没有过度伤悲，待到周年祭过后，越发感到再次为父亲镇魂的重要

---

① 平田盛胤（1863—1945），日本神职人员、国学者。
② 大祓一般指日本神道教中祛除灾祸、污秽的仪式，一年有夏（6月30日）冬（12月31日）两次。

性，毕竟大祓祭所使用的祷告词难以让我满意。本想在当地找一位古文能力突出的人士写悼词，但在千叶的乡下很难找到合适的人选。而且当地的传统是，神官自家的葬礼一般采用佛教的仪式。最后不得已，我便自己为父亲做了一篇祷告词。过程虽然艰辛，但想必父亲会为我的举动而感到欣慰吧！遗憾的是，这类祷告词没有保存下来，印象中我在不同的祭祀仪式上写过3篇祷告词。

其实这也是当前困扰着神官们的一大问题。毕竟很多神官不管对方身份如何，一般都会从大家都很熟悉的"高天原上……"开始祷告。

谷中墓地的碑文

值得注意的是，最近终于有著作讨论不同场合所使用的祷告词了。例如静冈县出身的稻村先生，他是一位年近90岁的神官，也是国学院最资深的毕业生。稻村先生出版了两三本相关的著作，其中《祝词文范》是比较有代表性的一本。

神道这个东西如果以现今的方式推进，那么日语与实感之间会变得更加混乱，所以该书中所使用的表述能否照搬使用，我觉得是存在疑问的。如果不使用这些表述便很难表达神官的感情，为此而强化这种表面讨论的训练，那么今后从事神道教的这些人最终将归于伪善。无论是对于生者还是对于逝者，毕竟千篇一律使用清场、净身的祷告词是不负责任的行为。所以在阅读祷告词的时候一定要充分考虑场合以及具体的需求，同时以正直、温和且让周边的人们能够感悟的心态去制作祷告词。如今日本的神道处于战后思想的混乱状态中，舆论中也有人担心其是否在走向衰落。所以，问题的关键在于语言，或者说以我们的国语为切入口予以解决。

如果是刻在石碑上，那么所使用的表述则跟口语化的祷告词完全不同。碑文多以汉文形式出现，如使用掺杂过多假名的口语体则不免让文章更加冗长。在我父母去世之后，曾经写过一篇碑文。

我妻子的姐姐嫁给了矢田部良吉，他们有一个非常优秀的儿子雄吉。当他还是高中生，准备升入大学时，却在柔道运动时患急性腹膜炎而猝死。我家长女出生的时候，他还专门来我们家看望，不想却在一周后死去。这件事情让我思考良多，这种内心的伤悲难道就没有更好的表达方式吗？佛教也是如此，和尚念经的内容过于刻板。思来想去，我决定以不同于父亲周年祭祷告词的形式，为雄吉写一篇碑文，以此来呈现生者的伤悲。碑文用汉文写就，当时森槐南①先生任宫内大臣秘书官（我当时也在宫内厅任职），他听了我的想法后十分认可，并帮助我修改了碑文中的八九个汉字，其实是为了让汉文用日语读起来更加通顺合理。如今这碑文还刻在雄吉位于谷中墓地的墓碑后面。碑文充分考虑到姐姐以及养母的伤悲，撰写起来花费了不少工夫，好像没有赶上雄吉的头七祭。

当时养父也看了我的碑文，后来还找亲友仓富勇三郎②过目。仓富先生既是法学家同时也是汉学家，他指出，雄吉柔道的段位是黑带，所以碑文中应使用黑带这一表述，毕竟要让外行也能读懂。槐南先生好不容易修改的碑文，又要面临修改的命运，这也

---

① 森槐南（1863—1911），日本官僚，精通汉诗。

② 仓勇富三郎（1853—1948），日本司法以及宫内厅出身的官僚。

让我难以取舍，好在最后碑文还是坚持了原来的表述并立在了谷中的墓地。

我认为要真实地表达亲人的感情就不需要墨守成规，我所撰写的碑文算是对传统的反思。

碑文中的文字好像由饭田藩出身、官至大审院书记的人士执笔的。

慈恩寺的碑文

除此之外，我还有一次写碑文的经历。当时有个名为慈恩寺的村庄，如今已经编入埼玉县的岩槻市。村庄过去为慈恩寺所领有，慈恩寺是天台宗系统的寺庙。曾担任本愿寺大谷光瑞秘书的水野梅晓[①]氏对寺庙关照有加，因为这层关系，在中国南京发掘出来的唐三藏法师遗骨被部分安置于此。梅晓在战争结束后不久去世。他在埼玉县有很多弟子，其中就有慈恩寺的一位打扮时髦的僧人，他经常帮助我处理内务省的事务。

慈恩寺的周边遍地荒野，据说是德川将军狩猎之处。整个村庄都被算在了寺庙的范围内，里面还有很多小神社。神社中比较著名的是诹访神社。考虑到这一带寺社众多，县当局制定合并处理的方针，并决定在慈恩寺内立一个诗碑介绍原委。

在那位常来帮忙的僧人的建议下，村民共同举荐我来撰写碑文，我最终接受了他们的邀请。本着"心安即满足"的初衷，我以非常自然的心态撰写了一篇夹杂假名且谁都能读懂的文章。格

---

① 水野梅晓（1877—1949），日本宗教活动家，在东亚同文书院毕业后致力于将日本佛教在中国传播。

式如新闻报道那样洋气，内容也是地地道道的政论文。也就是说，碑文中我涉及了过去政治上以及学问上的问题，把将军家在此狩猎的原委等进行了介绍。当时该地书法盛行，县女子师范学校的一位老师尤擅书法，所以碑文内容由这位老师誊写。立碑时我获邀参加，由于长文的关系，石碑非常的雄伟壮观。当时立在距离寺庙半丁远的地方，如今好像已经迁移到诹访神社内。

我写过很多安慰的、欣喜的文章，但是因为对父母葬礼上的祷告词不满而自创的祷告词，以及外甥雄吉去世后不顾周遭意见而表现伤悲的碑文，可谓我情不自禁、为之动容而写作的文章。除此之外，值得一提的或许就是慈恩寺的碑文了。

镰田久子女士从石碑上获取的拓本内容如下：

表慈恩寺区爱宕神社迁祀记

此邑诞生之年久矣，难以依据记录将其详述，唯知产土神、诹访明神、爱宕明神及其他诸神镇守此处，以神圣之身，教谕往古之态。伏惟圣皇都迁于关东，惠日益照，慈露愈沾，道开乡荣，父老安于业，子弟以学校为家，无有不受昭代之恩泽者。且蒙神灵保佑，深仰神德。唯忧世事繁多，人心常忙，四季之祭供，时有厚薄之差，或有视参拜诸处为辛劳之事者，恐有不少怠慢神明之处。故明治四十三年十月十五日，承蒙官方批准，先于诹访神境之内选取一地，将爱宕神社迁至此处，爱宕神之旧址悉改为常绿之林。再伐古木，得八百五十圆基金。表慈恩寺九十一户民众同心协力，完成此业。三城傭七郎、厚泽贞司等耆老，主为募捐之事，惟愿凡智之所谋，莫要偏离神明之所虑。此财不过涓滴之

微，却愿积少成多，以作永久之供奉。往昔本无他意，后人深思，聚集为家、再为邑，邑又为国之基础，遂至此国千万岁之荣也。邑与家之永续，诚乃吾等身外之望，兼乃祖先代代之愿也。昔武藏野腹地初有人烟栖息之时，芦荻遍布，堵塞山谷，荆棘丛生，掩埋路径，仅砍伐开拓山丘中方寸平地，以求耕作之便。四境寂寥，鸟兽虫蛇之害不断，若非仰赖神明之力，孰能安心为子孙计耶？诹访之大神，施予山中之物产，爱宕之化身，庇护免于火灾，神明感于村民祷告之诚意，故风调雨顺，五谷丰登。直至今日，眷族繁昌，乡党和熟，凡此种种，皆蒙神明之荫蔽。于是生于此处者，尽皆铭记累世之神德，不忘祖先之恩惠，必定重视四时之祭，一乡融洽。无不盼望神明护佑，永沐神国之恩泽，得享"鼓腹击壤"之喜。

法制局参事官从五位勋五等　柳田国男代撰

大正二年四月十七日

埼玉县女子师范学校教谕　木村增二敬书

柳田家的墓地

柳田家的墓地位于此前遭遇火灾的谷中天王寺五重塔的后面，过去大名的墓地如今已经不可见，样子也发生了巨大的变化。

我在柳田家的养父其实也是养子出身，我一直都想了解先祖的墓地，不过因为忙碌一直未能成行。直到宽文年间，柳田家一直生活在下野的乌山，饭田的胁坂家搬到播州龙野之后，柳田家跟随堀家来到饭田。^①自此之后，柳田家的墓地就一直安置在饭田，那么此前的墓地确定无疑就在乌山了吧。但是养父很难抽出时间前往墓地，大概在日俄战争刚结束时，他才有时间跟我一起去了谷中葬有外甥矢田部雄吉的墓地。

到了天王寺后，养父说道，"太可怜了，寺庙需要整理，很多不知名字的墓地需要收拾，恐怕都是没有后人祭扫的吧"。然后又说"这里遭受过火灾，过去的记录就这么些了"，于是便把过去的记录拿出来给我看。翻开记录本之后，发现先祖的戒名若干。"这里有我家的戒名"，于是便指给我看，第二天便请人诵经，不过非常关键的墓石没有找到。"墓石找不到的话……"，他对着外甥的墓碑私语，第二天早上便再次前往寺庙。

在住持为诵经做准备的空隙，我把墓石的事情一直放在心上，便在寺庙内有意识地寻找，有一处地方是寺庙历代住持的墓地，在其旁边发现了刻有我家戒名的墓石。请寺庙的僧人过来确认后，对方指出"这是青木家的墓石，这里青木家的墓最多"。但是，墓石上明确刻着柳田的字样，我们顺利地对先祖的墓石诵经之后就回去了。青木是当地经营馒头店的老板，我们为此还专门找到青木家一一确认，后来才知道青木家是受柳田家所托，历代坚守柳田家的墓地。我们感谢了青木家的坚持，同时也拜托他们日后继续关照。

听闻此事，旧藩的祖父辈的老人们异常高兴，穿着正式的服装来我们家致谢，说"承蒙多方辛苦找到了先祖的墓地"等。后来养父和养母去乌山扫墓的时候，却发现先祖的墓均已无处可寻。或许是寺庙将其处理掉的缘故吧！养父十分愤怒，愤怒让他

---

① 饭田藩第二代藩主胁坂安政赴播州龙野藩担任第一代藩主，乌山藩初代藩主堀亲良的嫡子堀亲昌被转封饭田藩藩主。

夜里难以入睡。说"老子要在这里重建",索性在谷中重建了柳田家先祖的墓地,就这样墓地一直延续到现在。对于养父而言,乌山是先祖们长眠的地方,也是一个风水宝地,因为墓地被平,他对乌山的印象也开始变差了。打那之后,柳田家的族人便再也没去过乌山。

播州的柳田家

昭和九年(1934年)4月中旬,我终于有时间在故乡的山上赏花漫步。在龙野住了一晚之后,第二天初次拜访斑鸠寺,然后乘同一辆车前往室乃津,碰巧赶上午后的明神祭,描眉涂粉的女孩子在母亲或姐姐的带领下,正依次从神社的御宫里面出来呢。港口十分安静,很少有小船出入,海岸上几朵浪花若隐若现。

走出山崖后远看左右两侧的矶山,樱花的花期已然过去,只剩下藤干上面的几朵点缀其间。红踟蹰(杜鹃)、紫色的山杜鹃(蟊踟蹰)在松林和杂木丛中竞相开放,我们小时候称这些花为"女郎踟蹰",它们跟关东山上的野州花、八染踟蹰颜色相似,但是形状却有差别。

因为乘坐着火车,所以只能看到一边的风景。接下来计划从海的对岸看大陆,火车到达海滨的时候,我便下车预约了明天的小船,找了一家小旅馆住了一晚。

我原想着第二天乘船能够到达备前的一个有鹿的小岛(指鹿久居岛),可能是因为参观祭祀活动带来的疲劳,结果没走到这么远。当天晚上在赤穗海滨洗海水浴的人们常光临的宾馆住了一晚。第二天早上以舒畅放松的心情出发,当天午后就到达目的地。我入住的旅馆房间宽敞、视野开阔,连洗澡的热水都帮我烧好了，所以赶快进浴盆泡起澡来。好久没有一个人轻松地休息了，正躺着看书的时候，旅馆的老板过来跟我打招呼。"今天真是贵客光临寒舍啊。就在不久前一位神户过来的贵客还在这个座位上坐着，从昨天晚上就咨询您的信息。好像是县厅的官员、署长或者警察之类的旧识吧，问询了好多有关先生您的情况。"我感觉事情有点蹊跷，一脸严肃地问起原委来。实际上来龙去脉非常简单，当时我的二女儿刚好毕业，有人来跟我商讨过女儿的终身大事。听说我的故乡来自播州，而我此行却来到了赤穗，反而增加了他们的误解。误解的原因我也正好搞清楚了。赤穗一代的好几户柳田家都很有势力，还有像柳田美乡这种留下优美和歌的歌人。不过我的生家是松冈家，跟这个系统的柳田家没有任何关系。如果非要查找一些关系，或许就要去神崎郡的田原村调查我的旧姓松冈家了。后来我跟对方说道，田原村一带也有一个村落主要以姓柳田的人家为主，调查的时候或许要多留意一些。不过关于婚娶的事情最终没有取得进展。

对此我更感兴趣的问题是，为什么互不关联的柳田姓会散布于各地？我过去写过一篇名为《芳贺郡与柳田氏》的小文，文章还专门呈送给了解家族由来的人士批评，据说我们柳田一家过去是宇都宫氏的家臣，家主没落后成为浪人，躬耕于田亩，真冈出身的旗本堀氏成为大名后，柳田家得到拔擢，就从乌山搬到信州饭田，世代单传的柳田家历尽艰辛才有今天。故乡栃木县以及相邻三县大概有几十个柳田氏同族定居在那边。

我还没有找到比较权威的家谱图，但知道"群书类丛"《结城合战记》^①附录中"结城首战"中，被取下首级的柳田氏是我们

___

① 指1440年日本关东地区室町幕府和结城氏等豪族之间的大战。

的祖先。据说宇都宫家族没落后，部分柳田家的人效忠结城家，结城家被攻陷后他们随之就义。但是我们自己的家谱中却不见有谁被取首级的记载，以至于我本人也觉得首级被取是非常令人生厌的事情。我在文章中写道，或许取首级是一种惩戒，其他柳田家人士更多的是选择离开争端纷扰，世世代代以务农为生。

虽然我们这个柳田家没有出现像柳田美乡那样留下优雅和歌的歌人，但也有柳田为贞这样的年轻歌人，他后来成为加藤千荫晚年的弟子，有不少歌集流传下来。如果有时间，我想写写这位人士。

柳田家的由来

我认为柳田家的祖先位于相模①的大矶和二宫附近。在如今东海道的国府新宿（沿着海岸建成了江户街道，所以被命名为新宿）稍微靠里面的地方，有一个"六所神社"，现在已经成为"八幡神社"，那一带的地名为柳田。我猜测柳田家跟这个地名有些联系。柳田这个姓氏广泛分布于小田原、国府津、厚木甚至群马、栃木等关东地区，那么为何会分布如此广泛呢？关于柳田一族的起源，最早可以追溯到下野国②的领主俵藤太秀乡③。秀乡是一位成功的政治家，其长子或孙子曾担任相模守，他们的子孙成为波多野家的先祖，波多野家的分家是松田家。再往下分还有如今山北町的川村家，这就是柳田一族的谱系。也就是说，俵藤太一族领地的边陲有个名曰柳田的地方，以柳田为姓的人士遍布小

---

① 旧国名，大致相当于今天日本的神奈川县。

② 旧国名，大致是今天日本的栃木县，下文中的"野州"亦指下野国。

③ 藤原秀乡（891？—958或991），日本平安中期贵族、豪族、武将，别名俵藤太秀乡。

田原至国府津附近。其中川村一族中的柳田家在侍从信州饭田藩时经历了明治维新，而我过继的正是这一族柳田家。

阅读《将门记》[1]等著作可以知道，俵藤太是近江出身，在下野取得胜利后便以此为根据地开始了对将门的讨伐。俵藤太一族几代都兼任相模守，这是柳田一族从相模拓展到下野的主要原因，这或许可以解释这一带为何会有这么多姓柳田的家族。

据记载，柳田家的先祖后来搬到野州，侍从宇都宫家。因为这个关系，我了解到距离宇都宫[2]一里半远的地方有个名叫柳田的地方，前去调查之后却以失败告终。

宇都宫家因为拒绝太阁征召其女为妾，其领地被没收、俸禄被剥夺，其子成为浪人，后逃到南部芳贺郡名为真冈的地方。在那里，我们柳田家也过着普通百姓的日常生活。过了很久以后，柳田家才被野州乌山的堀家征召。堀家后来填补了从信州饭田迁往播州的胁坂家的空缺，柳田家便跟随堀家来到了饭田。

堀家最初是越后高田有名的大名家，因为冤狱事件，其家族遭到断绝。但是后来幕府觉得惩罚过于严重，便将堀家的分家——住在真冈附近三千石的旗本提拔为大名，封地为乌山，俸禄一万五千石。因为突然被提拔为大名，所以一时间特别缺少家臣侍卫，于是便把归农的柳田——也就是我们最初的先祖征召过去。

侍奉堀家的柳田家先祖，名为柳田勘兵卫（勘兵卫、清兵卫为柳田家代代的统称），因为能力突出而受到重用，所以担任中层以上的职务。从这位先祖开始往后数第四代，有个名为里右卫门的人士，工作起来是一把好手，但是他到了40岁时竟然还没有

---

① 《将门记》主要描写了10世纪中叶日本关东地方发生的平将门之乱。

② 指栃木县县厅所在地宇都宫市，宇都宫家位于该市。

结婚，后来成为领主的御侧御用人①。当时的领主是一个很有能力的人，不过年轻的时候玩物丧志、不思进取。里右卫门不惜以切腹来劝诫领主改过自新。当时里右卫门的父母已经隐居，自己当然也没有子女。领主为里右卫门的诚意而感动，改过自新的他为里右卫门撰写碑文，碑文内容最近还能在饭田看到。其实从那时起，就是柳田家各种灾难的开始。

各地的柳田家族

没有留下继承人的柳田家选择里右卫门的外甥为养子，或许是没有监护人的缘故，这位养子整日游手好闲、吃喝嫖赌，终究还是没能重振家业。领主仍然没有放弃柳田家的继承人事业，便召回了切腹的里右卫门的弟弟。这位弟弟已经过继到泷家，他养育了很多孩子，但大多数孩子都夭折了，只剩下一个老幺。这样泷家只好收别人为养子，这位弟弟则带着小儿子正式回到了柳田家，这位弟弟就是我妻子的曾祖父。

曾祖父因为在江户勤务的关系，深受江户文化的影响，曾跟随加藤千荫研习和歌。他是一个非常细心的人，凡事都详细写在日记上。日记上栏三分之一的部分主要记录当时的时事新闻，诸如有关组织内的争吵、永代桥坍塌等事件均详细记录在案。自从他带过来的小儿子去世之后，便不再写日记了。后来成为养子的人就是我妻子的祖父，正是这个人重新振兴了柳田家。不过在万延年间，我养父7岁的时候，祖父官场失利，于是辞掉在江户的官职回到信州饭田。我的养父从豪族安东家过继而来，他的兄长

---

① 日本幕府将军或各藩主身边侧近的要职，所做工作类似秘书。

就是我前面提到的台湾总督安东贞美大将。就这样，柳田家的谱系得以延续。我的养母有一位兄长，武田耕云斋[1]在当地设置关卡后，这位兄长便在关卡工作，或许是风餐露宿、过于辛苦的缘故，他因罹患风邪而早早去世。养父有一个儿子，不过也是早早夭折，所以家里只剩下女儿。因此之故，我过继到柳田家成为养子。

信州的上田附近也有一户柳田家，在明治初年是经营生丝贸易的吴服商。提起信州的柳田家，经常会被误认为是上田的柳田家。势力向栃木县方向扩展的柳田家，为何会在上田安家呢？抱着上述疑问，我做了一番调查。据说这户柳田家是沿着浅间北部到达上田，先是搬到真田等地往来上田的道路旁，在之后就搬到了上田。我所知道的柳田家中，比较出名的还有群马县吾妻郡中之条的一位町长。该地到信州，走路快的也要一天时间。同样是群马县内，赤城山南部势多郡有个名为桂萱（Kaigaya，かいがや）的村庄，村庄的名称比较少见，该村也有好多姓柳田的人家。

与之相关联，比较有意思的是，姬路藩士中有一位名为柳田的人士。养父曾说过，姬路的柳田氏也是法官出身。我了解到的情况是，姬路的酒井家在来姬路前居住于前桥。酒井家的势力越来越大，家族中的分家越来越多。其中有些跟柳田的残党有交集，所以柳田便随酒井家到了姬路。酒井家搬到姬路大概是在"赤穗事件"之后不久。姬路的柳田从那一段时期开始一直延续至今。据说跟前桥的本家没有联系，但是因为知道祖先的墓地所在，所以也去前桥那边扫墓。

此外，播州还有很多姓柳田的人家。辻川的邻村大门村北

---

[1] 武田耕云斋（1803—1865），日本幕末武士，水户藩天狗党首领。

部，有个叫作加治谷的小村落，全村大多数人都姓柳田。此外，据说丹波多纪郡也有不少。

据我调查，福岛附近有一个叫柳田的村子。据说这个村子跟栃木没有关联。继续向北到秋田靠近山形的地方以及津轻一带有比较小的村落。西部除播州以外，鹿儿岛的指宿市附近有个叫柳田的村子。我认为全国范围内有柳田姓的村落不下两万。考虑到其复杂的分布状态，从研究家族渊源的角度来看，柳田家肯定是非常有意思的一大家族。或许是家族较为勤勉，又或者是选对了地方，总之柳田大家族人丁兴旺。

最后，关于柳田这个姓氏的起源，植物与田组合起来的姓氏本就很多，或许能够达到与"田"相组合所有姓氏的半数以上。柳田具体指的是，在田地中选择要举行重要仪式的"育苗田"，做上标记后将柳树种植在相应的位置，我想或许种植它的家族便开始自称柳田了吧！

时势与姿势

信州饭田的安东家世代以枪术为生，关于枪术，也有不少有趣的话题。我本人没有见过养父舞枪，但据他说在20岁之前确实练习过。老鼠进了屋子，当然要把它抓住。这时在榻榻米上架个长棒或者竹竿，把榻榻米掀起来，待老鼠钻进榻榻米缝隙时，快速用枪插老鼠。这种用枪头刺杀目标的方式，经过一些练习之后，很快就能上手。即便是很早就离开家的三儿子，也练过这些基本的技法。

安东家的枪术所属流派为"风传流"，他们家族四户都精通该流派的枪术。据说风传流的创始人是明石的浪人，不过这些都是很早以前的传闻了。我见过实际使用的长枪，有一丈几尺[①]那么长。安东家直到明治中期还保留着练枪的道场。明治三十四年（1901年），我去饭田时，遇到过一位在松本的学校教授枪术的老师，他是菅沼家嫁出去的女儿之子，前面说过，我的养父是从安东家过继到柳田家，而我养父的生父则是从菅沼家过继到安东家。这位老师体格很好、姿态奇特，无论从后面看还是从侧面看，都是使用枪术的一把好手。因为要把力量用在腹部，所以腰部收得有点低，或许是因为这缘故，显得他本人个子比较矮。这种姿势乃是舞枪弄棒所致，其实很多士族也深受影响。明治二十九年（1896年）或三十年（1897年）以前，在我的印象中还没有人会笑话以这种姿势走路的人，不想打那之后这种姿势竟会被人取笑！

今天的东京站在刚建成不久时，我从出口出来后，看到年轻人裤子漂亮的折痕、挺直的双腿，不禁感叹时代的变化。不过那个时候，行走在乡下，还是能够看到很多乡民走路腹部用力、屁股后翘的样子。大都市的学生们走起路来轻飘飘的，似乎一阵风就能吹倒，那也是一种文化现象。腹部用力的这种姿势并非不好，只是看起来不像洒脱的青年，所以也无法跟新时代的婚姻接轨。

这种使用枪的姿势并非生来就有，据说是枪术变成一门技艺之后才变成这样。敌人乘着战马过来，而用枪之人从下方刺向敌人，所以穿着木屐、腰部无力的人肯定无法刺中目标。

我们读书的时候，士族出身的子弟和平民出身的子弟之间还是有些区别的。因为像我们平民出身的子弟，从小的时候就被教

---

① "丈"，日本长度计量单位，1丈等于10尺，约3米长。

授如何腹部用力来干活。然而不知道从何时起，大家走路都变成轻飘飘的姿势了。也就是说，从成熟自重的君子发展成为轻灵飘逸的才子，该过程与枪术等武术技艺有着密切关系。我觉得这些是不容忽视的有趣问题。

武士气质

安东家好的一点是，一族四户彼此之间关系密切，如果哪家无后，就会从其他家里过继养子，如此一来亲上加亲。

对于我们而言，士族除了风流韵事之外似无其他。其实，除了负面因素之外，还有很多积极的东西值得关注。我的母亲在姬路给武家做佣人，婚后又跟父亲在姬路做塾监，对士族抱有着同情感。母亲也给我讲述了当初维新时期的一些故事。

例如，当姬路藩准备向勤王党投降的时候，藩内士族会选择其中一家出人质。然后这一家就让家里年轻的家主以及子女练习切腹。实际上并不至于切腹这般惨烈，不过其家族出于武士名誉的考虑，也会认真教授切腹的方法。

还有一个话题，讲的是姬路藩或龙野藩边境处一对铁匠兄弟的故事。有一位武士的儿子来铁匠铺找茬，一时冲动准备拔刀砍向两兄弟，结果两兄弟抢过他的刀，放在锻造台就敲起来，以至于最后刀无法放回刀鞘里面了。藩当局认为这是武士不应该出现的丑态，就没收了他的刀，并对他本人下达了追放令。武士的亲属不知道事情的原委，铁匠兄弟们因此遭受了武士亲属的报复。武士的亲属与官员事先已经通气，趁着铁匠兄弟刚离开藩领的土地时，就把他们二人给斩杀了。

现在看来这些话题如同小说中的故事情节一般，但却是母亲自身的所见所闻。

"四民平等"这个说法，确实有很大的效果。老百姓嘴里说着"现在武士和百姓没什么不同了"，但大家却对武士生活充满憧憬。日本的社会就是这样，一边嘴上说如何如何反感，实际上却向往自己所反感的东西。

维新前后的饭田藩，为解决兵力不足的难题，从百姓的子弟中征召兵员并对其进行训练，这些人就成为足轻或者徒士①。这些士兵没有拜谒将军的资格，所以被称为"御目见得以下"，简称为"以下"。养家的祖母告诉我，有身份的武士妻子看到这些"以下"的妻子过来，总会轻蔑地说"'以下'来了，'以下'来了"，而对方则揶揄道"不是章鱼、不是章鱼"。②这个故事特别有趣，所以我记得很清楚。祖母的叔母是菅沼家的老婆婆，她体格硬朗健康，该话题是从她那里传来的。

信州的高远城因为建在土丘之上，正门前的大道就成了坡道。有一次，一个名叫川尻的武士在城门处因故杀死了一个人。然后他到了菅沼家说道："我刚杀死了一个人过来，请允许我稍事休息。"菅沼家的这位老婆婆沉着冷静地说道："嗯，不错，那你就进来休息一下吧。"让他坐下来休息后，老婆婆便正式报告了领主。当天，这位武士选择了就地剖腹自杀，安东家的祖母作为这位老婆婆的侄女，在讲这段经历的时候充满了对老婆婆的赞美之情。

我们这一代其实就是在这样的氛围中培养出来的人，虽然跟过去结仇抱怨的时代有些差别，但生活在这种过渡期仍然能够有机会体验这些矛盾冲突。

---

① 足轻和徒士都是日本江户时代的步兵，但徒士有武士身份，足轻则没有。
② "以下"在日文中的发音同"乌贼"的发音（ika，イカ）相同。

交 友 录

黑坂达三君

播州人中与我聊得来的除了和辻哲郎君之外，还有姬路出身的黑坂达三君。其父黑坂淳三郎作汉诗，算得上我父亲的弟子。父亲在北条时，他大概每月从姬路过来一次，将写好的诗给父亲看，并听取他的意见。我在东京任职以后，淳三郎还让自己的两个儿子来找我，长子是一位军人，已经独立生活，来找我的是次子和三子。

次子好像近年刚刚去世，是一位高中教师，在鹿儿岛的造士馆[①]长期任教，从事德意志文学的研究。三子即黑坂达三，他经常出现在我以前的日记中。次子心直口快，达三则少言寡语，两者性格差异很大。我对他比较关照，所以他也经常来我的住处，后来还跟我讨论自己的前途问题。他跟和辻君的交流更早，比较喜欢文学类的读物。大概在他二十三四岁时，外交官考试失败后有些失望的达三，在东大文学部助手的陪伴下来我住处。助手

---

① 造士馆最初为日本江户末期萨摩藩开设的藩校，明治维新后通过合并改称鹿儿岛县立中学造士馆。

说：“先生，您说两句吧！”我问道：“出什么事情了？”对方说：“实际上发生了一件不好的事情。”但是详情我完全不知。平常穿着十分端正的黑坂，当日灰头土脸的，头发也很凌乱。

直到后来问了和辻君之后才知道，当时黑坂与房东家的女儿私定终身，或许是因为父母的反对，女孩在镰仓附近跳海自杀了。黑坂君是否与她同时跳海不得而知，但他跳进海里后被救了上来。虽然被救，却也成为新闻媒体关注的焦点。大概在这时，文学部的助手带着他来我住处。我询问原委，而黑坂君则自顾沉默、不发一言，带他来的人也没有把事情交代清楚，就这样回去之后大概不到一个月，便传来了黑坂君自杀的消息。

嫂嫂打电话告诉我这件事情之后，我感到十分震惊，便去达三家了解情况。据说当天夜晚家人还没睡时，达三从二楼下来说：“从没有哪天像今天一样头脑这般清醒，没想到我所思考的竟是这般结局。”说完之后便返回二楼，就这样死去了。也就是说，他是在喝了毒药之后下楼说出上面的话，然后径自等待死亡。

黑坂君是立场非常鲜明的好男儿，我对他的去世倍感可惜。他自杀后不久在芝（地名）附近的青松寺举办了追悼会，参加的不到20人。其中有芦田均[1]君，他是达三兄长的朋友，而和辻君是达三的朋友。我当然不希望他就这样死去，当他意气消沉的时候，真后悔自己没能尽力阻止他选择自杀这条路。

想必他也是受到同为播州出身的鱼住影雄[2]的影响。鱼住提倡个人主义，影响力非常大，这或许让达三对人生产生了怀疑。

---

[1] 芦田均（1887—1959），日本政治家、外交官，1948年任日本首相。

[2] 鱼住影雄（1883—1910），日本明治时期著名的评论家，本名折芦，曾发表文章《自杀论》。

达三的兄长思想较为传统，他本人则更多接受了新思想，当然也有更多的迷茫。

顺带说一句，鱼住君是饰磨或更东边的地区出身。印象中那一带有个叫作鱼住的地方。

高田十郎君等人

播州人高田十郎君，对我们的影响虽然不是最大，但是却保持非常亲密的交友关系。他毕业于早稻田大学高等师范部，在奈良的师范学校工作，也是一位落叶没有归根的人士。

高田出生于赤穗郡矢野村小河（现在的相生市）名为光叶的旧世家，光叶这个姓氏比较少见，据说其为苏我马子家臣光庵的后代。后来十郎成为高田家的养子。他文章中经常会提到生家的祖父以及曾祖父，可以看出是个名门之后。

高田君笔耕不辍，研究领域涉猎广泛，在大正初期以一己之力创办誊写版杂志《NARA》（奈良）。他本人无意出版著作，多次建议后他才出版了《奈良百题》《随笔山村记》等著作。印象中《大和的传说》这本书的序文是我写的。《NARA》这本杂志皆由他本人裁切稿纸、誊抄印刷，发行数量有限，如今已成为非常难入手的珍品。

他的专业应该是历史学，由于长期离开故乡，或许播州的人士对他并不熟悉，我在想，如有赤穗出身的人士愿意整理他的文集或许是个不错的做法。

这里的高田君还有前面所说的黑坂君，都是我在离开故乡之后认识的播州人，这两位最终都没有回归故乡，与播州的缘分就断绝了。其实这样的人还有很多。

官至驻桦太长官的平冈定太郎^①也是同乡，据说是印南郡石宝殿附近出身。平冈定太郎是小说家三岛由纪夫的祖父，他的夫人夏子出生于名门永井家，兄弟中比较出名的是永井亨^②和大屋敦^③。他们的父亲永井岩之丞^④是著名的玄蕃头^⑤的儿子，由于跟我柳田家的养父是朋友，所以我们家族之间彼此熟知。定太郎的儿子平冈梓曾担任农林省的局长，这是我最近才知道的事情。

和辻哲郎君出身于姬路市北部的仁丰野町。和辻君的叔父春次与我家一样行医，其子名为春树。我一直以为第一次见到和辻君是在黑坂达三君的追悼会上，最近在学士院见到和辻君问过后才知道，我们在此前就见过一次面。

《新思潮》杂志出版第二期的时候，和辻君曾经到我的住处找过我，这事我给忘记了。当时我记得鱼住影雄还健在。

播州当时的有为年轻人中来过我家的还有很多，不知道这些人后来都怎么样了。我给《神户新闻》写的连载文章在学士院也成为讨论的话题。动物学者冈田要^⑥君好像出身于龙野附近。成为别人家养子的鹿岛守之助^⑦君，是冈田君的从兄弟，出身于龙野的南上野。据说两人小时候经常去市川捉鲇鱼。鹿岛君成为养子之前，我便认识他了。

---

① 平冈定太郎（1863—1942），曾任日本驻桦太长官、福岛县知事等，其孙三岛由纪夫本名平冈公威。

② 永井亨（1878—1973），日本官僚、社会政策研究者。

③ 大屋敦（1885—1970），日本实业家，曾任住友化学工业社长。

④ 永井岩之丞（1845—1907），日本幕末幕臣、法官。

⑤ 玄蕃头是日本幕府时期的官职，主要负责宗教法事等。

⑥ 冈田要（1891—1973），日本动物学家，日本学士院会员。

⑦ 鹿岛守之助（1896—1975），日本外交官、实业家、政治家、外交史研究者。

太田陆郎君

播州出身的太田陆郎君，为播州作出了很大的贡献，非常可惜的是，他在战争期间死于台北。我们初次见面的时候，他还是兵库县厅的一位官员。太田出生于饰磨郡置盐村的名门，父亲名仓次曾求学于御影师范，是我长兄的同窗好友。因为在家里兄弟中排行老六，所以他被取名为陆郎，后来被过继到网干的太田家做养子。

太田深受南方熊楠①氏的影响，对植物很有研究，即便是被征兵到中国服役期间，还不忘学习，后来出版了一本名为《支那习俗》的著作，对中国民众的生活观察得很透彻。我想这类人十分少见。

他在上海登陆后，总是跟随在某地长时间驻兵、比较稳定的部队，这样他就有时间观察和写作。在中国的最后阶段去了汉口和武昌，在此期间他将自己记录的东西整理成前面提到的那本著作。

前线的指挥人员允许他回国，但他本人觉得好不容易入伍，一定要去第一线的战场见识见识，所以便志愿申请前往马来亚的战场。但是在他从马来亚回国的路上，因为飞机在台北上空遭遇恶劣气流坠机而亡。想必其遗属对此悔恨万分吧！他有一个儿子，据说在神户的一所学校做老师。还有一个女儿。妻子一直住在网干把孩子们养大成人。

我从太田君那里学到很多东西。记得他有次来访，我说今天

① 南方熊楠（1867—1941），日本博物学家、生物学家、民俗学家，下文有专门论述。

有半天闲暇，我们二人便沿着小田急沿线散步聊天。当时正值梅花开放的时节，他说沿线村庄的外貌结构跟上方①一带完全不同。他进一步说道，这些都是在上方不曾见到的景色，在播州很难想象村庄整体被梅花所淹没的场景。

我们还有一个共同好友岛田清君，他们职业相同，但他大多从历史入手，擅长纵向观察，太田君则倾向于从横断面看问题，所以两者的立场完全不同。在兵库县内调研时曾发表《近畿民俗》等文章，说是想要汇总成一本书出版，不过这个愿望最终没能实现。

如前所述，他们家两代人跟我们家都有亲交，而且他送给我的纪念品至今还在我家的庭院里。这个纪念品是武昌大学校内的树木——北枳椇的种子。太田君喜欢将各种各样的种子附上详细的说明送给友人。如今这颗北枳椇的种子已经长成我家院子里最大的一棵树。记得有一次遇见他女儿时曾说起过，她们家父亲种下的树没有养活。也就是说，这棵树堪称太田君馈赠给我的遗物。有时我也想着把这棵树赠送给太田君的子女，但如今长得这么大，这个想法已经不太可能实现了。

南方熊楠先生

在我众多的交友履历中，来自纪州②的学者南方熊楠是比较有个性的一位。明治四十三年（1910年），我出版了《石神问答》一书。这是以我与10位名人来往的书信为中心的书信集。我把这

---

① 日本江户时期称呼京都、大阪为中心的关西一带为"上方"。
② 旧国名，纪伊国的别称，大致相当于今天日本和歌山县和三重县的南部。

本书赠送给坪井正五郎[①]博士之后，他将其推荐给人类学会。坪井建议也呈送给纪州田边的南方熊楠氏一本，这就是我跟南方先生交际的肇始。从那时起大约一年半到两年间，我几乎每天都能够收到南方先生的来信。有时候一天之内能够收到三四封信，真是一个笔头勤快的人。

他记忆力和整合力惊人，同样的事情不会重复第二遍。他精通六七门外语，读完各国的著作尤其是珍本后能够很好地记住内容。在读外文书的时候，据说夜里做梦都会在其头脑中浮现出那个国家的语言，所以堪称神人。英语是他的第一外语，不过在他的心中有时候会蹦出意大利语来。作为阅历广泛的学者，他喜欢四处游览，甘愿以低廉的薪俸在大英博物馆任职。

我将他近两年的来信用半纸抄下，以《南方来书》为名订成好几册。在十二卷本的南方全集中，大概有一卷半的内容来自他写给我的信件。

明治四十年（1907年）早春，好友松本烝治约我外出旅行，我们决定到纪州地区拜访南方氏。当时交通尚不便利，我们先到大阪，后雇佣人力车到了田边。我们从东京大老远过来拜访他，不想吃了闭门羹，他不愿意见我们。后来通过他夫人回话，"找时间我去拜访你们"。吃过晚饭后，过了很久，我们议论着是不是该来了，这时饭店的女服务员过来告诉我们说，他已经在店里等着了，说是初次见我们，觉得不好意思，正在柜台一个人喝酒呢。不一会儿，他带着醉意来找我们。稍微喝点酒之后，局面就变得有点复杂了。他看到松本之后说，认识他父亲松本庄一郎，"好像还打过他"。南方有动手打人的怪癖，对此松本只能以苦笑

[①] 坪井正五郎（1863—1913），日本自然人类学家。

相迎。令人感到佩服的是，无论喝多少酒，相同的话他不会重复第二遍。不过当时我们并没有讨论有关学问的重要话题。

因为只能住宿一个晚上，第二天我独自一人向他道别，他夫人又面露难色。于是我解释道，自己喝酒之后眼睛看不清东西，没法深入交流，所以跟南方先生本人说几句话就可以。南方裹着棉睡衣、开着袖口，在里屋跟我完成了对话。他就是这样一个性格怪异的人，据说一年到头以裸体生活为主。

我们相互认识的时候，他正致力于反对神社合并的工作。纪州地方因为神社合并出现了很多作废的神社，这些神社周边的树木遭到砍伐，南方对此深感不满，所以发起了反抗运动。我当时还是政府官员，也希望能够给他的反抗运动帮点忙。在和歌山一带，南方的反抗运动并没有产生效果，倒是在熊野川以东隶属于三重县的阿多和神社取得了成功。高兴的心情溢于言表，给我的信写到"楠木有赖柳之荫"。在他给我的信件中，总是用非常细小的字体讲一些极其具体的事情，令我感到困惑的是，他的话题总是那么的跳跃。

在南方的各项工作中，可能最希望留给后世的就是他关于黏菌的研究，其研究水准堪称世界第一。在从西洋回国之前，当时世界上只发现了20多种黏菌，如今发现这么多种类的黏菌，这完全是南方氏的功绩。我真心希望他的英文遗稿能够在国际上发表。

与斯科特的旅行

在新渡户先生的家里召开的乡土研究会，几乎每次都会邀请外国人前来并一同餐叙。大正四年（1915年）夏季，英国人罗

伯逊·斯科特携夫人参加过一次乡土研究会的活动。斯科特是苏格兰人，夫人则是爱尔兰人，他最初在英国《培尔美尔》（The Pall Mall）杂志做记者，因为在英布战争①期间撰写反对战争的文章而遭到辞退，后来成为自由文人，出版过很多著作，也包括与日本相关的大作。他是我们非常要好的友人，"你的本意或许是这样，但这么说的话，对方不会理解，还是这样说比较好"，在涉及英文的表述上，他总是这样提供耐心的指导。他在日本出版过名为《新东方》（New East, ニュー·イースト）的杂志，如今也已经成为珍本了。

大正四年（1915年）举行天皇即位的大尝祭之后，官方希望将大尝祭的有关信息在全国各地宣传到位，就委派10个人分别到各地宣讲。我包揽了其中的香川、爱媛、广岛、山口、岛根等6个县。斯科特希望与我同行，他本人不通日语，但表示也不会给我添太多麻烦，只需要我动作表情解释到位就可以了。就这样，我同斯科特开始了旅行。

旅行期间，想着安排一些斯科特感兴趣的日程，爱媛县的内务部长是我朋友，他对我说："柳田君，需要我为你做点什么呢？"于是我便拜托朋友帮我借了一艘水上警察用的小汽船。我对船长说，希望他这一天根据我们的要求来驾驶船只。最初我们是根据地图的指示在兴居岛上岸。离开海岸后，我们停靠在名为蓝岛的孤岛上。如今这个几乎没有什么作用的小岛，在过去的航海事业中可是非常重要的地方。这个岛屿是重要的中转站，船只乘着西南风而来，乘着西北风而走，在风向60度或80度变化的期间，只能在岛上等待。过去这个岛上有"游女屋"，可谓风花雪月之

---

① 1899—1902年间英国同荷兰移民后裔布尔人建立的两个共和国在今南非一带进行的一场战争，一般又称布尔战争。

岛。如今进入汽船时代后变成什么样子了呢？带着这样的疑问，我让船只在岛上靠岸。船员们议论纷纷，有的表示年轻的时候来过一次，不知道那些女人如今怎样。快靠岸的时候，用望远镜观察，船员说着"女人还在、女人还在"。在一群穿着黑色条纹和服的女人中，一个身材中等的老妇人穿着刚洗晒好的浴衣。这就是曾经繁华一时的游女遗迹，即便是用望远镜也能鲜明地分辨出来，只不过她们已经完全成为普通的岛民。接下来我打算跟岛上的人聊两句，就到了位于坡地上的小学。学校只有一位40来岁的老师，穿着红色兜裆裤在睡觉，我觉得叫醒他太失礼，便径自返回船上了。

接下来我们到达广岛的宫岛，准备在当地停船借宿。我想好好招待一下辛苦了一天的船员，于是前往旅店交涉，回来的时候发现船已经不见了。可能我对他们要求太多的缘故吧，直到今天我还觉得自己当初做得有点过分。

告别了汽船后，我就在想，原来日本人的生活还有这么一方面啊。不自觉地也产生了向西洋人炫耀的心情，于是我就用拙劣的英语向斯科特解释游女的今昔差异，他对此兴趣盎然。

离开宫岛后，我们到了小郡。在防府附近的汤田温泉住了一晚，第二天到达山口。在山口结束讲演后穿过津和野到达岛根海岸一带。沿途一路欣赏着风景，最后在松江住下。斯科特希望我带他去拜访小泉八云①的旧邸，于是我便与他一同拜访了小泉八云生前借住过的根岸家。根岸家的主人磐井是我大学时代的同学。

---

① 小泉八云（1850—1904），本名 Patrick Lafcadio Hearn，英国著名的日本研究者，1896年取得日本国籍后取名"小泉八云"。

在进入濑户内海旅行前，当年夏天我与斯科特夫妇以及那须皓①君一同前往那须温泉。我们一行走到海拔最高的三六小屋，在那里的温泉旅馆住下。所幸当天并没有其他客人入住。温泉采用混浴的方式，这让斯科特夫人大吃一惊。不过我们在中间做了一些隔断，最终斯科特夫人也享受了温泉浴。

然后我们前往会津，沿途经过的道路是从前著名的街道，没想到路况竟然如此糟糕。斯科特夫人穿着一双普通的鞋子，不适合在这种道路上长距离行走，以至于脚上磨出血了。既然选择了徒步行走，她也就没有一句怨言，我被她的忍耐心深深折服。

接下来我们到达田岛的乡里，当时刚刚入秋，当地正在举行夏日祭典活动。祭典很棒，斯科特夫人非常喜欢，欣赏完祭典之后她完全恢复了精神。我们叫了四辆人力车，一字排开沿着山道下行，途中在从越后开始的"八十里越"②的终点——一个名为"只见"的小镇住了一晚。第二天沿着阿贺野川的河岸进入越后，这里已经通了火车。我们便从野泽搭乘火车前往三条。

井上次兄的和歌弟子外山君刚好住在距离三条镇一里左右的地方。我提前跟他取得联系，让他按照纯正的日本式——以不需要考虑西洋人来访为前提布置一下他的家，当晚我们就借宿在外山君的家里。外山君对此准备周全，当时我感到很有面子。

当天的月夜优美，嫩绿的稻田一望无际，尽头似乎连接着夜空中的云彩，水稻差不多一周以内就要接穗。当地通常会在外廊的外面再造一间小厅，到了夏天，小厅周围包裹的围栏会被撤

---

① 那须皓（1888—1984），日本农政经济学家。
② "八十里越"指从福岛县只见町到新潟县三条市的道路，实际距离只有八里（约31千米），但因为山陡路险，俗称为"八十里越"。

掉，这样就给人以空旷感，远看就像家中的"土间"①一样。斯科特夫人非常喜欢这样的设计。外山家的孩子给我们唱了学校里学的歌曲《萤之光》，那须君说道，"这是彭斯《友谊地久天长》(Auld Lang Syne) 的曲调"，于是斯科特夫人就给我们演唱了原版歌曲。外山的家人们也跟着一起唱起来，几年以后，我到伦敦拜访斯科特夫妇，他们还十分怀念当年在越后乡下的这段经历。斯科特夫人已经去世了，但是斯科特本人还很健康，我们时有书信联系。这次战争（二战）之后不久，不知为何突然收到他的来信，我感到十分意外。他年龄长我10岁以上。他们两位是给我留下深刻印象的一对夫妇。

英国人本尊美

接下来我顺便介绍一些给我留下印象的外国人。他们大多是乐于阅读我用日文写作的书信的人们。

大正六年（1917年），我去香港的时候，遇到了一位名为理查德·庞森比-费恩②的日本通，他担任英国驻香港总督的私人秘书。庞森比-费恩后来取了一个日本名——本尊美利茶道，以研究日本的神道而出名。

他是英国名门庞森比家的独子，后来成为叔母费恩的指定继承人，所以他的姓就成了复姓（double-name），足可见其出身之高贵。在香港任职期间，每当有日本人的聚会，他总会穿着和

---

① 土间是传统日本房屋中连接屋内与屋外的小房间，与地面相同高度，是人进出之处。
② 理查德·庞森比-费恩（Richard Ponsonby-Fane, 1878—1937），英国著名的日本研究者，又名本尊美利茶道，在日本常被称为"庞森比博士"。

服参加，并且使用日文对话，算是一个非常与众不同的人。后来他在京都贺茂建了一套日本式的房子，并定居在那里。年龄只比我小几岁。像他这种对日本心怀尊敬且以日本为贵的人士十分少见。比较有意思的是，他在日本期间总是穿着和服，衬衫等尽可能藏在和服的里面，不让外人看到里面的衬衫。当被问到何时穿洋装的问题时，他回答道，在回英国且进入英国领海时，就会在船上换上英国风的衣服，因为自己是英国人。

他在英国的家非常壮观，如贵族的住宅一样，宽阔的牧场中间矗立着一座房屋，周边则住着管家和仆人。想必也有日本人拜访过，知名人士如三菱的三好重道君的儿子道矢，在留学期间曾承蒙庞森比家的多方关照。一般来说，只要是日本人且能够明确身份，他们家都很乐意关照。

他的学问非常正统，其学术观点与日本国学院人士的观点几乎相同。他的著作在正统派人士读来——其实潜意识里已经有了这种认知基础：无论是国学还是神道，基本上就是对前人学说的翻译。也就是说，他个人没有太多主观判断。

因为生病的原因，他本人没有读过大学，而是到气候温暖的地方四处游历。他到过西印度群岛，还去过香港以南的东南亚各地，日本或许是他去过的地方中最寒冷的吧！他不喜欢坐火车，至于熊野、日光、弥彦等地的旅行，则是乘高级小汽车前往。他研究过兵库县的出石神社，还对播州的高砂神社做过调查。

本尊美于昭和十二年（1937年）末在日本去世，他在京都贺茂社家町的房子，在财团法人化之后一直保存至今。作为对于日本人抱有同情感的亲日派人士，我女婿的母亲与他在美国和香港都有过交流。像他这种对日本人如此和善的外国人极少。作为英国贵族和别样的资产家，他是能够给人好感的人物。

叶理绥父子

俄罗斯人中能够无障碍阅读我日文书信的，除了后面提到的涅夫斯基[①]之外还有一人，那就是如今在巴黎定居的叶理绥[②]。

两三年前他来日本访问的时候，我请他到多摩川对岸的传统料理店——纪伊国屋吃饭。我们吃的是纯日本料理，而且还是河鱼料理，店老板请叶理绥签字留言。本想着他会不会拒绝呢，不料他却拿起笔来，从怀里取出印章，完全是一个日本通。

之前叶理绥来东京求学的时候，我们就有交流。他是一个奇怪的人，作为莫斯科著名百货店的老板非常富有。俄国革命后，他的所有财产被没收，在把个人身边的物品运送到巴黎后，他本人也逃离俄国。结果人到巴黎后，却因为行李迟迟未到而困扰。

困顿之余，他在日本驻巴黎的大使馆找了一份低薪工作。当时我在巴黎的大使馆见到了他。据说馆内的日本人轮换着帮他打探行李的消息，最后成功取回了行李。他最终取得法国国籍，如今已经是法国人了。

以前曾经在东海道线的火车上偶遇过他一次，当时与其同行的还有他儿子尼基塔。因为记住了他儿子的名字，所以后来他来日本的时候，我问起尼基塔的情况，据说已经成为一位著名的阿拉伯研究专家，担任法国一家阿拉伯研究所的所长。他有两个儿子，小儿子好像求学于哈佛大学，如今已经回到法国，应该是从

---

① 涅夫斯基（Nikolai Aleksandrovich Nevsky，1892—1937），日本东洋语言学家、民俗学家。

② 叶理绥（Serge Elisseeff，1889—1975），法籍俄国汉学家，哈佛燕京学社首任社长。1908—1914年日俄战争期间赴日，师从东京帝国大学芳贺矢一研究日本文学。十月革命后赴巴黎，师从伯希和。

事考古发掘的专家，其研究的区域在中亚。我觉得将来这两兄弟在各自的领域都有望成为著名的学者。

当年他从俄国来日本的时候可是一掷千金的公子哥，后来逃到法国后却陷入了极度的困顿。不过他克服了重重障碍，如今享受着丰盈的退休金，过着他自己感兴趣的生活。

作为一个国际化的人物，他跟两个儿子约定一年至少相聚一次。于是就有了儿子分别从阿拉伯、美国，他本人则从法国飞赴西班牙海滩过暑假的情形。聚完之后，父子三人就地解散，他们的人生就是这样的爽快。

昭和初年，我们编辑出版《民族》杂志的时候，有一位中国学者何思敬①来日本学习社会学。他原名何畏，是浙江出身的国民党元老张静江的外甥。学成回国后大概在"满洲事变"（九一八事变）前后曾担任广东中山大学的法学部部长。那个时候中国人来日本留学，日本人总是盛气凌人，所以很是同情他们。如今再来，恐怕就完全不是这样了，我想肯定有很多值得交流的话题。何思敬的妻子是前中国驻日大使馆外交官的女儿，曾在实践女学校求学，其言谈举止与日本女性并无二致。

荷兰的友人

我认识一位名叫范德斯塔德（van de Stadt）的荷兰人士。在日本期间，他住在长井长义②位于青山宫益坂的宅邸内。我在

① 何思敬（1896—1968），中国作家、哲学家、法学家，创造社同人，曾赴京都帝国大学社会学系求学。1932年加入中国共产党，中华人民共和国成立后任北京大学教授、中国人民大学教授，致力于从德文翻译马恩著作。

② 长井长义（1845—1929），日本药学家、化学家、教育家，东京帝国大学教授、日本学士院会员。

贵族院担任书记官长的时候，经石黑忠笃①君的介绍后认识了他。

交流了几次后才知道，他原来在荷属东印度调查当时从中国下南洋的务工人员，爪哇岛附近的廖内群岛因为生产石油和煤炭而吸引了众多中国劳工，他想了解中国劳工对工作的态度等，所以就在该地做长期调查。此外，他还研究客家族群的语言，并编辑出版《客家·印尼·荷兰语辞典》（客家·蘭印·和蘭語辞典）。

他来日本的目的是希望能够读懂日文书信，我便遂他愿，把德川公爵等名人给我的书信送给了他。他很高兴，作为交换，希望为我做一些事情。于是我们决定彼此互相教授荷兰语和日语，他手头有日语荷兰语的辞典，我们约定每周见一次面。他的出身并非高贵，人品相当淳朴。我建议他要学好日文的话，最好去看看日本的戏剧表演，所以那一段时期他经常去赤坂一带看剧，不过他只看全是女演员的剧。范德斯塔德的夫人是荷兰与印尼的混血，两人养育了好几个孩子。离开日本之后，我还常常收到他的来信，至于后来如何我就不知道了。他也是能够轻松阅读我那晦涩难懂的日文书信的一位外国友人。

我的弟弟静雄虽然对荷属东印度感兴趣，但是却不喜欢他。我对静雄说："他准备出辞典对你来说岂不是很好吗？"没想到静雄先他一步，也编辑了一部辞典，总之两人没有交集。

还有一个叫费舍尔的翻译官，他写的论文非常有趣，每次都会送给我读。他有一位秘书，做过老师，非常热心，他的很多事情都通过这位秘书告知我。我去荷兰的时候，本想去拜访他，不料他刚好不在，没有见着。他后来在荷兰的一家与日本有关的博物馆工作，这座博物馆收集了长崎出岛的很多物品，如今好像已

---

① 石黑忠笃（1884—1960），日本农林官僚、政治家。

经去世了。

最近一年间，有个叫作欧维汉（Cornelis Ouwehand）的人士来我的研究所留学。据说他在莱顿的民俗博物馆负责日本相关的事务，据说连日文中的侯文①都能读懂。荷兰人整体上比较谦逊客气，与美国人相比，见荷兰人似乎更好说话。他们对美国那种只要涉及日本就无所不包的研究风格并不认同，也不像俄国人那样只关注日本的负面部分。如果遇到前来调查日本相关情况的外国人，荷兰人会提供热心的帮助，甚至会介绍对该领域比较熟悉的研究机构。

俄国人涅夫斯基

或许是我头上有两撮旋毛的原因②，即便是有外国人来访，我也只对其中真正想要了解日本的人比较热情。所以，我的外国好友虽少，但大多有着深厚且长久的交情。我在贵族院住宿舍那会儿，差不多每隔一天就来找我的俄国人涅夫斯基就是其中一位。他为研究日本下了很大功夫，这里特别有必要分享关于他的记忆。

他在沙皇统治时期来到日本，在学校做老师的同时还研究民俗学，后与日本女性在北海道结婚。俄国革命后被骗回苏维埃俄国，结果夫妇两人的后半生吃了不少苦头。可以说是一位命途多舛的学者。

涅夫斯基于1892年出生于圣彼得堡附近的中产阶级家庭，据说由其祖母抚养长大。明治初年，有些日本人到了俄国就再没

---

① 一种日本中世起至近代多用于书简、公文的文语文体，以句尾使用尊敬语补助动词"侯"为特征。

② 指两撮旋毛的人性格比较怪异。

有回国，涅夫斯基向这些日本人学习日语，学生时代的修学旅行来到日本，大概进行了两个月的日本文学研究。他到了长崎之后，操着在俄国学到的日语，当地民众为之愕然，他学到的日语在当地竟然不通！当时觉得特别难为情，他后来这么对我说。

他以公派留学生的身份第二次来日本是俄国革命前三年的1915年。而我在前一年的大正三年（1914年）就任贵族院书记官长。最初介绍我们认识的是折口信夫君和中山太郎君。他们两位对我说，"来了一位不寻常的俄国人，找时间带他来拜访您"，就这样，后来他们总是三人组团来我家。我觉得单纯的聊天也没太大意思，便建议大家轮流讲读，这位了不起的俄国人说要挑战风土记。他好像讲读的是《风土记逸文》。说是轮讲，但他一般会在自己书斋里读完之后把不懂的地方标记出来，然后跟我们再具体讨论。他们这种三人组团的来访，大概每月两次，这种模式持续了很长时间。后来因为俄国革命的关系，来自俄国的汇款中断，为了维持生活，他先是在明露壹商会①找了一份工作，后来幸运地在小樽商高②找了份教授俄语的工作，时间是大正八年（1919年）。

在小樽任职期间，他与增毛町渔场主的女儿结婚。在小樽待了两年多不到三年，他又去了大阪的外国语学校，在那里的任期也接近三年，大正十二年（1923年）前后还兼任过京都大学的讲师。工作不稳定的他为了让妻子享受安稳轻松的生活，便想办法回俄罗斯找一个正式的教职。当时俄国革命已经稳定下来，他感觉回去也不会有什么风险。然而，作为一个在沙俄时代来日本，

① 俄国革命后由流亡俄国人在日本经营的商会。
② 小樽高商，即小樽高等商科学校，现小樽商科大学，在日本北海道小樽市。

且习惯远观俄国革命的他，事后证明回国是错误的决定。刚回国的那会儿还不错，但是没过多久他们夫妇二人就被判处死刑。

最近，石田英一郎[①]君在加利福尼亚遇到一位研究考古学抑或是民族学的俄罗斯人，当聊起涅夫斯基的时候，这位俄罗斯人十分了解他的情况。据说涅夫斯基的夫人先于他早早死去，而他寄给日本的信件则统统被当局查封。

涅夫斯基的功绩

涅夫斯基为日本做了三件非常了不起的工作。换言之，说他本人在学问的道路上所取得的功绩更为恰当。

首先，有关"御白神"（oshirasama，オシラサマ）的研究。当时身为官员的我不便旅行调研。他从工作地北海道往返于东京，在各地调研"御白神"信仰，然后向我报告差异。最早发现御白神的地方在远野川一带，所以我们知道岩手县中央地区有关御白神的情况。不过可以想象的是，青森县自东向西，御白神的形象会有很大差异。那么仙台以南的情况如何呢？涅夫斯基在往返东京途中继续调查，对御白神的形象和风俗非常上心。我觉得这是他做的一件了不起的事情。

第二，俄罗斯有一位从事东亚研究的著名学者，涅夫斯基希望继承这位老者的研究，从事西夏文物的研究发掘事业，这也是促成他回国的原因之一。涅夫斯基了解到突厥文与汉文、满文、蒙古语等文字互译的碑文已经出土，便迫不及待地前往北京，协助这位母国的老学者进行调查。

---

① 石田英一郎（1903—1968），日本文化人类学家、民族学家。

这件事情虽然与日本没有直接关联，但也是功绩一件。他还出版了《西夏文字考》《西夏助辞考略》等五六本研究专著。

第三点特别希望冲绳的人士知悉，那就是他对冲绳语言的研究。如今大学教授为了证明日本语与冲绳语语源相同，往往会使用数字统计等方式，以首里或者那霸一带的语言变化，将其同京都等地进行对比。相比100年前，学术界唯一的变化就是增加了数理层面的研究。从结论来看，他们倒是都认为两者原本是相同的语言，但是对于研究方法，却很难让人感到满意。

涅夫斯基所采取的方式跟我们相同，就是到当地进行调研，考察现在语言大概是何年何月从哪里流传过来，通过详细的报告弄清楚来龙去脉。这项工作进展并非顺利，但是却不能因此抹杀他的功绩。两种路径所得出的结论虽然相同，但是就方法论而言，归纳法显然比演绎法更加合适。涅夫斯基用明信片大小的纸张来做笔记，只要有时间就会把调查到的内容记下来，如今这些记录还保存在东京。

涅夫斯基的晚年

至于涅夫斯基哪一年返回俄国，我已经记不清楚了。他们夫妇二人回到俄国后，据说刚开始的时候尚且顺利，但是收不到他的来信，我写给他的信也没有回音。后来我了解到，日本与俄罗斯恢复交流后，大阪外国语学校的一位教授到了俄国并且见到了涅夫斯基本人。

这位教授的话给我留下很深的印象。他到了那边时，从北海道跟随涅夫斯基到俄国的妻子已经在监狱里死去了。涅夫斯基本人也处于被监禁的状态，这位教授获准探监，他的脸色已经完全

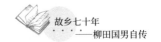

变了，而且还说了日本不少坏话。

考虑到探监时在旁边站着的狱警，他所表露出对日本的怨恨和不满完全可以理解。所以这位教授也没有争辩，只是倾听他的抱怨，不想那次分别竟是永别。不久之后涅夫斯基就在狱中含冤死去。更可怜的是跟他同行的妻子，她那增毛町渔场主的父亲竟然连一封女儿的信件都没收到。那段时期苏维埃的做法实在可恶。

昭和二十二年（1947年），我跟文学家、评论家一行七八人到北海道做讲演时，曾经拜访过位于小樽的一家名为市川的旧书店。书店老板告诉我曾回收过一套珍贵的资料，问过对方之后才知道竟是涅夫斯基的笔记。在回俄国之前，他把这些资料寄存在妻子的娘家。涅夫斯基妻子的父亲愤怒于这对夫妇回国后杳无音信（实际上信件被当局截获了），一怒之下就把他的一箱笔记资料以50日元的价格卖给了废品店。这家书店发现这箱资料后，将其回收然后卖给了拓殖银行一位名叫长谷川的职员。据说转卖价格是500日元。后来有不少人希望入手这套资料，不过长谷川本人并不缺钱，所以就一直保留着它。后来他回到东京之后，便将资料目录誊写印刷后分发给少数几个人，其中我也有一份。

我热衷于收集涅夫斯基的抽印版资料以及从其他地方获得的资料，但相较而言，他本人在调研的时候记录在明信片大小纸张上的几百页笔记更加重要。将它们作私人收藏的话，对于学问研究而言实在可惜。

我手头的目录有A、B等字样的分类，所以我在想是否这种分类一直持续到Y、Z呢，我认为很有可能是去冲绳调研时所作的笔记。我曾经通过非正式的渠道向收藏主申请目睹一下资料，但在此过程中不知道哪位人士恶意向对方透露说，这套笔记对于冲绳研究而言很重要，但是对于北海道研究而言没有用处等诸如此类的说法，收藏主因此更不愿意分享给我了。但是，这是一套学术研究所必需的资料，我便直接向对方写了一封申请信，希望在对方许可的基础上，将记录以拍照的方式复制下来。

现在我委托东大服部四郎[①]教授的正是这项工作。

涅夫斯基的笔记

涅夫斯基的遗物遭此境遇实属不幸。不过幸运的是，他后期在大阪外国语学校做讲师的同时还在京都大学的文科兼职授课，据说他以自己的笔记为基础在课堂上提到了有关冲绳语言的话题，有三四个学生听了他的这门课。

他从宫古岛调查回来后告诉我，宫古岛的语言体系混乱复杂，甚至可以说每个部落的语言都不相同，大体来看可以分为三类体系。

第一种是将R音发成Z音。例如，"ARU"读成"AZU"。这类发音体系有着广泛的受众，可以说是宫古岛中坚文化层所使用的语言体系。

第二种如果不详细调查的话恐怕很难搞清楚，即一小部分区域将R音发成L音。

第三种则是在冲绳一般比较常见的落音，这跟日本本土比较接近。

为何会有上述三类体系的混合交叉，它们的共存是如何形成的？涅夫斯基对该问题很感兴趣，为此专门去了宫古岛两三次，

---

① 服部四郎（1908—1995），日本语言学家。

并花很大工夫做了笔记。耳朵不好使的人恐怕难当此任，涅夫斯基却出色地完成了任务。而且奇怪的是，他是在与受访者保持距离的情况下完成了对上述语言体系的分类，但是其完成度却非常之高。

这份笔记埋没于故纸堆着实可惜，我通过书信的方式告知京都大学以及大阪外语学校此事。其实是希望学校能够买下有关宫古岛部分的笔记，并讨论如何充分利用它们。

京都大学图书馆馆长泉井久之助[1]君是语言学出身，对此很感兴趣。大阪外语学校方面，我跟石滨纯太郎[2]教授很熟悉，而且作为本校教师的遗物，也希望能够获得这份笔记。从各方面推动反而让事情变得更加复杂，最终两方面的努力都没能获得成功。其实这位叫作长谷川的人士大可放心，他本人感兴趣的北海道相关资料，我们没有需求，我们只需要参考冲绳相关的笔记。

涅夫斯基当初与其友人康莱德（也是俄国人）一起来我家的时候，我记得他们两人说过"我们两个人都已经25岁了"。如今涅夫斯基还活着的话，或许已经67岁左右了，想必他也是想要毕其生于学术的学者吧！

御白神

涅夫斯基从北海道往返东京的途中，经常到相马出身的高木诚一君那里从事御白神的研究。两三年前，高木君编撰的《涅夫斯基往来通信集》出版发行。

---

① 泉井久之助（1905—1983），日本语言学家，专治印欧语。
② 石滨纯太郎（1888—1968），日本东洋史学家。

涅夫斯基一方面从事有关冲绳当地语言的研究，希望明确冲绳的语言乃是日本本土语言的变种；另一方面，他还对东北很小一部分地区盛行的文化现象——御白神进行了细致的研究。

御白神（oshirasama，オシラサマ）这个说法仅限于东北地区北部的3个县，南部则称"okunaisama"（オクナイサマ）、"toudesama"（トウデサマ）或"todesama"（トデサマ）、"shinmesama"（シンメサマ）等。御白神是一个粗而短的棍棒形状的东西，最初是将其拿在手中用来拜神的。因为拜神的时候要把它放在眼前一直注视，后来就在一端画上了头像。再后来人们便将其彻底改良成人偶的形状。在弘前能够看到山脚下有一座名为久渡寺的寺庙。寺里有一位喜欢通过空想来设计造型的和尚，他对寺庙中存有的御白神进行了改造。给它们加上了双手，这样就完全变成了人的模样。自腰部往上，完全以人的姿态呈现，头上戴着璎珞，然后戴上叮当响的金属，面部涂上漂亮的白色。如果只看上半身，宛若公主人偶。很明显这是明治维新之后才有的现象。每年3月16日举行祭祀活动时，附近总会聚集很多玩耍御白神的巫女（itako），显然当地的御白神与其他地方完全不同。

那么御白神的实物究竟如何呢？南部①有一个名叫太田的人，将他本人收集的御白神全部捐赠给了涩泽敬三②君的研究所，所以这些御白神就跟着来到了东京。据说其中清晰地刻着天正、庆长等年号的日期。目前还没有发现比这些年代更古老的御白神。

东京附近亦有"御白"（オシラ）这个说法，指的是蚕。日本有很多地方将"御白"奉为蚕神，所以"御白"或许与蚕有关

---

① 指青森县的南部地方，因日本江户时代豪强南部氏的领地而得名。
② 涩泽敬三（1896—1963），日本银行家、政治家、民俗学者。

联。但是东北一带养蚕业兴盛起来是在江户时代中期以后，所以很难想象一根木棒与蚕能有什么关联。况且御白神信仰最虔诚的南部八户地区，几乎没有人养蚕，所以不可能将其侍为蚕神。或许是为了让话题增加趣味性才有上述普遍性的说法吧，总之东北地区的御白神与养蚕业没有必然联系。

东京附近的御白神，人偶做工非常粗糙，养蚕妇们为了让蚕好好吐丝，往往集中在一起祈求蚕神的保佑。这种仪式被称为"御白讲"。

在东北地区，被称为"itako"的巫女通常一边转着手里的御白神，一边念着"御白神祭文"，祭文内容讲的是马与人结婚的故事，一方是马白神，另一方是姬白神，传说以这两个御白神而展开。故事情节非常奇妙，感觉不像是日本本土的东西。过去在中国的《搜神记》中似乎有一篇《太古蚕马记》，故事情节跟前述的人马通婚完全相同。也就是说，故事情节本身肯定是以汉文学或者佛教为媒介传到日本的。

如今在青森县金木町附近川仓的地藏祭，通宵的巫女或念御白神祭文，或为神佛招魂，这种方式已经进入了御白神信仰的末期阶段。巫女念叨的祭文大概有四五句话，祭文主要从"金满长者物语""千段栗毛物语""满能长者物语"等如今仍然使用的十几种故事中选取。其实行文大都一样，只是说法不同而已。到了秋田一带，就没有类似的做法了。

御白神确实是很有意思的研究课题，一旦涉入过深恐怕就没法顾及其他领域的问题了。不过好在涅夫斯基保持退一步看问题的态度，才没有一直深究御白神。

涅夫斯基的上述研究为日本的学术界作出了突出的贡献，不幸的是他的研究成果却没能流传下来，实在可惜！

我向来对那些别人不怎么留意但又很重要的问题抱有浓厚的兴趣。

我的学术研究

我的出版事业

岩波书店的杂志《图书》刚出版时，嘱我写点东西，我比较诙谐地将文章命名为《我的出版事业》。其实在很早的时候我就有做书（book making）的想法。前面提到小时候写的《竹马余事》，可谓我出版事业的开篇之作。这本作品中不仅有汉诗与和歌，还有一篇名为《大和尚传》的文章。写的是70年前发生在辻川的往事。当时村里面有个整日酗酒的堕落僧人，面目狰狞地到村里人家混吃混喝，村里人称他为"大和尚"，也不提他的名字，我文章写的就是这个不受村人待见的僧人的故事。此外，《竹马余事》中还有一些比较有趣的文章。此后过了很长时间，我陆续出版了一些著作，除了自己写书之外，我编辑的丛书也邀请别人执笔。丛书中比较长寿的系列是"炉边丛书"，在这套丛书之前还有"甲寅丛书"。甲寅是大正三年（1914年）的干支纪年，丛书列了好多计划出版的著作，但实际出版的只有6本。

其实从那个时候开始，我就暗自担心出版界的状况，我认为不能以畅销与否来判断书籍质量的好坏。随着报纸广告的盛

行，那些在报纸上做宣传的书籍往往会受到好评，由此成为判断书籍质量的重要指标。在我看来，写书、做书不应该只顾着看报纸上的评价。西园寺八郎①获悉我的想法后，将其转告给他的知交——鹿儿岛出身的实业家赤星铁马。时间大概是在明治四十二年或四十三年（1909年或1910年），我当时兼任宫内省书记官，与西园寺的交情由此开始。赤星是后来向启明会②提供资金的人士，他本人一直致力于为日本的文化事业贡献力量。为了资助我的出版事业，西园寺不仅游说赤星慷慨资助，他本人也默默地贡献了3 000日元，这大概相当于总资助额的三分之一。总之，这笔钱在当时可谓巨款，我便把它放在了雄心勃勃的丛书（"甲寅丛书"）出版事业上。

金田一京助③君的《北虾夷古谣遗篇》是第一部利用这笔经费出版的著作，共印刷了500册。该书没能出版续本，非常可惜，如今已经成为珍本。丛书中的每一部单本都印刷500册，大概花费500日元。每本书售价在1日元或1日元20钱左右，包含寄赠的部分，大概要亏损三分之一。出版经费虽然由西园寺和赤星两人筹措，但我仍然担心因经费不足而难以为继的问题。

我为该套丛书的问世付出了极大的心血。当时我已经住进贵族院的宿舍，考虑到政府宿舍的限制，便将父母在市谷加贺的住处作为发行处。

---

① 西园寺八郎（1881—1946），日本贵族院议员、官僚，元老西园寺公望的养子。

② 启明会是1918年成立的日本教师运动团体，赤星铁马在成立时捐赠100万日元，为日本最早的财团法人。

③ 金田一京助（1882—1971），日本语言学家，主要研究日本国语和阿伊努语。

该丛书的第二本是白井光太郎①的《植物妖异考》上卷。

甲寅丛书

"甲寅丛书"的第三本是我本人有关河童的著作，即《山岛民谭集》。这本书过了很久虽然再版，但当初也只是印刷了500本。我当初计划陆续出版有关河童的作品，但是自这本书问世后便再没有出版过以河童为主题的著作。

第四本是香取秀真②君的《日本铸工史稿》。香取君的研究堪称鸿篇巨制，他本人非常希望出版成书，所以我们便将关东的部分优先出版。该书的特色是根据当前的现物来追溯铸工的历史，即从新生事物往前追溯古来的历史，这在当时是花费相当大的精力调研出来的结果。当然作者在著作出版后也仍不断有新的进展，但书中刊载的内容其实已经非常有价值了。

第五本是比金田一君年龄稍长一些的文学士——齐藤励③君的《王朝时代的阴阳道》。作者齐藤励是明治时期英语学者齐藤祥三郎的长子，他的弟弟是后来担任驻美大使时客死他乡的齐藤博。齐藤君对学术的热忱无出其右者，研究的领域也特别有价值，可惜的是因为过于辛劳而早早去世。

第六本是前述《植物妖异考》的下卷。该书最后的预告页也堪称壮观，众多知名人物的名字都写在了上面。当时地方上陆续有预购申请，甚至还有读者每期都会预购，著作的销售行情还算不错。我在这套丛书上花费了很多工夫，陆续也有同仁加入编辑

---

① 白井光太郎（1863—1932），日本植物病理学家、菌类研究者。
② 香取秀真（1874—1954），日本铸金工艺家、歌人。
③ 齐藤励（1882—1913），日本明治时期的历史学家。

事业中来，所以与其说是"甲寅丛书"，不如说它是集体编辑更能反映真实的情况。

在众多订购者中还有当时还是学生的芥川龙之介。后来芥川声名远扬的时候，我总觉得在哪里听说过这个名字，原来他就是"甲寅丛书"的忠实读者之一啊！另外，据他本人所言，他的小说《河童》是在读了我有关河童的著作后有感而写。

我第一次见到芥川是他已经成名之后的事情了。有一次去长崎的图书馆查阅旧资料，馆长告诉我当天还有从东京过来查资料的人士。我比较好奇是谁大老远地跑过来，到了书库后看到身高差异明显的两个人走过来。馆长介绍道，"就是他们二位"，我们彼此鞠躬致意，然后我问道："你是甲寅丛书的读者吧！"芥川回应："正是在下。"

与芥川同行的是菊池宽。他们二人一高一矮，走在一起宛若东京的浅草十二层（凌云阁）以及旁边的瞭望塔。他们住在长崎的好客人士永见德太郎①家里。

打那之后，虽然时不时收到芥川的来信，但一直没有机会见他。到了昭和二年，大概是在芥川去世之前，菊池宽在星冈茶寮招待我们，当时芥川也来了，临走时菊池让芥川送我，我们便一路说着话回去了。当时芥川和菊池二人编辑出版了《小学生全集》，我比较好奇他们为何会编辑这类读物，芥川无辜地回答道："那都是菊池君让我做的，他比较强势，啥都让我做。"那次别过之后不久，芥川便自杀了。

除了芥川之外，我还有一位"河童"弟子，那就是泉镜花君。我总是开玩笑说泉和芥川是我最得意的河童弟子。牛久沼的

---

① 永见德太郎（1890—1950），日本实业家，活跃于长崎的文化人。

小川芋钱①君也进行了自主的河童研究，我们虽然有书信交流，但遗憾的是从来没有见过面。

乡土研究会

明治四十三年（1910年）秋，以新渡户稻造为中心的乡土会成立，固定成员有石黑忠笃、木村修三、正木助次郎、小野武夫、小田内通敏、牧口常三郎等人。关于当时成立的情况，收录在由我所整理的《乡土会记录》中。石黑忠笃君如今已经成为政治家，我们当时是十分友好的伙伴。从大学时起，我们便一起痴迷于阅读各种书籍。

乡土会的前身是名为"乡土研究会"的社团，大概在明治四十一年或四十二年（1908年或1909年），最初是在我家创立。新渡户博士回国后，就在新渡户先生家中聚集，中心成员还是"乡土研究会"的那些人。主题以成员的旅行报告为主，其中最热心的当属早稻田大学的小田内通敏君。将小田内君介绍给我认识的是同为早稻田出身的国木田独步，他们二人是好友。或许是因为这个关系，后来他们也把牧口君介绍过来参与活动了。得益于小田内君的介绍，我们增加了一两位会员，当然最终这些人都去了新渡户先生那边。新渡户宅邸的活动开始后，新加入的会员有三宅骥一。那须皓君大概同期加入，不过他只算是新渡户先生在宗教领域的弟子。先生宅邸的会费每次50钱，考虑到每次招待我们吃喝的费用都要2日元或2日元50钱，所以这点会费只是象征性的。先生的宅邸不仅场地好，有很多藏书，招待得也很不

---

① 小川芋钱（1868—1938），日本画家，本名小川茂吉。

错，大家都乐在其中。

明治四十四年（1911年）5月，我约上牧口君进行了一次长途旅行。我们从甲州的谷村出发，穿过道志谷，经过月夜野到达相模。我们考察的山村十分偏僻，发个电报都要3天时间才能到达，我们一边考察，一边摸索农村调查的方法。那是一次愉快的旅行，直到今天我仍能清晰记得道志川的风景。

牧口君是创价学会的创始人，最近其继承人户田城圣君刚去世，舆论的关注自然不少。牧口君是越后人，早年搬家到北海道，后来成为北海道师范学校的教师。户田君可能就是他在当时所接收的弟子。

我在很早以前就跟牧口君有深度交流，其著作《价值论》的序文由我撰写，但是我并不太了解创价学会这个组织。该组织喜欢笼络年轻人，所以对师范学校的学生们关爱有加。北海道出身的社会学者田边寿利好像也是其中一位学生。后来不知为何牧口君进了文部省，或许因为文部省委托项目的关系，于是就认识了我。

乡土会是《乡土研究》的母体，堪称当今民俗学会的基础，不过当时"民俗学"这个说法并不普及。最初好像是上田敏君将"falklore"翻译成"俗说学"。大藤时彦君调查了当初的历史资料，证实了这一翻译主张最早出自上田君。

炉边丛书

利用西园寺君的资金支持，我还出版了一套"炉边丛书"，大概有30多部著作。其中有我本人所著的《乡土志论》等一到两本。"甲寅丛书"时期给我提供全方位支持的冈村千秋，继续协助我编辑这套丛书。无论是杂志《乡土研究》，还是丛书，冈村都功不可没。现在想来，他虽然性格比较易怒，却全心全意地投入到工作中，可谓我的左膀右臂。不幸的是，在战争时期他死于脑出血。他最初在读卖新闻社工作，因为不喜欢这份工作，我便拜托博文馆的长谷川天溪，"我有个亲戚，能否给他介绍个工作"，对方欣然允诺，先是到了田山花袋所参与的《文章世界》，后来转到《女学世界》，总之在博文馆换了好几个职位，在此期间中山太郎也加入了博文馆。再后来博文馆发生了各种复杂的事情，冈村对此也心生厌烦，年轻气盛的他随口一说便辞职了事。

冈村在协助我出版"炉边丛书"的时候，比较操劳的是，有些书籍的销量不好。在此过程中还制造了一出"悲剧"。一位书商据称在中国经营书店，说是要将这套书运到中国销售，因此希望我们能够给予特别折扣。不知实情的冈村理所当然地同意了对方的请求，结果这些书并没有被带到中国，而是在本乡附近打包出售。总之就是以非常低廉的价格出售了我们出版的图书。这导致我们发行部门手头的图书因为没有价格优势而滞销。

"甲寅丛书"的作者群多少有些"玄学"的感觉，大多是学者们的花边话题或者说不务正业之作，而"炉边丛书"则是潜心学术的用心之作。从培养研究者的角度来看，"炉边丛书"的功绩更大。这套丛书给那些从未奢望过出版图书的人们极大的鼓励，为了出版图书，他们就自己感兴趣的话题四处调研，奠定了当前日本民俗学的基础。该丛书也很大程度上增加了日本人对琉球以及东北等地区的关注。

我以前在贵族院工作期间编辑杂志《乡土研究》，后来从贵族院辞职时，考虑到保留《乡土研究》也是麻烦事一桩，所以杂

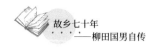
志到第四卷便戛然而止了。时间大概是在大正六年（1917年），后来就像我此前介绍的那样，使用各种化名出版杂志，再后来则彻底与杂志绝缘了。

这段时期大概只持续了4年，后来遇到了热心的折口君，我们编辑出版了大型杂志《民俗学》，这本杂志比较长寿。不过这时候的杂志已经超出"我的出版事业"所设定的范畴了。

关于《民间传承》

民俗学的同仁们后来陆续编辑出版了多种杂志，对此我本人的立场是不直接干涉，其中半途而废或者背离创刊初衷的杂志也有不少。

昭和十年（1935年），是我花甲过后的"还历寿年"（61岁），一众民俗学友人在明治神宫外苑的日本青年馆举行民俗学讲习会，并借此机会为我祝寿。他们执意举办，我本人也不好推脱，后来我便邀请东京以及来自地方的亲友60余人到我成城的私宅举行园游会。活动中途，几位友人让我暂且回避一下，他们在和室窃窃私语不知商议什么事情，之后他们的代表说："我们计划新成立一个研究会并发行会刊杂志。"这就是"民间传承会"发起的直接契机，时间是该年8月初。

民间传承会在成立的最初6年发行的会刊杂志有新闻纸大小共16页。来自东京的编委近10人，每次均集体前往排版所校正。排版所还保持着传统习惯，给每一位编委提供茶点，有时候到了饭点还提供餐食。只有16页的杂志，如此兴师动众，以至于占领了排版所的接待室，最后排版所实在没有办法，还专程到我的住处道歉，请求少一些人参与校对。从第七卷开始，杂志采用一般通用的版式和尺寸，后来进展也不是十分顺利。编委会中意见不一，有人热衷这种方式，而另一些人则喜欢另一种方式。总之，这本杂志最大的问题是没有专人负责编辑工作。

除此之外，在别人的建议下，我还尝试过其他类型的杂志，大都半途而废。即便如此，还是经常能发现有些人士手里拿着我们的旧杂志津津有味地阅读，并因此埋头于民俗学的研究中，其实这已经实现了我们的初衷。

除了引起一般民众对民俗学的兴趣之外，我的另一目的是能够在国际层面上让学术界正视日本民俗学的价值。无论神道也好，皇室也罢，能够吸引外国人产生对日本研究的兴趣，并且让他们能够到日本实地调研，是我一直努力的方向之一。外国人研究日本并出版相关的著作，其实对日本国内的研究也是一种激励。当我还是公务员的时候，便想着利用这些少许的时间做些正能量的工作，如今看来确实是一件无比幸福的事情。

从这个角度来看，我的学习既具有研究性，也具有政治性；既聚焦国内，同时也面向国际。

姓氏研究

我向来对那些别人不怎么留意但又很重要的问题抱有浓厚的兴趣，觉得自己如果不做就没人会做了。而我一旦做了，就不太容易中途放弃，为此妻子经常笑话我，子女也会觉得不可思议，其实我和弟弟们都有类似这样的毛病。

有一段时期，我对姓氏特别感兴趣，为此还做了分类卡片。后来越来越离谱，最终放弃了这项工作，但是在分类的过程中我也发现了很多问题。有些人的姓氏是跟土地（地名）捆绑在一起

的，诸如鲛岛、伊集院等照搬地名的姓氏，这些地名主要来自鹿儿岛。但是像中村、小林、山田这种姓氏，却不容易找到起源。关于小林，群马县曾有姓小林的豪强，貌似从那边发迹并扩散而来。而渡边则有可能是来自摄津的渡边。长谷川也是大姓，其起源可能是越后的长谷川，然后向更远的地方传播。关于这一点，最具有代表性的当属铃木一族了吧！在辻川，购买我们家地产的是铃木家。辻川的姓氏中仅次于松冈的就是铃木。翻阅以前的政府职员名录，从东北到九州，姓氏最多的也是铃木。

姓铃木的很多人名字中带有一个"重"字，旗本中也有这些案例。脍炙人口的民谣中就有"春天花开的青山，有位名叫铃木主水①的武士……"铃木家的家纹多选择"稻丸"。穗积陈重以前也是铃木家出身，年轻的时候曾经姓铃木。他在仙台一带也有亲属，据说是伊达②家的家臣铃木男爵。陈重先生出身的穗积家则侍从于宇和岛的伊达家。

美作的山中也住着与世隔绝的铃木氏族人。记得铃木一族三百年祭还是五百年祭的时候，曾邀请当时在冈山的井上次兄赋歌一首。次兄歌文如下：

与世隔绝铃木氏，芒草花开为始基。③

次兄的原文中究竟使用了"基"还是"印"我已经记不太清

---

① 铃木主水，1801年与内藤新宿的游女选择殉情的日本武士，后来其故事被改编成歌舞伎等多种舞台剧形式。
② 伊达是日本江户时期仙台藩领主的姓氏，第一代领主为伊达政宗。
③ 原文为"なかなかに世に離れしや花すすき末開くべき基なりけむ"。这里是借"susuki"（芒草）来指代"铃木"（suzuki）。

楚了，总之，到了美作吟这首和歌准没错。日本各地散居着姓铃木的人，如前所述，其源头在纪州。在辻川，氏神社靠左边的山林中，尽是姓铃木的墓地，不知如今状况如何。我小时候第一次看到一排排的石碑，心里总感到一股冷气袭来。

铃木顾名思义就是"铃声响起的树木"，意指成熟的水稻。

地名研究

后来我又从事地名研究，地名虽然是姓氏的基础，但是相比于姓氏，它的流动性并不强。因为地名不会离开土地本身，所以我便着手相关的研究。我认为双音节的地名最为古老，所以就从双音节地名开始研究。而三音节、四音节的地名则是以排列组合的方式形成。说起地名研究，如果不跟地理学方面的学者合作，恐怕难以有效推进。值得注意的是，近期日本地名学研究所成立，还出版了相关著作。

最近京都某大学一位叫作镜味的人，正在从事规范化的地名研究。西方在这方面已经取得了显著成效，日本也不能自甘落后。在日本，阿依努的地名一般是两个事物的简单组合，所以很容易理解。文化相对落后的阿依努尚能够十分明确地名的由来，日本本土也不能忽视，或许是基于这个原因，才有上述学术研究的推动。

关于地名的研究，早期有邨冈良弼（栎斋）[1]先生的推动，后来有吉田东伍[2]等人的跟进。仔细追溯历史，或许在明治以前就

---

① 邨冈良弼（1845—1917），日本明治时期法制官僚、法制史学者、历史学者。
② 吉田东伍（1864—1918），日本历史学者、地理学者。

有人做相关研究。研究日本文化史，如果抛开文字以外的资料，那么往往会选择从姓氏和地名入手。

说到姓氏，其实半数以上是在明治新政府的推动下，在很短的时间内普及开来的，所以研究起来相对比较困难。但是地名则不同，大多是过去固有的称谓，虽然也有一些难以理解的地名，但整体上追根溯源相对简单。

明治初年，内务省下设地理局，对全国的地理环境等进行总体调查。此外，地理局还要求各地府县编撰地方志，并附上详细的地图。这项工作花费了很大的工夫，但是伊能忠敬①的实测图也没有太大的推进。我在担任内阁记录课课长时，曾经查阅过该资料，感觉还有很多不充分的地方。不过，看了这些资料后我才明白，不同于阿依努的语言，日本本土的地名有很多是没有任何来历说明的。这也影响到对姓氏的研究，并由此产生了很多误解。总之，仍有认真研究的必要，明治初年的调查只能说部分成功。

例如，我调查柳田这个姓氏与地名的关系时，就有如下失败的经历。打开比例尺为两万分之一的地图，栃木县宇都宫一里半开外的河边有一处名为柳田的村庄，我当时以为或许跟柳田家关系密切，于是前往调查。当地也有人说"柳田是过去的领主"等让我感到高兴的话。不料到了村公所后，负责人笑道："您是看了地图找过来的吗，那么很不幸，这个地方原名柳原新田，明治初年觉得麻烦就缩写成了柳田，跟柳田家没有任何关系。"听闻对方的说明之后，伤心落魄之情溢于言表。

---

① 伊能忠敬（1745—1818），日本江户时期地理测绘家，绘制了日本第一张全国地图《大日本沿海舆地全图》。

最近这种类型的地名变化不在少数。为此，必须要调查30年前甚至50年前，这些地方使用的名称是什么。即便是我回到播州，保留过去地名的村落或者公共团体，数量也已经少之又少了。

名为"senzoku"的地方

我在调查日本地名的过程中，吃惊于其中多处地名的由来没有明确的说法。其中就有全国各地可见的"洗足"或者写作"千束"的地名[①]。追究起来或许能弄清楚个中原委。我曾对这个地名做过长期的调查，不过到目前还有很多未解之谜。

在播州，辻川稍北的山崎，该地市川流经的山崖下有个名为"洗足"的地方，如今写作"千束"。据说，过去夜里沿着山崖下的河边小道行走时，悬崖上面有一只巨大的脚，越过人们的头顶伸进河里，该地由此得名"洗足"。

今天看来虽然有些荒唐无稽，但在过去确实流传有高山上的神明将腿伸到山下（河里）洗脚的所谓巨人传说。其中当属奈良时期《常陆国风土记》的记载最为古老，据说山上的神明能够将手伸进海里捕鱼吃。沿着利根川逆流而上，到上州的深处也有类似的传说，也就是说，有河流的地方总会伴随着巨人传说。现在不怎么听说拦路抢劫的新闻，而我每次触及地名研究的课题时，总能够想到我对故乡山崎洗足的记忆，因为河道两边就是雄关险隘，河道异常狭窄，河岸的小道则是通关的必经之路（暗喻此处拦路抢劫的可能性）。

---

① "洗足"和"千束"的日文发音均为"senzoku"（センゾク）。

无论是"洗足"也好，"千束"也罢，都有类似巨人伸足的传说，但我认为这些地方或许还有更深层次的由来值得挖掘。这些传说都跟水流有密切的关联，这让我想到古人有关葬地的信仰。关于这一点，比"洗足"还要多的是名曰"菖蒲谷"的地名。毋庸置疑，这些地方多生长菖蒲，但这一点不足以将其命名为菖蒲谷。叫作菖蒲谷的地方多位于河流上游的深山老林僻静处。我个人认为这或许是跟人类的埋葬有关联的地名。当然，与此相似的地名在全国各地可见，也很难对其一一溯源，"洗足"或许也是与此相类似的地名之一。除此之外，其他还有五到六处跟埋葬地遗迹等有关的地名，仔细调研或可了解过去日本的埋葬方式以及处理尸体的方法。将"洗足"改写成"千束"的地方较多，总之，这类地名在全国范围的普及程度令人诧异。

日本人历来重视灵魂，以至于异常轻视身体。灵魂几经周转变形仍可再生，而身体，极端地说仅限于当世。所以最古老的葬法必定充分考虑到这种信仰。还有木地屋①的话题，他们的葬法就是从邻近河流的悬崖——也就是在所谓"洗足"的地方将尸骸放河里。以一种最自然的方式放进水中，任其腐烂以致最终无影无踪。东京附近也有很多名为"洗足"或"千束"的地名，不过这些地名却无法证实我前面的假设。总之，我还是认为"洗足"（千束）、"菖蒲谷"这些地名与古代葬法的遗迹等有着某种联系。

年少时，我几乎每天都会爬上家后面的山丘，眺望市川的洗足，如今带着这样的困惑，它就更加不可能逃出我的记忆了。

---

① 木地屋（kijiya，きじや），指采集木头后不经油漆或者涂色就制作木材的木匠或其商店。

本地屋

我们有必要对木地屋进行细致的研究。木地屋在过去是从深山老林中砍伐木材，并将其加工成木器的小屋。日本人的姓名中如小仓（Ogura）、小椋（Ogura）、大藏（Ōkura）等，都有"ogura"或与之类似的发音，在我看来，这跟山上的"小黑屋"（小暗き所、ko-kurakidokoro）有密切关联。这些姓氏或地名大多跟木地屋渊源颇深。近江的君畑、蛭谷往往被视为木地屋业者的心灵故乡，他们的足迹从近江、伊贺、伊势，遍及北陆、东海、东北，甚至中国①、四国等地。

田中长岭所著《小野宫御伟绩考》中有关木地屋的研究为世人所关注，其亮点在于，相关考据追溯到南北朝时期，但其立论的基础全部来自近江蛭谷的传说，从可信度上来看似有不足。他的著作出版于10年前，收录的古文书抄本诸如太阁时代②长束正家，这个人的资料看起来倒像是真的，但是其他的材料可疑之处不少。

木地屋有很多值得关注的话题。播州西部的山谷据悉有木地屋，而且一直延伸到但马、丹波、丹后以及越前等地。

即便是全国木地屋的"总统领"——近江的木地屋，也存在爱知郡③的蛭谷和君畑、犬上郡的大君畑等不同的谱系。而且这一带到了宽正、享和年间已经没有木地的材料，仅仅算是象征

---

① 指日本本州岛西部的中国地区，包含现今的鸟取县、岛根县、冈山县、广岛县、山口县5个县。
② 太阁指丰臣秀吉。
③ 这里是指日本滋贺县的爱知郡（echi），而不是爱知县的爱知郡（aichi）。

意义上的"总统领"。关于木地屋的谱系，我个人觉得比较有趣，所以多少了解一些近江与其他地区之间的关联。

明治四十年（1907年）前后，我在内阁任职期间，认识一位在赏勋局工作的名为横田香苗的人。他乃名家之后，是彦根藩士出身的学者。此前曾在警视厅的搜查科工作。平时话语不多，但是问及木地屋的事情后，他告诉我说，明治维新前在如今日比谷附近的彦根藩邸，有一位与近江犬上郡大君畑的木地屋关系要好的人士。这位人士每每吃喝嫖赌之后没钱了，便去箱根的木地屋借点钱将就一下。从这里可以发现，箱根的木地屋应该属于大君畑的系统。

箱根的木地屋曾经有一段时期主攻寄木细工[①]，不过这个手艺太花工夫，后来慢慢绝迹了。进入明治时期之后，山林不得自由砍伐，木地屋也随之向着两个方向发展：部分有能之士来到乡里销售木地材料，多方联系得以进行大规模生产和供给；能力不及的则只得以制造木芥子（kokeshi，木偶小人）等维持生计。

我最近对木地屋感兴趣，是因为在调查国内民族移动时发现，这些山间漂泊的木地屋或许就是最好的案例。

木地师的埋葬方式

明治四十四年（1911年），我去岐阜县调研时有幸听闻有关木地屋的话题。我在郡上八幡住了一晚，第二天郡长找到我，讲了他此前做警察署长时一段有关荒山木地屋的痛苦经历。

这位郡长在伊势宫川下游地区担任警察署长时，遇到这么一

---

① 寄木细工，日本箱根一带产的木片拼花工艺品。

桩事件。从上流漂来一具被苫草席包裹的尸体。尸体包裹得很严实，还插着一把小刀，以至于很难解开绳结，警方将其认定为一起恶劣的犯罪事件。不过一位有经验的老警察说道："嗯？这人不会是木地师吧？"他为何做此判断，才是最令人感兴趣的。

木地师的埋葬方式与一般人不同，他们好像不使用棺材。死后用苫草席整洁地裹起来，然后卷上几圈，以小刀作为护身插在草席上。看到小刀便可以判断尸体是不是木地师。因为木地师使用的小刀开刃方式与普通小刀不同。普通小刀的刀刃开在右侧，而木地师的小刀为刨木需要开在左侧，因此很容易做出判断。我觉得比较有意思，便向这位郡长了解了上述情况。

据说最早从事木地屋工作的，并非来自以辘轳削木①为生的近江君畑一带。有自称惟乔亲王②后代的一群人是木地屋的残党，他们以制作木勺为生。关于木地屋制作木勺的说法，在《本朝国语》中已经得到确认。从伊势向南延伸，大多使用辘轳削木的方式，但最初却是以刃物来削木。据说木勺卖不出好价钱，后改而制作木碗。以白木制作而成的被称为"合子"的器皿，应该是在此之后的事情，目前年代难以确定，但大致是在足利时代。

曾经有一段时期，餐具是朝廷高官的专利，由匠人在京都负责制作，一般民众要么徒手吃饭，要么把餐食放在树叶上来吃。"合子"得以普及要归功于木地屋的推动。所以不能轻视木地屋的存在价值，因为毕竟有改善生活的需求。"合子"这个说法经

---

① 即通过轴轮转动来削木头，其原理类似今天的电锯，但这里显然更传统一些。

② 惟乔亲王（844—897），日本平安时代文德天皇的长子，因为皇位继承争议而隐居。

常会联想到和尚用的"白木合子"①，不明来龙去脉的人们或许会认为它是佛教用语。实际上白木合子在足利时代就已经普及，只是因为没有涂层，保持最原始的木质材料而已。当然，这种容器不耐脏，使用一次就不想接着用了。

但马地区的养父郡过去有个西谷村，村内有个偏僻的部落名为"横行"。该部落以制造一次性筷子知名，此地也有木地师、木地屋等各种说法。过去家家户户常备的容器，如盛红豆饭以及做年糕的木桶等都是由这些木地屋制作，如今在丹波、丹后等地区仍然有家庭使用这些容器。

木芥子（木偶小人）

在木地屋所制作的各种物件中，最为熟知的非木芥子莫属吧！

木芥子如今在全国各地都能看到，不过我认为其最初流行的中心在大阪。也就是说，在大阪首先兴起了收集木芥子的习惯，然后再向全国范围扩展。大阪有个名为橘文策的人士，长于绘画，也设计木芥子人偶，他堪称木芥子中兴的鼻祖，为此还出版了著作。或许是起因于这位橘君的倡议，木芥子被写作"木形子"。这个表述使用了一段时间后，最近才有人提出异议。秋田县有位年轻学者在专注于木地屋的同时，还对木芥子做了细致的调查，对其名称来由也有多种解释，只是这些解释难以让人满意。福冈县一位名为曾田的民俗学者，他本职是个医生，据说也在收集木芥子相关的研究资料。

---

① 即化缘用的容器。

关于木芥子这个说法，东京小孩子的发型中有一种娃娃头"okappa"（オカッパ），在我们播州的农村则称为"okeshi"（オケシ），如果参照这种发型或许比较好理解。我们小时候玩的最便宜小巧的人偶"芥子坊主"（keshibozu，ケシ坊主）指的就是这种。有些称"kokeshi"人偶，有些称"keshi"人偶，最后转化为"kokeshi"（コケシ），其实并没有特别庄重正式的起源。而且收藏家们也多次指出，这并非很具有历史的东西。

人偶做成安抚奶嘴模样可供幼儿使用，在东京被称为"奶嘴娃娃"（neburikko，ネブリッ児）。小时候这个东西一厘钱一个，在小卖部里可以买到。圆木的一面刻上脸，中间身体的部分到头部有个自然弯曲，然后以平滑的线型收尾，这样幼儿就可以吮吸人偶的头部。在橡胶制作的奶嘴出现之前，这种木质的安抚奶嘴一直是主流。如果说这是木芥子的源头，可能有些人会不太认同，但我觉得两者源于相同的谱系。

山间的木地屋受到木材减少、作品销路不畅的影响，木地师迫于生计开始制作不需要很多原材料的木芥子。至少我是这样认为的。明治四十一年（1908年），我在福井县的山间调查期间，就发现制作木碗的工匠因为销路不畅改而制作木芥子。

木芥子走向兴盛大致是在大正时期。我开始对木地屋感兴趣是在明治末、大正初期，当时木芥子还没有那么受欢迎。总之，如今这么受到关注，完全得益于大阪那帮人的推动。

在过去，儿童比较困惑于剃光头，他们觉得头发全部剃掉会被认为是"河童"，或者被叫作"芥子坊主"。在头顶上剃成一寸长的圆形区域，过程也是很痛苦的事情，所以孩子们会哭着说"不要光光头"。结果后来哪都不剃，女孩子也是让头发顺其自然生长。即便这样，这种发型也被称为"河童头"。不过头顶上没

有像水坑一样的玩意儿，所以称为河童有点名不正、言不顺。过去剃头确实很痛苦，小孩子们也觉得疼，但是剃出来的效果确实很好看。

但是为何要将头顶的部分剃光呢？理由我本人也不得而知。老人们会说是为了头顶泻火。但是盘日本传统发型的女人，其假发会插到头顶，从而产生局部的秃顶，虽然女人们千方百计想要掩饰，但我总觉得这种女士的假发秃和小孩子的"河童头"之间存在着某种联系。

河童考

之前见到漫画家清水崑[1]，我向他抱怨："清水君，你这有点不太靠谱了，怎么可能画皮肤白嫩的女河童呢，河童被你赋予了香艳色彩……其实河童是没有性别之分的。"听到我的抱怨之后，清水君以"讨论起来没完没了"来搪塞，回避了我的质疑。

河童即川童（kawaranbe，カワランベ），最早泛指河川里的孩子，所以有男女之分是比较离谱的事情。九州一带有河童入赘说，但一般讨论河童时，不涉及性别问题。

我研究河童起步较早，明治四十一年（1908年）九州一行之后的两三年是研究的巅峰时期。如今清水君等所使用的《水虎考略》一书并非珍本，该书主张"河童就是中国所说的水虎"，还有其他相关的抄本出现。其中比较有价值的说法大概有四五处。有些说在麴町外河见到的是这样，又有人说在其他地方见到

---

① 清水崑（1912—1974），本名清水幸雄，日本漫画家，以河童类漫画著名。

的是那样，不一而足。幕末有个名为朝川善庵[①]的学者，本书也引用了他的说法。头是河童头，背上有龟壳，仿如幼龟，短裤扎紧犹如赤裸一般站立。诸如此类说法大概有5种。

后来检索内阁文库资料发现，仅《水虎考略》就有4本之多。其中3本由九州人士所写，均系作者兴趣所致而收集的材料，以书信体写作而成。九州的河童大多成群结队，不单独行动，据说极端的情形如马脚掌大小的水坑就有千只出现。总之在狭小的地方成群出现是九州河童的特征。东北以及关东地区虽然也有河童，但大都单独行动，与九州相比有较大差异。虽然差异明显，但都取作河童这个稚气的名字。

我的故乡称其为河太郎（gatarō），这个说法并不普及，其实在大阪也通用，但是当地比较避讳这个称呼，因为大家熟知的《东海道中膝栗毛》漫画本中有河太郎的名氏。而且，大阪豪商河内屋太郎兵卫通称为河太郎，可能是考虑到这一因素，"gatarō"这个说法在大阪就鲜为人知了。至于在京都如何，我想应该也叫"gatarō"吧！

明石的"kawakamuro"

京都称河童为"gatarō"，那么丹波由良川一带怎么称呼呢？中部地方称河童为"kawaranbe"（カワランベ）或"kararanbe"（カラランベ）的较为普遍，九州地区发音稍有变化，称"garappa"（ガラッパ）或"kawappa kawatono"（カワッパ　カワトノ）者居多。

---

① 朝川善庵（1781—1849），日本江户后期儒学者。

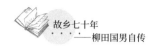
奇怪的是，在东西两地的中间地带，竟然有人称之为"enko"（エンコ）。例如在濑户内海两侧、山阴、山阳、四国等地称"enko"的居多。"en"通"猿"，也写作"猿猴"。

其他地方也有称"kawago"（カワゴ、川儿）。如不用"enko"，则用"gouko"（ゴウゴ）、"kawago"（カワゴ）等，这种现象比较常见。"kawago"其实与河童并无差别，只是从"童"换成了"儿"。如今有时用"河"，有时用"川"，从汉字的概念上无法解释这种区别。因为"kawa"（河、川）在日本有"取水、用水之场所"的意思，并不是指水流的状态以及所流经的地方等。即使在今天，九州一带称筑后川等为"kawara"（カワラ），而将取水的场所称为"kawa"（カワ），以示区别。冲绳等地并无河川，但是有"kawa"的说法，指"用水场地"。

作为"用水场地"的"kawa"，与儿童等词汇相结合而成的"河童"，在全国各地约有三十几个接近但不相同的名称。关东地区东部还有些地方明确称河童为"kawagappa"（カワガッパ）。也就是说，"水中的童子""取水场所出现的怪童"等含义在全国范围内得到广泛认同。

在河童的众多名称中，还有一个是我至今仍在寻找的。神崎郡的望族，川边（神崎郡辻川町）附近贵族出身的京城大学教授内藤吉之助，其父久三郎对我多有关照。当时还是东大学生的内藤曾对我说过"明石的河童在海里"。细问之后他答曰"名叫'kamuro'（カムロ）、'kawakamuro'（カワカムロ）"。打那之后，我每遇到明石出身的人便打探相关信息，不过到今天我仍然没有找到能够证实内藤君说辞的证据。

为何我会关注内藤的这句话，其原因在于遥远的冲绳。冲绳称河童为"kawakamuro"或者"inkamuro"（インカム

口）。"kamuro"指的是因秃头导致头部较小或剪掉头发的小孩。"kawa"在冲绳也有取水场所之意，在取水场所的小孩子即"kawakamuro"。另外，"inkamuro"中的"in"指的是"海"，所以有"海童"之意，即在冲绳的海里也有"河童"出现。河童在冲绳的称呼也因地方而异，其中，称其为"童子"且认为河童成群结队行动的想法跟九州十分相似。

海河童这个说法不仅有明石的"kawakamuro"，根据《善庵随笔》一书的记录，常陆那珂港附近海域也曾发现河童。

这种河童据说总是趴着，用四只脚走路，形态上非常像乌龟。

到目前为止我只知道两种信仰海河童的说法，而其他河童则一般生活在水流或者可以游泳的水潭中。

驹岩的河太郎

我在经营《民族》杂志时，最近刚去世的早川孝太郎[①]君曾经调查过天龙川以及大井川流域的情况。他的报告中特别细心地阐述了天龙川水神的传说。大概讲的是当地有户人家一直承蒙水神的庇护，但因为一个意外与水神断了联系。

水神每年会从水里出来一次帮助这户人家。水神有言在先，"我不喜欢水蓼，所以千万别让我吃它"。当地在插秧结束招待客人时，正好是水蓼长势最旺的季节，家家户户都用它做膳食。这户人家疏忽大意，不小心在菜品中加入了水蓼。这位河里来的访客吃到水蓼之后，大声呼号，怒不可遏，随即便跳入水中，不见踪影。打那之后，水神便再没有光顾过这户人家。这户人家也始

---

① 早川孝太郎（1889—1956），日本民俗学者，画家，曾师从柳田国男的弟弟松冈映丘。

终没有取得水神的谅解，最终家道中落，不复从前。从河里来的
访客正是河童，天龙川一带称河童为"kawaranbe"，这一称呼一
直延续到信州北部。松本有一位名为田中磐的年轻民俗学者，据
他调查，信州每一条河都流传着"借碗"的传说，其中就有"河
童借物"的说法。人们承蒙水神的特别恩惠，却因为没有遵守约
定而失去幸福，这类说法一直都是旧闻传说的重要旨趣之一。

辻川一带称河童为"gataro"（ガタロ），但却是十分顽皮的
那种。小时候在市川游泳时，经常听大人说起河童钻儿童屁眼的
话题。这是河童的特长，我小时候也有一些不幸成为牺牲者的朋
友。当时常听说每年夏天都有一个人因为河童钻了屁眼而淹死。
辻川的河流两岸有个名为驹岩的巨石。如今这块石头已经很小，
只有头部露出。过去可是很大的一块石头，大概有一丈高，而且
从水面到石头根部还有一丈深，可谓巨石深渊。这里经常发生儿
童溺水事件，我也有一次差点被淹死的体验。当时深陷漩涡中，
幸好我比较淡定地顺着水流的方向灵活调整身体，最终总算漂到
了浅滩。如果过度紧张，四处乱抓，那么就极有可能被卷入漩涡
中去了。这里鳗鱼挺多，以前常常用树枝钓鱼。

看了最近的照片才知道，位于市川的驹岩只剩下头部那么一
块了。因为采集打火石的需要，岩石不断被侵蚀，所以才变得这
么小吧！又或者是市川的流向发生改变，岩石被冲击而来的泥沙
所遮蔽。总之，记忆中小时候的岩石非常大，而河面也很宽。不
知道附近的民众是否仍然称河童为"gataro"呢？

河童与虬

今天准备结束河童的话题。

"河"与"儿童"的不同组合使得"河童"在全国范围内有"kawaranbe"（河童）、"kawakozo"（河小僧）、"kawataro"（河太郎）等30多种说法。除此之外，能登半岛东海岸以及鹿儿岛县南萨摩湾指宿一带，津轻北端到北海道一带则保留其他谱系的名称。这些地方河童的发音是以"m"打头的。

能登半岛称其为"mizushin"（ミズシン），当地将河童视为水神，所以有"mizushin"（水神）这一说法。鹿儿岛则有"mitsudon"（ミツドン）的说法，这里可能指的是"虬"（mizura, みずら）。虽然不清楚"虬"是何物种，但有虫字旁，或可理解为蛇的一种，所以跟"mizushin"有关联。

北边的青森县有"medochi"（メドチ）的说法，但是南边一些地方则不这么叫。早先一位名为平尾鲁仙的人士写过一本与津轻相关的著作，著作大概在明治前夕出版，详细介绍了"medochi"。"medochi"与河童并不相同，可以认为它是另外一种动物。但是这些"medochi""mizushin""mitsudon"却有着与河童相似的性格。也就是说，在日本南、北、中间三个分离的地带竟然同有"m"打头的相似名称，但彼此之间却没有任何往来。尽管这三个物种分别在三个不同的地方，我却认为这似乎可以证明河童确曾有过被称为水神的时期。

"medochi""mizuchi"中的"chi"（チ），一般指通灵之物，所以"虬"（mizuchi）即"水之灵"。在还没搞清楚"mizuchi"为何物时，就贸然将其写作虫字旁的"虬"，受到汉字的影响，往往被误认为是蛇的一种。蛇固然不在水中栖息，但是虬或蛟在水中栖息。土下有虬，或者大蛇藏于水底，这些都是日本人的误解。我本想多找一些线索来论证，但目前尚未解决这些问题。

关于河童还有一个说法，战争时期人手不足，便用秸秆扎了人偶（蒿人形），插一根竹竿代替人的双手，竟然赢得了战争。阿伊努、飞驒等地木匠人手不足时，也会制作蒿人形，但用完这些蒿人形之后便把它们送入水中，并允许它们在水中摄取食物。所以才有了掠走水中戏水儿童的悲剧。这里的"mizuchi"其实就是河童。

足利时代流行的"猿猴取月"，有猿猴单手伸长到水中捞月亮的绘画，这种捞月亮的方法据说是蒿人形想出来的。[①]

大利根的白帆

布川这个小镇，得益于利根川沿岸的高地而发展起来。长兄的房东小川家以前做过医生，房子就建在利根川东岸高地下来的地方，虽略显偏僻，但所在的社区别有一番风味。小川家的宅邸非常大，庭院内树木品种多样，在石头相对缺少的当地竟然有珍奇怪石数以百计。

小镇虽然依河而建，但随着高地丘陵的延伸，房屋渐次向东与河流呈直角排开。利根川到了布川一带遇到急弯，拐弯之后流向稍偏东北，这样我家距离河边就有约半里以上的距离，因此在家里也看不到河流。从我家出发，经过一段低矮潮湿且排水困难的水田后，左侧是名为羽中的村庄。从布川望去，前方尽是种植高大松树的庭院，庭院前方则可见低矮的松树，构成一片犹如草原般低矮的松树林。

搬到布佐后的第二天和第三天，我接连发现低矮的松林处

---

① 所以河童的别名为"猿猴"（enko），对应前文的说法。

有白帆徐徐移动。最初我以为是谁背着帆状的东西在松林里走动呢，毕竟看不到船，而我也不知道河流遇到急弯拐到这个方向。或许是水灾过多泛滥所致，又或许是河流急弯冲刷而成，松林所处的地方是泥沙冲击后形成的约一里长的河心岛。[①] 该地名为布镰，最初当然是泥沙地，因为土质肥沃被人开垦成了田地，然后种植了松树，之后才有了房屋和村落。从茨城县一侧眺望去，眼前的松林和河心岛的松原连成一片。在靠近陆地的地方发现白帆一片，对于不知情的我来说难免会感到诧异。就这样，从利根川河口逆流而上十七八里的松原上，可以看到白帆露出三分之二的部分，来往交叉移动。

我长大成人之后便没有见到过这样奇异的景象了。我的故乡辻川距离大海不过三四里路，但要想看海、看船的话，非得登高远望，才会有"看见大海"的冲动。对于此前从没有见过白帆的我而言，每天从家门口得以见到数百艘白帆徐徐而过，可谓新奇的发现。这也给我带来了新鲜的刺激，我开始观察风，并且对其名称以及方向产生了浓厚的兴趣。

东南风（inasa）

从利根川河口逆流而上十七八里的布川，某日，挂着白帆的河船通过，当地有人或许会说这天刮的风为"inasa"（イナサ、东南风）。"正好吹着inasa"，指风从海的方向吹来。我初次听到"inasa"的名字，就留下深刻的印象。而且日后每每听到"inasa"，就会回忆起年幼时在布川度过的时光。

---

① 作者原文做此描述，不过现在布川周边地图显示并无河心岛存在。

东京当然也用"inasa"这个说法。例如，"今天的inasa风势很强，不知道火势会否蔓延"等。一般认为"inasa"指来自海上的东南风，具体使用的范围其实更广泛一些。对于帆而言，相较于正面而来的风，沿着航线稍偏的方向出来的风更有利于操作缆风绳。也就是说，并非正东南，包括左右两侧稍偏的东南风一般也被认为是"inasa"。

"inasa"中的"ina"其实是《万叶集》等古书中出现的海源（unabara）、海神（unagami）、海界（unasaka）等"海"的古语。虽然后来从"una"发展成为"ina"，但"海"的意思没变。在关东平原一带，只有在表示风的名字时才使用"ina"。而"inasa"中的"sa"（サ）即"风"的意思，"风"的后缀一般有"ki"（キ）、"shi"（シ）、"chi"（チ）、"sa"等，都有"风"的含义。

当地人当然不知道这个说法来自古语，只管把从东南方向出来的风称为"inasa"。"inasa"的适用范围很广，只是还没有普及到北方而已。西边诸如四国土佐、九州日向的海岸一带也有所耳闻，大体上南面靠海的地方多称东南风为"inasa"。

年少的我惊奇于大利根的白帆，以至于对"inasa"产生了强烈的好奇心，后来每每听到类似的表述，总能引起我的强烈关注。我开始思考冲绳是否也有类似的表述，其实也就是20年前的事情，在冲绳有"yonamine"（ヨナミネ）、"yonauta"（ヨナウタ）、"yonabara"（ヨナバラ）等以"yona"打头的表述，那么这个"yona"是否就是"海"的意思呢？当然有些地方也使用"inamine"（イナミネ）这样的说法，只是用汉字"稻"来表记，两者之间的相关性还有待探究。

但至少在冲绳，一种"会说话的鱼"（通灵的鱼）——

"yonatama"（ヨナタマ）的"yona"跟前述"ina""yona"有着关联性，对此我倒可以提供佐证的材料。关于这个话题，下一节讨论"海灵"（yonatama）的时候还会提及。

总之，我每发现与"inasa"相接近的发音，便会想起利根川的白帆。这种寻找相似表述的习惯，确切地说就是在明治二十年（1887年）9月我搬到布川之后养成的，这种习惯一直坚持到今天。

海灵（yonatama）

关于海灵的故事，指会说人话的一种鱼的传说，这类传说不仅在冲绳，在日本各地都有流传。冲绳过去对海啸（shigarinami，シガリナミ）的记忆深刻，所以海灵的故事跟大海啸有密切关系。在冲绳本岛以及宫谷的离岛来间等地也有流传，其中比较知名的是《宫古岛旧史》中所记载的故事。

从前，伊良部岛下地村的一个渔夫钓到一条名为"yonatama"的鱼。这鱼长着人脸的模样，据说还会说话。渔夫觉得新奇，想着把鱼保存好等第二天给众人炫耀一下，便将这鱼架在炭火上烧烤并晾干。不巧当晚邻居家有一对母子借宿，孩子忽然大声哭起来，闹着要回伊良部村。深更半夜，母亲百般安抚也不起作用。最后没有办法，这位母亲就抱着孩子出来，孩子紧紧抱着母亲不停颤抖。母亲觉得奇怪，忽然听到远处海岸上有个声音传来：

海灵啊，海灵，为何迟迟不归？

这时，邻居家的炭火上被炙烤的海灵回答道：

　　我被架在炭火上呢，要炙烤到半夜，快点来接我。

　　听到这里，母子大吃一惊，赶紧慌忙回到伊良部村。第二天再回到昨晚待过的村子，发现整个村子都被昨夜的大海啸吞没，如今已无村落影踪。母子两人何其幸运，躲过了一场劫难。

　　遭到"yonatama"的惩罚后，村子被海啸吞没，这里的"yonatama"即海灵，就是海里的神。"yonatama"的"yona"与海同义，两者的联系就建立起来了。

　　布川附近的"inasa"风，在利根川水流平缓时大量白帆逆流而上，不过到了春天冰雪融化时节，"inasa"带来的暖湿气流吹到上州越后山脉，山上的雪融化后导致利根川河水上涨以致泛滥。这种现象在其他地方比较少见，或许是因为这个原因，像布川这些只通晓内陆事情的农民，也知道"inasa"的存在。

　　日本文化的移动，有人认为是通过陆地传到了北端，但是过去日本山岳险恶，陆路交通困难是客观事实。其实，日本海沿岸的海上交通更早打通并穿过津轻海峡，当到达太平洋一侧时与从东侧北上的文化交汇。要研究这种古代日本文化移动的轨迹，必须要对海岸一带做充分研究，而从风的名字入手或许是一个好的方式。

"narai""dashi""ai"

　　我们继续讨论风的名称。

　　"narai"（ナライ）这个说法主要在太平洋沿岸的东京、神奈川等小范围内使用，西日本地区不怎么听说。或许是指从北方吹来的寒风的缘故吧，即便不是船夫，一般人也知道这个说法。

日本海沿岸春夏季节吹的风叫作"dashi"（ダシ），它是从陆地直对着海岸吹的一种风，我猜想是不是有船只出海的意思。[①]

还有一种叫作"ai"（アイ）的风比较有意思。"ai"的说法可见诸《万叶集》中"安由之加是"（ayunokaze，アユノカゼ），并大量出现在第十七卷大伴家持的和歌中。现在不仅越中，甚至更北的地方也使用这一说法。它是指从海上吹向陆地的风，与前文所述的"dashi"正好相反。既有"ai"一说，也有"ayu"一说，至于为什么称"ayu"我不得而知。或许正如美餐一顿说"aeru"（アエル），而飨宴的"飨"读作"ae"（アエ）那样，两者并无本质差别。从海上带来很多珍奇百味，使用"ayu"或者"aeru"似无不妥，所以我认为，恰恰是因为有这样的约定，才把风的名字称为"ayu"。

福井县有一个很大的城镇叫作武生。过去曾是国府[②]所在地，越前守曾驻扎于此。此处一地曰道口（Michinokuchi），是日本海沿岸之旅的开端，催马乐中一首名曲如下：

我人在武生国府的道口，恳请海风捎信给父母。

游女们不知故乡在何处时经常吟唱此曲，其意十分简单明了，大意如下：心灵相通的海风啊，能够将我的情丝寄托给父母，我在越国武生遭受着苦难，但愿风能够将讯息带给我的父母。

这里的风（ahi）使用了"ha"（ハ）行的"hi"，可以解释为心灵相通的风。最初应该与"飨"字的发音"ae"或"ai"相

---

① "dashi"发音与出海（出し）相同。
② 日本奈良至平安时代，各令制国出于行政需要而设置相关重要设施的城市。

同，有传递的意思。吹起这样的风令人愉悦，因为意味着船只的归来，而海滨港口或"吹来"各种物品，让人们的生活更滋润，所以是吉祥的风。

我24岁时曾在三河地区的伊良湖岬住过一个月，海风吹过后的早上可以捡到椰子果实和藻类。岛崎藤村的长诗《椰子的果实》是我当时带了椰子给他后创作出来的作品。三河海岸到伊势湾一带漂流物很多。正对着伊势湾的爱知郡过去曾被称为"年鱼市潟"（ayuchigata，アユチガタ），据说徐福、杨贵妃等人也漂流至此。或许这里的"ayu"跟日本海沿岸的海风"ayu"意思相同，"chi"就是指"风"，有承蒙恩惠、承蒙款待之意（gochiso，ごちそう）。

如此一来，"ai"就不再仅限于日本海沿岸的风了，即使在太平洋沿岸也被演化发展成为县名（爱知，aichi，アイチ）。可想而知，如果没有这样的风，日本文化的传播会受到何种程度的影响。过去拾捡漂流物作为一项生产事业，其重要性远胜于今天。那些埋首于国外学问的人，甚至有些国家都没有个像样的海岸，怎么能做这类文化调查呢？我们这些住在海边的国民，尤其应该思考并反省这种做学问的态度。

海的浪漫

调查并思考日本的自然与国土，自古以来就能带给我们丰富灵感的，非风和潮莫属。除了定期吹来的风以外，还有各种强弱不等的风在海洋与内陆出现。海潮不断冲刷海岸。古往今来，日本的国土一直接受风和潮的洗礼。

从播磨滩出来后沿着濑户内海旅行，可以发现有些小岛在近海边的地方甚至长满了树木，这是令人值得回忆的景致。如果靠海的悬崖因海潮冲刷而崩塌，那么生长的树木自然随着海流成为流木，最终漂流到陌生的地方。说到流木，在纪州、山形以及秋田等地均有耳闻，据说有些流木在漂流了几年后还会回来。经年累月的流木附着有苔藓、海藻等，海里的鱼虾亦会伴随。或许是由于小鱼虾的存在，鲣鱼等体型较大的鱼群有时也会追随流木而来。这些流木居无定所，当地渔民往往却能够识别出几年前的流木，这种说法对于因风和潮而生的日本海岸不啻为一种浪漫。

想要撰写日本平民生活与风和潮的关系史，视野不能仅仅停留于主要的岛屿，还要去那些小岛上做调研。诸如鹿儿岛和奄美大岛之间的川边十岛等小的岛屿。

说到岛屿，即便海岸寸草不生，岛上生活的人们每天早上起来的第一件事也是到小岛四周看看。每天看看有无漂来物已经成为世代相传的习惯。偶尔也会有椰子的果实等漂流靠岸，这在琉球被视为珍贵的宝贝。椰子的果实长途跋涉，甚至在津轻海峡一带都可能发现。南边的长崎县据说某地渔港海底越来越浅，调查原因后才知道是珊瑚礁等海生物随着洋流移动至此。

仅仅通过前述"inasa"的名字，就可知这种说法在关东、四国、九州、冲绳等地通用。如今我受到"inasa"带来的不可思议的力量驱动，甚至可以窥视自古以来日本民众善待大海的信仰所塑造的痕迹。

欧美人一直以来以冲绳与日本言语不通为由，将冲绳人视为其他人种。中国方面也积极地把冲绳向着他们的方向拉拢。我在很早的时候就认识到冲绳与日本是一体的，但是证明起来却不是一件容易的事情。不过最近一些权威的语言学家开始主张两者的语言系统是相同的。冲绳的那霸、首里等中心地带过去与中国、

朝鲜交流频繁，但是冲绳本岛的偏僻地区或者是周边的离岛地区，可以说完整地保存着日本语最原始的发音。

日本人的臭毛病是经常忽视穷乡僻壤的风土民情，实际上穷乡僻壤恰恰蕴含着大学问，切记要注意当地的语言和习俗。在我13岁时，第一次吹着"inasa"的海风，目睹一日上百艘沿着利根川而上的白帆，不想竟然发现了如此广阔的世界！

关于打麦

在我的故乡经常能听到摄津国七分饭的说法。播州也有不少家庭吃的是伴麦饭，这里的麦是指黑麦研磨成的面粉。不过我13岁搬到长兄所在的茨城县布川时，令我感到震惊的是，当地竟然没有裸麦，说到麦主要是指大麦，更没有人听说过麦粉这一说法。

大麦从生产到食用，过程非常繁琐，其中用臼脱皮即"打麦"是非常具有劳动强度的苦力活。有句玩笑话叫作"喝茶不配点心，胜过打麦苦"。这里的苦，使用了"恐怖"（kowai，コワイ）的谐音，据说在下总地区"恐怖"（kowa，コワ）是"辛苦"（kurushii，くるしい）的方言。

每当打麦的季节来临，大户人家的庭院总会被借来作为打麦场使用，年富力强的年轻人五六人一组，白天休息，黄昏时分凉快起来后就开始用大杵彻夜劳作。当然，女人们也在旁边打下手，所以往往也伴有儿女情长之事，因为对于地方的年轻男女来说，这也是彻夜联欢的机会。如果哪位青年能够通宵从事打麦这项体力活，至少证明能胜任力气活，这是彰显男性魅力的好时机。每当这个季节入夜时分，我就能够听到从远处传来的震动声，同时还伴随着"公鸡三鸣，即已黎明"等打麦歌的声音，不觉间这些场景深深铭刻在心里。

当时的播州和下总，对麦的认识和理解竟然有如此巨大的差异。据说受地理条件所限，关东以北地区很难栽培裸麦，主要原因是受气候影响收成不好。这一差距也让当时的我意识到播州和下总两地之间距离的遥远，同时还让我开眼界的是，对女性劳动问题、民谣以及其他问题的关注。大麦收获之后竟然还需要如此辛苦的劳动，而且大麦与米混煮还要考虑到两者所需时间的差异。所以通常的做法是先煮麦，待合适之后再将两者放进锅里同时煮。在此过程中，燃料的耗费、主妇做饭的工序均加倍。后来为了让大麦更适合单独食用，还有人想到用山药泥盖在大麦上等方法。

因为收集打麦歌的关系，我巩固了上述幼时的诸多印象。这些打麦歌如今在茨城县香取附近还有留存，值得注意的是，这些歌都是由女人来唱的。也就是说，至少在很久以前，打麦这项工作主要是由女人来进行的。另外，从下面的这首歌也可以推测，当时的杵并非男性们所使用的撞木型大型横杵，而是如棒状两端粗、手握中间的竖杵，竖杵虽轻巧便捷却耗时较长。

　　打麦啊，打夜麦，手上磨出九个泡，每当看到九个泡，更加思念娘家人。

《万叶集》东歌中也有关于妇女劳作的歌曲，"春稻整日忙，两手竟生疮。今夜君到来，无颜见情郎"[1]。类似前述的打麦歌总能让我想起过去女性辛苦劳作的场景。

---

[1]　原文为"稲つけばかかる我が手を今夜もか殿の若子が取りて嘆かむ"。

打麦歌

前文所述的打麦歌中还有这样一首男人们的打麦歌：

虽为米亲属，奈何大麦全是壳。

麦和米算是近亲，但为何麦有这么多壳呢？原歌词里使用了"oyaku"（オヤク），我觉得这样的表述具有重要的意义。"oyaku"是在"亲子"这一汉字被使用前就存在的表述，在日语中"oya"（オヤ，亲）的意思并不是生育意义上的"父母亲"，而是特指一个集团中，例如匠人里面的师傅、黑帮中的老大等广义上的"亲分"。"亲生的父母"这种血缘意义上的关系要到后来才开始使用。

现在想来，我离开故乡已经71年了，我是本着寻亲的心情而来。如今终于有机会能够向故乡的人们慢慢汇报我一路走来的轨迹。

我在调查各地方言的过程中，发现纪州部分地区称山林的管理人、巡查等有一定权力的人为"oya"，九州丰后地区则将受尊重的长者称为"iya"（イヤ）。在古语中，"礼"被训读为"iya"，如今"yaa"（ヤァ）则成为非常随意的应答语。其实这个表述最早是回应尊长的答语，与表示恭敬意味的"uya"（ウヤ）起源可能相同。所以我猜测"iya""oyaku"中的"oya"应该是相同类型的表述。顺带说一句，"oyaku"这一说法显然是意识到后来的"oyako"（オヤコ，亲子），所以当地才以此来区别发音。

如今在东北地区的发音已经统一成"oyako"。

我之所以会执着于这个问题，是因为这里的"oya""iya"对于理解日本的民间信仰以及追溯民族的起源都具有重要的意义。也就是说，实际上在全国范围调查有"iya"的地名可以发现，有祖先灵位的地方大多被称为"iya-yama"（イヤ山）、"iya-tani"（イヤ谷）。日本古来就有将亡骸埋葬于山上，将祭拜祖先亡灵的场所放在家人住所周边的所谓两墓制度。所以先祖灵魂归山的信仰古来有之。如果日本人作为米作民族，将大米从南方携带到北方，那么最初日本可能短暂生活在南方海洋的珊瑚礁地带或者如宫古岛那样的平地上，如果是这样，那么山的存在似乎成为这一假说的障碍。目前，冲绳地区备受国际社会关注，我在对冲绳进行调查的过程中，发现该地也有"oya"一说，指的是头目、首领。曾经中国化的琉球在其离岛地区也有部分将英雄称为"oo'oya"（オオオヤ），在其政治制度中则将判任官称为"oyako"（オヤコ），将奏任官写成"亲云上"（读作pechin），所以"oya"一词使用非常频繁。"子"（ko）这个说法最初也不是我们今天所理解的"亲子"的"子"，过去指"个人、土地上的人民"。如今，"一族"的说法也不常见了，家族人口分散居住，实际上从研究的角度来看也很难对"oyaku"的问题下结论。如果今后能够弄清楚这个问题，就有可能厘清日本政治支配以及从政治层面进行意见交换的制度等，这类研究也会得到相应的跟进，我认为也具有实用性的层面。

目前日本国内有关社会组织的研究动不动就喜欢套用外国的案例来进行推测，我认为应该更多从地方上收集案例，在分析的基础上导出具有说服力的结论。特别是兵库县这种面积较大，且为日本唯一横跨日本海和太平洋的地方，应该成为日本国内这类研究调查的中心地，我对故乡今后在该领域的研究十分期待。

菩提珠

我大概在9岁的时候，从脖子到手脚各处长满了寻常疣。当时还是医生的父亲在纸上写了3个汉字，让我拿着它到附近的药店取药。

父亲开的药是白色似有污垢的小粒，磨成粉后服用，经常让我难以下咽。但更让我好奇的是，父亲在纸上写的"薏苡仁"3个字，问过父亲之后才知道读作"yokuinin"（ヨクイニン），就是用我们经常采摘的菩提珠的壳做成的东西。

后来我们搬到了茨城县的布川，当时离家五六里地有个叫作鸠崎的地方，该地生产鸠麦煎饼，而且还卖得很好。几年前，曾经服用过治疗寻常疣药物的经历告诉我，这个煎饼所用的原材料就是菩提珠，我还在榻榻米上写下"薏苡仁"以示自己很懂这一套，殊不知除了不能食用的菩提珠之外，还有能够食用的薏仁米①，知道真相后让我羞愧难当。

我之所以愿意分享这样的往事，是有原因的。在我看来，它甚至关乎当前日本最为根本性的一个大问题。

日本这个国家早在1 000多年前就有佩戴首饰的习惯。但是，发展到像今天这样佩戴西洋首饰之前，佩戴首饰的习惯为何会消失呢？

在传统风俗尚存的冲绳，在侍神的女性家中仍保存着水晶以及曲玉、管玉等装饰品，这些其实都不是海洋中所产。也就是说，这些饰品其实是在旧有习惯的基础上输入进来的文化产品，

---

① 薏仁米因为是鸽子喜好的食物，所以也被称为鸽麦。

只是到了近代才被岛上的女人们作为首饰来使用。从顺序来看，冲绳保存着比曲玉等更古老的饰品。

菩提珠作为宗教性的数珠来使用，其实是错误的说法，毕竟在佛教普及之前这一植物就广为人知。宗教学者的研究表明，菩提珠很早就被部分基督教徒以及部分萨满教徒所使用。四国地区的近代方言"ススタマ・スズタマ"（susutama・suzutama）很早以前在《倭名抄》以及其他典籍中被称为"ツシタマ・タマツシ"（tsushitama・tamatsushi），总之很早以前就被作为珠子来使用。

即便是在佛教浸润较浅、尚不知数珠为何物的冲绳，这个果实最早也被称为"シシタマ"，也有将其串起来作为首饰的风俗习惯。我甚至可以想到，如此硕大坚硬的果实，被用来作为祈祷水稻丰收的象征物又何尝不可呢？

另外，冲绳古歌谣《おもろ》（omoro）中出现的"ツシヤ"（tsushiya）一词，我经过多方考察，觉得或许就是日本的子安贝（海贝、宝贝）。那么，这种贝为何在进入近世的很长一段时期就不再挂在脖子上了呢？宣德九年（1434年），琉球输送至大明朝廷的贡品中有"海贝550万个"，如此庞大的数字可见南方地区交易中使用贝的频度，之所以在琉球同大明朝廷通商过程中有那么多数量的贝出现，或许跟当时日本国内的首饰禁止令有关系。当禁令越来越严格，随之形成习惯之后，日本列岛上政治与信仰的联系越来越紧密，最终让佩戴首饰成为一大禁忌。

鸟柴木

小时候的早上，厨房传来木柴燃烧"啪啪"的声音，以及同

时飘来的香味叫醒我起床。

母亲做早饭的锅底用折成一束的小树枝引燃了木炭包，就是这个声音传到了我的枕边。

如今，炭包的开口处都配有纤细光滑的小树枝。在过去，我们家并不专门上山砍柴，而是提前备好柴后，每日直接使用。只是当时并没有留意这些柴火出自哪种树木。

但是到了后来，碰巧闻到焚火的味道，这才注意到当初我燃烧的木柴是"黑壳楠"（又译作"大香叶树"，日语为"黑文字"，kuromoji，クロモジ）。诱人的气味不仅打开了儿时的记忆之门，还引导我思考遥远的日本民族的问题。

这种树木又被称为"福木"，从播州、但马到山阴、中国等地皆有用此树树枝做新年饼花①的习俗。"黑壳楠"属于樟科树木，其特性是入冬后落叶，可蔓延至北方生长。我最初以为津轻海峡或为其生长的极限，不料在北海道也有分布。根据知里真志保的介绍，阿伊努人亦利用其树脂作为医疗或为咒禁所用。如今它是制作牙签的材料，有些地方则将其渗出的胶作为膏药的材料利用。这种树木名称的由来，根据已故牧野富太郎的说法，因其木质较黑且有如文字形状的东西，所以得名"黑文字"。实际上如果知道还有蓝文字、白文字等树木的话，恐怕这一说法就未必能说得过去了。在古书中，该树木写作"文作"，虽然其读法未必可知，但乡人们多称为"クロモンジャ"（kuromonja），"クロモジ"或为"クロモンジャ"的讹变。

在京都，这种树木又被称为鸟木或鸟柴，猎人们习惯将作为猎物诱饵的鸟拴在其树枝上。在东北地区，山林的猎人们在捕获

---

① 饼花，将年糕捏成花朵等造型装饰在树枝上。

野猪、鹿或鸟类之后，习惯将猎物的内脏特别是心脏绑在这种木头树枝上，以此来向狩猎之神献祭。这些都表明这种树木在献祭时被使用，特别是将祭品捆绑在树枝上敬神，更能窥见日本固有信仰的一大特色。如今我们献祭一般是将绢布、麻布或者纯白的纸贴在祭木上，这些被统称为币帛，早期时候还有将食物绑在木头上献祭的风俗。所以，这个木头不仅仅在祭祀过程中处于中心地位，而且还是我们肉眼看不到的那些神仙们的神座，所以将祭品绑在木头上是最能够直接传达给诸神的方式。

话说回来，将新鲜树枝作为祭木，今天使用最多的是真榊木。为何到了今天会将真榊木作为一种固定的祭木，其根据来源尚不清楚，但至少在中古时代就已经有使用的记录。真榊木在日本的分布并不广泛，东京一带当时使用柃木（非榊，hisakaki）来代替真榊木，更北的一些地方也有使用椿树和松树的习惯。以真榊木为祭木的这种固有信仰，至少在早期并没有普及到日本北方。

江户末期的神乐歌中有"真榊木香，趋之若鹜"等各种说法，国学者之间围绕真榊木的争论也开始增加。有部分主张这种香味来自日本莽草（shikimi，シキミ），但是这一主张并没有证据表明过去的真榊木就是指日本莽草，退一步说，过去会因祭神者的偏好而选择不同的树木。真榊木是没有味道的，如果这首歌可以反映日本人对味道的记忆痕迹，那么自南向北迁移的祖先们在献祭时所使用的黑壳楠以及其他有芳香的树木，岂不是更有说服力吗？

稻荷信仰

前面我也说过，一条南北贯通的堰沟穿过辻川的中间，沿

着这条堰沟往下游走，有一片大约五六坪的小森林，藤条绕树而生，藤花开放的季节，美不胜收。所以，这片小森林也是我至今仍然十分怀念的故乡景致之一，那里有一块名为"西所"的田圃，父亲过去时常念叨"这里曾经是我们家的土地，可惜松之助把它给卖掉了"。每次提及先祖，也必然会想起这块土地。

小森林是我返乡时必然要拜访的地方，当然随着时代的发展，它也在发生变化。

森林里有个小稻荷神社。现在据说还有以此为中心成立的稻荷信仰团体性组织，然而在当时真的是一个不起眼的小祠堂。因为对这片森林的怀念，成为我日后积极投身稻荷信仰与狐狸研究的源泉。

所谓稻荷神，主要是以靠水田生活、依赖相同水系或者承蒙相同关照的一群人为中心所信奉的神灵。我所居住的东京郊外——成城町附近，过去也是田园地带，所以也有不少祭祀稻荷神的坟墓，当然每个坟墓有关狐狸的传说不尽相同。

例如，我居住的地方有一位名为九兵卫的老者，他特别喜欢聊天，我在针灸院针灸的时候听他给我讲过这样的故事。某日晚上，一位木匠经过家附近的稻荷神社时，忽然看到狐狸跳了起来，嘴中碎碎念"那家伙，今晚又迟到了"。迟到的是谁呢？原来是木匠家的猫。猫抱歉地说"今晚的粥太烫了……"，随后就跟着狐狸跳起舞来。木匠回家之后发现，果然那晚是冬至夜，各家各户都熬粥。

其实，全国各地都流传有诸如此类非常有趣的传说。

话说回来，日本各地农村的稻荷信仰来源于对田地之神的信仰。如今，像东京这样的大都市，在江户时期也曾有过"伊势屋、稻荷以及狗屎"等说法。[①]为何连商人也会发展到信仰稻荷的地步呢？这跟京都伏见的稻荷神社以及足利末期幕府所制定的政策有密切关系。

之所以会跟狐狸产生联系，是因为狐狸一般在稻谷接穗的季节出现在人间烟火处，人类也比较容易接近它。与此同时，这也是狐狸的繁殖期，其特有的举动、鸣叫以及食物的变化给人以神秘感。特别是在稻谷接穗的季节下山，被认为是开春前下山的田地之神的先导，狐狸作为神使受到重视。不过，这种基于田地之神的信仰基础上产生的稻荷信仰，后来有一段时期与京都的东寺相结合，从而形成了一股强大的政治势力，这些人利用民众的信仰，甚至还发展出狐狸附身等迷信的主张。

狐狸的记忆

如今回想起来，小时候的我并不觉得狐狸是一种不可思议的动物。辻川氏社的对面斜坡上就有七八个狐狸洞，但我一次都没有见过狐狸的真身。第一次见到狐狸还是13岁时上京后的事情，地点是在上野动物园。第二次则是在茨城县布川长兄的家里。第二次见到狐狸给我带来的冲击十分强烈，因为这跟发生在邻居家的惨剧有关联。

长兄居住之处位于利根川旁边，由于河床较高，这些地方被称为"台田"，主要作为耕地使用，堆积地的底部则有人家居住。我家背面正对着台田的倾斜面，长兄喜欢鲜花，就在那边栽种了

---

① 指日本江户时期商号为伊势屋的商店数量、稻荷神社的数量以及江户城内狗的数量多。

各种各样的开花植物，平时眺望，极其畅快。

　　事情发生在我搬到布川的第三年。由于每天晚上都有狐狸哀嚎，家人难免心生疑惑，后来才知道是我们邻居家也即房东——小川家的下人把狐狸洞口给堵上了，不知所措的狐狸这才夜夜嗷嚎。后来有一天午饭后，我从家的后门向台田眺望，让我惊愕的现象发生了。两只狐狸静坐在那里，目光注视着我这边的方向。第二天，在没有任何先兆的情况下，东边的邻居野泽藤四郎突然精神病发作，杀死了他的妻女，还刺伤了西边被我称为小叔的小川虎之助。附近的人们不免怀疑该事件是否跟狐狸的洞口被堵上有关，年少的我从中感受到了恐惧。

　　杀人行凶的野泽被人力车强制送往水户的精神病院途中，在经过我家时，看到他像疯了一样呼叫自己孩子的名字，而年幼的孩子则无辜地回应着，这一幕与此前两只狐狸静坐的形象一直都深深地印在我的脑海里。

　　小时候在辻川有"狐狩"的习俗，在1月14日晚上到第二天清晨举行。几年前，一位访问过当地的年轻学者（现夏威夷大学池田弘子教授）在一次学术报告中指出，当地名为八千种的村子里有位长者表示，他们村子里还保留着这样的习俗。

　　如今仍有"狐狩"传统的已经不多，播州地区有些许残余，从地理位置来看，应该是"狐狩"最西边的地区了，在靠近日本海的山阴地区，西至伯耆，东至若狭均有分布。本来日本人并不把狐狸视为狡猾且应该警惕的动物，狐狸智慧本不及人，所以用它来占卜吉凶，并进而发展出基于感谢和尊敬之意的狐狸信仰。狐狸信仰如今仍然兴盛，与狐狸附体、犬神附体等所谓特定家系的捏造不无关系，驱咒者驱狐等民间修行之所以盛行，背后所折射的不仅仅是人类智慧的发达、真正信仰的衰退，更重要的一点

在于，将这种所谓的信仰利用到人类生活从而蛊惑人心的这部分
势力的影响力在扩大。

话说回来，在年初往往需要借助狐狸占卜新一年的吉凶，所
以有些地区往往有"寒施行"①的习俗。即便在"狐狩"的地区，
如同"赶鼹鼠"②一样保留猎狐的仪式，但实际上只是把狐狸赶走
而已，这些习俗被称为"放狐归"。其实也可以看出，很多地区
是善待狐狸的，有代表性的民谣如下：

> 狐肉寿司有七桶，
> 未满八桶可不成，
> 犹须猎狐去山中。
> 食狐肉，味道鲜，
> 残渣塞牙须牙签。③

此类民谣类似于半开玩笑的示威运动，从侧面也反映出人们
与狐狸长期和睦共处的迹象。

辻川也有"喔啰啰驱狐"的风俗，如今仅仅作为一种风俗
流传而已。"喔啰啰"是人们寻找动物时发出的声音，还记得当
初孩子们成群结队在寒冷的深夜，沿着街道到村外边走路边发出
"喔啰啰、喔啰啰"的叫声。

---

① 寒施行（かんせぎょう），指寒冬腊月食物缺少的时期，民众在田地、洞
口等处向狐狸等动物投食的仪式。
② 原文为"もぐら打ち"，日本九州地区流行的一种驱赶鼹鼠、田鼠等的
习俗。
③ 民谣译文引自 [日] 柳田国男著：《孤猿随笔》，周先民译，北京师范大学
出版社 2018 年版。

亥　子

人上了年纪以后，在年轻人或者孩子面前动不动就摆出一副饱经沧桑、世事洞察等样子，实际上我们所生活的世界不明白、未解决的事情还有很多。看似极其平常的一些现象，如果有打破砂锅问到底的精神，或许这些现象就跟我们悠久的历史以及周边民族息息相关。未解决的问题多，对于将来的人们来说，何尝不是一件幸运的事情呢。

我小的时候，在播州有名为"亥子"（亥の子）的仪式。据相关资料记载，摄津丰能郡能势的妙见菩萨附近的某户人家，每年旧历十月亥子日会将年糕呈送至京都的宫廷，仪式即以此日为起源。也有"玄猪"一说，至于"亥日"是否跟"猪"有关，我曾经咨询过京都以及能势附近的人士，但是他们都没有说出个一二三来。

我们孩童时对亥子之日的感觉就是拿着年糕送到京都，与能势地区所谓玄猪的仪式并无关联。用新收割的水稻秸秆做成柱状，里面插入竹子或者阳荷等中空的植物，然后再做一个把手之后，小朋友就可以拿着这个家伙一边唱歌一边敲击地面。由于中间塞进了植物，敲击之后会产生更加悦耳的声音，所以孩子们反而越敲越兴奋。他们唱的歌词如下：

> 亥之日不给年糕吃的话，生鬼、生蛇、生长着犄角的孩子。

他们一边唱歌一边沿着村里的道路敲击。我们家的家教比较严，平时父母不允许跟村里的孩子撒野，但唯独这一天，父母会赋予我们孩子的特权，放我们出去跟他们一块玩。

奇怪的是，这种亥子日讨年糕的活动，只在我们当地才有。从播州向西尚能发现相似的活动，但是到了冈山县以及山口县一带，则使用亥子石的较多。用绳索捆住圆石，孩子们从四方拉绳并将石头吊在空中，然后集体松绳让石头落下。这种方式与秸秆捆出来的东西完全不同，但是当地也称这一天为"亥子日"。濑户内海对岸如爱媛县等地好像也是亥子石。这种石头平时被保存得很好，只在这一天才会拿出来使用，孩子们就像打夯时喊的号子一样，一起将石头拉起再松开，于是石头落在地面，孩子们的乐趣由此而产生。虽然动作有区别，但冈山一带的孩子们唱的内容却跟播州相同。

关东地区也有相同的仪式，称为"十日夜的蒿铁炮"。既然是蒿铁炮，那么仪式内容就跟播州近似了。也就是说从动作和使用的器具来看，距离更远的地方反而相似，距离近的地方虽然材料有蒿（秸秆）和石头的差别，但是哼唱的曲调相似。不过直到最近我才发现，其实这种仪式的历史并不太久远。

小时候父母告诉我，旧历十月称为亥月，这里的"亥日"指的是亥月的亥日。其中，第一个亥日被认为是家主的亥子或者武士的亥子，跟村人没有任何关系。第二个亥日才是百姓的亥子，村里的人们在这一天捣年糕并相互赠送，孩子们则拿蒿铁炮敲击地面。

如今我还记得，当年我们家也经常收到这种亥子年糕。年糕与菊花的枝头一同放在叠盒里面，打开盖后清香扑鼻。小孩子们敲蒿铁炮到很晚，第二天上学路上可以发现因为过度敲击而油光锃亮的地方。

丰明节会

从山阴到北陆、东北地区，还有在三月过"春亥子"的说法。虽然不玩蒿铁炮，但是跟秋天一样要捣年糕。那么为什么会在亥月（旧历十月）过后六个月的阳春三月或四月再进行一次亥子的仪式呢？

直到最近我才知道，播州等地也有"六月亥子"的说法。农民们利用插秧结束和除草之前的空歇期捣年糕，俗称"六月亥子"。这项仪式在辻川到市川上游地区尤其流行，对此，我拜托居住在高砂市的友人西谷胜也君进行了详细的调查。

由此可见，亥子有"春亥子""六月亥子"等说法，并非仅限于亥月的亥子。十月在日本又称神无月，所以是没有祭祀仪式的。《延喜式》中记载了京都附近各主要神社一年中的祭祀活动，这些祭祀活动没有一个是在十月举行的。我个人认为，进入十一月有很重要的神社祭祀活动，所以在此前的一个月要开始斋戒（物忌）。秋天的亥子正好是进入斋戒期的第一天（亥日）。也就是说，从这一天起，除了焚烧"忌火"（imibi）之外，其他都不需要做，只需要安静等待（十一月的大型祭祀活动）即可。

斋戒过后的十一月是霜月，其时已经结霜，不适合举行秋日的祭祀活动。关于斋戒这个旧时信仰，如果是把它当作习惯，那么一个月没有任何祭祀尚可忍耐，但是如果信仰不那么虔诚的话，一个月的斋戒可能就很难熬。

亥子这种吵闹的活动或许就是某些人考虑到斋戒让人空虚无聊，所以才花工夫想出了这种热闹的活动，让神无月得以在欢快的氛围中度过。如当今的运动会进入村里那样盘活气氛，我想也是相同的逻辑。[1]

明治五年（1872年）开始采用太阳历时，新尝祭被官方定于新历十一月二十三日举行，这让该时期的祭祀仪式变得更加复杂。

新尝祭此前是在旧历的十一月，即霜月的二十三日举行。但是宫中的新尝祭并不是按规定的二十三日举行，而是选择在霜月第二个卯日。新尝祭结束之后，就是隆重的丰明节会。由于经历了严格且漫长的斋戒，此时成了解放之日。人们释放出来的反差越明显，越能烘托出节日的气氛。此前一段时期，斋戒严格到男女不相往来，而祭祀结束后便没有任何拘束，人们尽情畅饮、喧哗，诸事皆自由。

丰明节会听起来是非常高雅的词汇，其实最初只是庆祝结束斋戒的一种祭祀活动。二十三日这一天并没有特别的意义，以十五日为满月之日，八日是上玄月，二十三日为下玄月，仅此而已。

新尝祭作为众多祭祀活动中最重要的一个，被定在二十三日举行还有一些值得注意的点。宫内省将新历的十一月二十三日定为新尝祭的举行之日，有其逻辑自洽性。根据宫内省的记录，明治五年修改历法想要终止以干支决定祭日时，刚好旧历十二月的卯日是二十三日，所以就以新历十一月二十三日为新尝祭的日期。我猜想，传统的新尝祭本来就是下玄月的二十三日举行，宫中的新尝祭则以该月的第二个卯日为准举行，而在改历这一年，碰巧两者重合，所以最终定在了二十三日。

---

① 日本在进入十月后各类学校、自治体会举行运动会，另外此前日本的公众假期"体育之日"为十月十日，如今改为十月第二个星期一。

大师讲

那么，农村该如何度过二十三日这一天呢？

小时候在故乡辻川还保留着"nijuuso"（ニジュウソ）的说法，其实跟其他的祭祀相同，没有什么特别的活动，尤其是对儿童而言，跟平常没有任何差异，只是孩子们会用"nejiguso"（ネジグソ）等脏话来称呼它。十一月二十三日，即所谓霜月三夜的仪式，如果前往辻川往东的美囊、加西附近，目前仍然保留一些重要的仪式。

日本中部地区以东各县、北陆一带，以及山阴、但马向西至岛根附近称这一天为"大师讲"，与弘法大师、元三大师的事迹有关。有传说如下，二十三日夜晚，大师造访一位贫穷的老妇人家，老妇人没有任何拿得出手的食物招待大师，最后实在没有办法，就到邻居的田地里拔了萝卜招待大师，但拔萝卜的时候留下一串很明显的脚印，大师感动于她的真诚，便施法降雪掩埋了她的脚印。东北等偏远的地区还有传说大师是一位女性，下面有23个孩子，给孩子们喂食过于麻烦，这位大师便使用一双长筷子来给小孩喂饭。所以，有些地方至今还有当天在上供的粥和团子旁边放一双长筷的习俗。其实这些传说跟历史上真实存在的大师或者大子没有直接的关系。

还有说法指出，大师的孩子多且贫寒，二十三日这天煮的粥没有盐，便出去买盐，结果倒在了暴风雪的路上，所以有些地方在这一天上供的粥中不放盐。按照太阴历来算，十一月已是风雪交加、见怪不怪的时节，人们围坐在炉边自然会发展出各种各样的说法。

兵库县但马等地的村落相传，霜月三夜，山上的野兽会下山参加祭祀仪式。

在岐阜县的加茂郡，虽然该地真言宗的寺庙少，禅宗的寺庙居多，但寺庙里仍然有大师堂。[①]据说祭奠着弘法大师，所以信徒会在十一月二十三日聚集在寺庙以示祭奠。前神户大学教授佐野一彦曾居住在附近的伊深村，围绕当地的情况做过一次非常详细的报告。

"taishi"有长子、长女的"ooiko"（オオイコ）之意，汉字写作"大子"，我们的祖先或许听成"daishi"，便将其想象成弘法大师、元三大师等，毕竟他们也算是尊神之御子。

在知道日历上有冬至这一节气之前，我只知道十一月二十三日这几天过后就进入冬日暖阳的季节，由此可以想象，此时节乃神之御子降生的恩惠。

冬至这一说法并非中国才有。西方的圣诞节在基督教兴起之前据说由来于"冬至祭"，所以将12月25日（西历）作为耶稣的诞生日也并非偶然。

宫中的新尝祭被定在新历的十一月二十三日，此时正值水稻收割结束后一个月，所以这或许就是"收获祭"吧！换言之，以旧历十一月二十三日为原型的与稻米相关的祭祀，遭遇了新旧两个历法上的困境，而"亥子"的来历或许就是因为有了稻米的收获祭，才进入斋戒期并开始食用忌火饭。"丰明节会"则是斋戒期结束后第二天的庆祝仪式。

---

① 真言宗寺庙中安置弘法大师的堂被称为大师堂。

飨之事

如今，收割后的稻田留下秸秆堆成圆锥形，为田园风景增加了情趣。但是在以前农民不用担心偷盗的时代，带着稻穗的水稻会直接堆在稻田中，就地干燥后保存，它们同时也是祭祀田神之物。

收割下来的水稻，其堆积方法在全国各地基本相同，稻穗向内堆成圆锥形，顶上或把秸秆反向铺开或捆成一束用于装饰。有些地方称"nio"（ニオ）或"nyuu"（ニュウ），还有些地方明确称为"inenio"（稲ニオ）。纪州等地则称"suzuki"（スズキ）。在日本的固有信仰中，田之神在开春时从山上下来，目睹了当年稻谷丰收之后，秋天返回山里。稻草垛之所以称为"nio"或"nyuu"，或跟"新尝祭"（niinamesai, ニイナメ祭）中的"nii"（ニイ），以及给神的贡品"nie"（ニエ、贄）有关联，关于这点我在很早的时候就已经指出。

有意思的是，这种堆积方式也见诸南方的稻作民族。那里的人们很明确地将这种圆锥形的稻草垛视为稻之母为了明年丰硕的果实而产子之处。在稻田里祭祀并祈祷来年丰收的"谷灵信仰"，与我国的信仰是相通的，即将其视为"稻之产屋"信仰的具体表现。

关于这个"niiname"（新尝）的祭祀，目前尚没有非常详细的研究，但可以明确的是，它在我国古代是非常严肃的大型祭祀活动，在水稻收割后的一段时期，以精进素斋、斋戒生活来祭祀神灵的一种方式。

农民们并没有流传下来"niiname"这个说法，至于从何时开始有这个祭祀活动也不可考了，但是我通过线索考察之后认为，过去的"niiname"与前述的"大师讲"或许就是一回事。"大师讲"的晚上必定喝粥的习惯，其实就是与谷灵共食的一种民间仪式。这里有一个值得注意的案例，在能登半岛深处的一个村子里，有名为"aenokoto"（アエノコト）的祭祀活动。"ae"即"饗"，"niiname"或许说的就是"niinoae"（ニイノアエ）。

该祭祀仪式一般于十一月四日或五日举行，各家各户迎接田之神，如迎接尊贵的客人一样，各家各户的主人要以威仪之姿款待神灵。面对看不见的田之神，主人先说"衷心欢迎您的到来"，这是先将其"引导"至浴缸。这时主人自己可以全裸进入浴缸，或者在旁边询问水温如何等。然后将其引至座席，以佳肴相待。田之神久未莅临凡间，所以眼神未必好使，这时主人应对每一道菜进行介绍后再呈供。作为供品的菜肴待田之神走后家里人或分着吃掉，或由主人自己吃掉，这就是所谓的与神共食。当然，这里的神灵并不仅仅限于田之神，其实也包含对自己先祖神灵的信仰在内。

在若狭小滨对岸的大岛，各家各户还有名为"nisonomori"（ニソノモリ）的地方，这里是兼具墓地与祠堂的祭祀场所。当地在十一月二十三日的祭祀活动称为"nijuuso"（ニジュウソ）。另外，从该地直到近江一带，在同一天又有名为"daijo讲"（ダイジョウ講）的祭祀活动，通过这些祭祀活动的名称可以看出，谷灵信仰和祖灵信仰之间有很多重叠之处。

上面这些例子可以看出，新尝、"nijuuso"、大师讲等如今在全国一半以上的区域尚且留存的信仰中，彼此之间互有关联，而且都跟稻米有着深刻的联系。

米的话题与黑潮

我们一直关注但迟迟未解决的问题有两三个。其中，最重要的问题是日本人从何处来。与此相关联的则是，稻作从哪里起源以及如何发展过来的，这也是一个大问题。

最近出现了所谓"骑马民族渡来说"[①]等主张，我却认为调查与日本生活息息相关的稻作文化，或许能够弄清楚日本人的起源。

首先，关于大米的话题，如今已经打通了文化史和自然科学的界线，两者形成互补的态势，这得益于安藤广太郎[②]的研究成果《日本古代稻作杂考》。这是一本划时代的著作，是安藤在西之原农事试验场四十年如一日盯着显微镜写出来的。战后，安藤详细查阅了日本以及中国的古典，在对《延喜式》献贡品的种类进行细致调查之后，他认为，赤米并非近些年同籼米一同进入献贡品类别中，而是很早的时候就已经成为献贡品了。安藤的学生辈中有一位兵库农科大学的年轻农学家滨田秀男，对此仍然热心地进行研究。安藤是丹波出身，而滨田君居住在篠山一带，所以大米的话题跟《神户新闻》并非没有关系。

安藤这本书出版之后，东畑精一[③]君对该书很感兴趣，所以他叫上了石黑忠笃和我，以安藤先生为中心开了一个低调的庆祝会。当时信州出身的年轻学者小泉幸一君张罗了一个"稻作史研究会"。他跟农林省农业技术研究所的盛永俊太郎以及其他两

---

① 指日本历史学家江上波夫有关"骑马民族国家"的研究。

② 安藤广太郎（1871—1958），日本农政学家、农业学家。

③ 东畑精一（1899—1983），日本农业经济学者。

三位同好一起，致力于水稻以及稻作的历史研究，这是一件非常振奋人心的事情。如果不搞清楚大米与日本人的关系这一根本性问题，我想关于日本人的起源问题就无从谈起。如今，高砂市出身的金泽庄三郎等人，从语言学者的立场出发，在对印度-日耳曼语系进行比较研究的基础上，认为日本人或与朝鲜人同源。但是，我认为不应当如此着急下定论。虽然语言的研究是十分重要的线索，但是仅以此来追究民族的起源往往是危险的。

考察日本人的起源，我认为仍然有必要将其与水稻种植联系起来。在中国大陆，水稻种植中心地的北端可达殷商故地洛阳附近，据说当地有大象活动的痕迹。还有水稻种植由此推广至朝鲜半岛的说法，我觉得这种推论多半是错误的。另外，有人主张日本的水稻种植是直接从中国大陆传播过来的，安藤的著作中对上述各种说法——进行了批判和驳斥。最近，滨田君所参与的在柬埔寨湄公河沿岸的调研活动，对当地的原始人种进行了详细的勘察，所以滨田君的一些考察或许更有说服力。

思考稻作文化时，例如在涉及弥生文化的切入点等问题时，仍然需要非常慎重的研究。关于这一点，我认为日本作为岛国，非常有必要挖掘海上交通，即潮流所带来的必然性问题。黑潮沿着台湾的东海岸而上，在冲绳稍微偏西的海域经过东海北上，到达吐噶喇群岛附近开始分成两支。我希望海洋研究学者能够对其进行充分的研究，同时我们这些以史治学的人也应该将其作为学术兴趣跟踪研究。

关于骑马民族说的疑问

以前听说过老鼠从一个岛到另一个岛的说法，我想人的移动

其实跟老鼠差别不大。古时候没有地图，人们大都在一无所知的情况下前往另一个地方。如果是乘船出海，大多顺着洋流任意漂流，最后在意想不到的地方落脚，这更接近于真实。最后到达无人岛的种族其实只是毫无征兆的偶然机运所致。当然肯定会有人质疑这只是假说，并非严谨意义上的学问。但我本人确实致力于日本人起源的研究。

我认为具有稻作习俗的南方人种顺着洋流来到日本并定居于此。而且在日本海附近，也十分适合水稻的种植与生长。关于这一点，我想花点时间做一些说明。

很多人士想当然地认为，无论是文化还是人类，大都从大陆经朝鲜南下，渡过海峡后来到日本。我完全反对这样的说法。因为如果不是从南方过来，那么水稻就不可能传到日本，如果没有水稻就不能解释日本民族的形成。如今日本民族并非只有百姓种米，皇室没有稻米也不能向诸神献祭。因为向诸神献祭的食物中必须包含稻米。所以，我确信日本民族是与稻米密切不可分离的民族。也许有人会说，水稻是后来才传到日本的，但我却认为如果水稻是后来的，那么就不能充分解释日本固有的很多信仰和习惯。其实，无论是考古学家还是人类学家，都没有考虑到这一点。其中最极端的案例要数所谓的"骑马民族说"。

主张骑马民族说的人认为，日本民族是骑着马从中国北部向南迁移，最终乘船和马、骡子一起到达日本的。其理由是，在古坟前期日本国内很少发现与骑马相关的遗物，但是进入后期之后则大量发现，而且开始出现完整的马匹等相关遗物。所以，马匹等是在后期进入日本的。这些平时没有吃过稻米的人种，带着他们的马匹等来到了种植水稻的日本，而且这些人成了统治阶层。

但另一个事实是，皇室率先重视稻米的收获。即便《延喜式》中的稻米食材没那么复杂，但在国家祭祀中也有大尝祭，每年宫中祭祀中亦有新尝祭，且各大神社都有类似的祭祀活动，可以说日本的诸多祭祀中大多以稻米为中心。

那么，日本的皇室先于国民开始以稻米为中心的祭祀，是否可以认为是骑马民族来到日本后，为了笼络民心而开始的祭祀活动呢？这种解释恐怕也没有说服力。

在过去，为了让稻米有个好的收成，需要经历非常严格且复杂的斋戒。皇室和国民在结束斋戒之后，才可以进行所谓的新尝仪式。从这个角度来看，三笠宫①从事新尝祭的研究，确实是最合适的人选。

谷灵信仰等

距今正好120年前，德国有一位怀才不遇的学者名叫威廉·曼哈特（Wilhelm Mannhard）。他在北海沿岸进行调查时发现，当地给小麦选种子时非常讲究谷灵信仰，即小麦中存在谷灵（corn god）、谷母（corn mother）、生育谷童（corn child），人们相信谷童第二年成为小麦的种子。

谷母在生产谷童之前要进行产屋祭，第二代的谷物在产屋中从谷母那里接受其灵魂。宗教学者宇野圆空君在马来半岛进行长期田野调查之后，出版了一本名为《马来西亚的稻米仪礼》的著作，在他的报告中也出现了相同的信仰。曼哈特在发现谷灵信仰时，学术界并不重视这一发现，特别是宗教学者，甚至认为他这是说了不该说的话。最终他本人在其研究不被认可的状况下郁郁

---

① 三笠宫崇仁亲王（1915—2016），日本皇族，为大正天皇的四子，历史学者。

而终，后来我在读弗雷泽（James G. Frazer，《金枝：巫术与宗教之研究》的作者）教授著作的时候，发现他对曼哈特这个悲情的学者充满了褒奖，我才有机会知晓曼哈特的存在，也因此得知关于小麦的信仰。而在马来西亚则保存着对稻米近乎完全相同的信仰，这是通过宇野教授的报告获悉的动向。

据石田英一郎所述，曼哈特的学说如今很受欢迎，天主教出身的学人和信徒也加入研究队伍。关于谷灵信仰，绝不仅限于北海沿岸地区，弗雷泽的《谷灵》（*Spirits Of The Corn And Of The Wild*）一书中就介绍了小亚细亚地区的很多事例。其时，天主教学者的研究已经拓展到地中海沿岸，其中心是意大利。石田君最近在中美洲的墨西哥和危地马拉等地调研时发现，当地黑人群体中竟然有对玉米产灵的信仰。这种信仰传承于13、14世纪当地野蛮部落的遗风，而且还保留着谷童从母神体内生出来的石像。在日本，其实全国范围内关于稻米的祭祀内容和形式大致相当，我觉得如何将日本与这些国家进行比较，并找出共通点，是接下来学术界要解决的新课题。

仅凭宇野君的报告并不能让我感到满足，我一直想知道的是，在中国有没有与"尝"有关的祭祀活动，又或者在中国民间伴随谷物的收获是否有类似的斋戒仪式，直到最近我终于明白，关于稻米，在中国也有着与前述曼哈特相同的说法。也就是说，日本有关稻米的祭祀，即新尝祭与中国可能有关联。

"nii"（にい）这个词在日语中对应的汉字是"新"，也读作"atarashii"（アタラシイ），"尝"字读作"name"（ナメ），所以很多人会误解为"新舔一口"，但是"尝"字在中国有"尝试"（試みる）的意思。"nii"有时候也读作"nyu"或"myu"。《日本书纪》中有"新之父"（ミュの父）的说法，即王子出生以后

一般由母方亲戚负责培养的人。《日本书纪》中"壬生部"（又称"乳部"）所记载的内容就有这些。其实"新尝"的"nii"也就是"nyu"，指的是将稻谷放在田地里进行管理的意思。有些地方将这种方式称为"waranio"（ワラニオ），有的则称为"suzuki"（スズキ）。堆稻谷的方式在八重山群岛称为"majin"（マジン），也有叫作"shira"（シラ）的。此外，冲绳当地将人们的产房也称为"shira"。

关于"shira""shiira"等词的语源尚不清楚，但我认为或许是由冲绳当地语言"shiida"（シイダ）转变而成，有生育、成长的意思。"d"和"r"两个字音相融通，过去或许有一段时期"ダ"（da）行与"ラ"（ra）行发音比较接近吧！很多地区将生产过程中的污秽（产穢）称为"白不净"，这个"白"可能是后来添加的别字。

关于赤米

其实在非洲的野蛮部落，谷物种植过程中也有非常严格的斋戒习惯。据说斋戒持续两个月之久，斋戒解除后却非常肆无忌惮，跟前面提到过的"丰明"相似，经常会有很出格的行为。与之相比，日本算是十分中规中矩的了，比较特殊的情形也不过是跳"五节舞"而已。总之，收获前后总要有变化以示区别。

伊势神宫的祢宜[①]一年到头都要净身沐浴，故"神尝"定在了9月，但是普通人自那之后有一个多月的斋戒。《延喜式》中将10月1日定为入斋（入忌）之日，此后要经历一个月以上的斋

---

① 祢宜，日本神社神职的一种。

戒，然后进入 11 月的新尝。入斋之日有吃红豆饭的传统，红豆虽然不是主食，但在东洋一带却非常重视它。不仅中国，日本也从缅甸等地进口红豆。

那么红豆为何重要呢？以下是我异想天开的解释：最初食用红豆并非因为它美味，而是基于其他方面的理由。如今水稻的种类经过了大幅度的改良，据农学家所言，水稻的原种是红色的米（赤米）。也就是说，过去日常食用的赤米，经过人工选择之后发展成为如今的白米。记得冲绳过来的人曾说起过大米是淡红色。也就是说，人们最初食用的大米是红色，经过改良后越来越白，反而红色的米成了稀罕物，变得越来越重要，每逢重要场合就食用赤米。红豆饭煮出来的颜色跟赤米饭煮出来的颜色相当。为了给斋戒开始之日赋予特殊的意义，最初或许食用赤米饭，但是随着赤米的产量越来越少，最后就用颜色相当的红豆来代替赤米。大规模种植红豆的区域跟种植大米的区域完全相同，外加上红豆饭的颜色与赤米饭的颜色相近，所以我才做出上述大胆的猜测。

人类的遗传因子从父母传递给子女，家禽家畜亦是如此，而水稻则是非常有规律性地每年完成一次循环，发芽后就长出茎，然后开花，长出谷物，对于最初栽培它们的民族而言，毫无疑问具有重大的神秘性。

研究水稻的日本史，最重要的特征是稻米可以生食这一点。所以稻米在很早就被赋予了非常特别的地位。像辻川的三木家这种大地主家，粮仓入口处往往贴着"不可生食把米"①。小时候，年轻的老师会把稻穗放到两手中间搓来搓去，然后用嘴吹走稻

①"把"是保留有稻穗的稻米的计量单位，相当于一只手可以握起来的量。

壳，剩下的稻米粒就直接放进嘴里了。学生们也跟着老师学习搓米生食。军队等好像也是如此。

向诸神敬献大米时也以生米为主，这被称为"shitogi"（シトギ），将大米浸泡之后捣碎做成米团。这样在不用石磨的前提下也可以做成粉末状。据说原本供奉给诸神的非常庄重的大米就是上述这种生米。

"yone""kome""kumi""kuma"等

在冲绳，"米"不像在日本本土那样被称为"kome"（コメ）、"yone"（ヨネ）、"ine"（イネ），而是称为"mai"（マイ）。"米"有如此众多的说法，为此有"复数起源说"的主张，即不同的说法分几次传到日本。但是我却不这样认为。把"米"称作"kome"始于南北朝末期到足利时代，在此之前普通人把吃的米一直称作"yone"，但是供奉给诸神的米则称为"kome"。古有"粢米"（kumashine，クマシネ）的说法，指的是向神供奉的具有神性的东西（供米）。在米上升为文化问题之前，兵粮米就不再被称为"yone"，开始单方面称其为"kome"，如此一来"kome"从神圣的用语向世俗化的语言变化。如今有些名为"神稻"的地方读作"kumashiro"，其实就有供神用的清米，而"kumi""kuma""komi"等都是生产清米的地方，这些地方或许比起其他地方更少受到灾害的影响，水稻的收成也更好一些。在过去，"kome"和"yone"因为信仰对象以及与常用语的差异而区分开来。《古事记》以及《日本书纪》中出现的久米一族，后来发展成为一支部队，仅从姓氏就能够知道这一族最初从事与食粮或内膳相关的工作。全国范围内有

很多读作"kume"的地方，这些地方或许就是生产祭祀用的稻米（kome）或种植神稻的地方。也就是说，追溯全国各地名曰"kume"的地方，或许就能够清楚从古至今日本人演变的基本脉络。

无论是山口县还是鹿儿岛县，都有叫作熊毛（Kumage）的郡，日本海沿岸则散布着名为"kumi"的地方。依我本人的想象，水稻自然生长的地方或称为"kumi""kume""kuma"。或许是在冲绳的"久米岛"（Kume-jima，クメ島），又或者是更靠近南边的"久米岛"（Kumi-jima，クミ島）① 是这一说法的来源地，"yone"在当地作为非常神圣的谷物，或许就是我所说的"kome"。在冲绳这样的地方，稻米种植本来就很少，以此为职业的人数量也很少，即使种植稻米收获了之后恐怕也会很快就被吃完。所以，他们将这些供奉给诸神的谷物称作"kome"，并十分珍视这些稻米。

最早居住在日本的这些人并非有计划地渡海而来，而是在看不到水平线对岸的情况下，因为偶然的机会而到达日本列岛。日本水稻种植的传播恰好"讲述"了日本人迁徙的轨迹。

对此我们首先需要思考的是未加入人工干预的水稻种植方式。这种种植方式依赖于每年35天或40天左右的梅雨季节。长门的萩附近有一个叫作见岛的小岛，因为滥伐山林导致土地流失严重。后来实在没有办法，当地便选择相对不错的土地，建造了蓄积雨水的蓄水池，将其作为育苗的地方等待雨季来临。见岛是一个以渔业为主的岛屿，但是却待雨种稻，这点或许能够让我们想象日本民族最原始的状态。

---

① 冲绳当地并无名为"kumi"的岛屿，这里或为柳田臆想。

但是，漂流者初次到访时不可能将种子、妻儿一并携带，所以这些人极有可能是稳定了之后再次返回故乡，并将他们接到新的土地。也就是说，漂流者只有下定了永久居住的决心之后，才会想着去接回妻子儿女。我认为促使这些漂流者定居下来的，正是前面讲到的"宝贝"。只有当地有比宝石还要有价值的宝贝，才会激励漂流者再次返回并且永久居住下来。当然，以上加入了我个人的想象，接下来必须要对这些假设一一证明。

日本的舟

以米为主食的人们渡海来到日本，成为我们这些以大米为主食的人种的祖先，这已经是毋庸置疑的事实了。但是，日本被海洋包围，要来日本必须考虑海上的交通工具——舟。那么舟最早是如何被制造、被利用，以及实际利用过程中存在何种限制呢？关于这些需要进行缜密的调查。

例如，欧洲北海一带的维京人也曾迁徙至很遥远的地方，但他们只是沿着海岸地带航行，很少横跨整个海洋。至于通过磁石来决定横跨大洋之后的行进方向等，则是之后很晚近的事情。如果能够考究舟这种交通工具何时以及如何被制造，其具体的发达程度如何，我想对于理解人类文化的形成具有重要的帮助。这也是我们日本人不得不思考的问题。

过去有漂流民乘着黑潮从南方到达九州或者九州以南岛屿等说法。但是，他们为何回来？"漂流说"固然有其道理，但最初妻女不可能一同漂流过来。这些漂流民势必要返回故土并带着他们过来。在宫古和八重山等冲绳地区比较靠南部的岛屿经常有南方渡来人的说法。如果能够了解这些人来自何处，或许可以给日

本人的起源提供重要线索。

在刀具尚不发达的时代如何制造舟？当然，即便是没有刀具的原住民也能够制造出舟来，但那只是最原始的独木舟。后来，随着技术的改进，舟的边缘加上木板，或者两块木头拼合在一起形成"二艘舟"，这样就可以承载更多的重物。所以，树木比较丰富的地方可以马上成为"造船所"。但是，这种条件下制造出来的舟，续航能力很差，只能应付非常短程的航海。

所以，那些主张古代的人和马匹等大部队从朝鲜渡海而来的说法，大多是与事实不符的无稽之谈。所谓热心、爱好真理、冒险精神等为了提升人类幸福感的解释，我对此并不否定。但关于日本人起源这件事，还是要以事实为依据进行缜密考察。不能单纯凭借外国的资料人云亦云，对于这些固执于概念论的主张，确实可以很容易地搞清楚日本人的过去，我们也不需要耗费这么大工夫去追究，但事实却有可能并非如此。说起先代，《六国史》[①]算是正史中的权威资料，但其涉猎范围也不过京都周边一带，我希望能够更多地关注日本全国各地的情况。同样是江户时代300年，无论是初期还是末期，各个地方亦有完全不同的特征，不能用一本史书一以概之。

舟人们顺着海岸行进的过程中，如何解决食物的问题呢？水果并不是任何一个季节都可以获得，最终我认为还要诉诸耕作的方式，即在耕作的同时继续前进。关注迁移的学者似乎对食物的问题没有太多思考。

日本列岛上本来就有非常茂盛的树木，从其自南至北渐次砍伐的痕迹来看，或可以想象木舟从南到北行进的情景。但是，从

---

① 《六国史》是对日本奈良时代、平安时代所编辑的六部史书的总称。

一个岛到另外一个岛，毕竟风险很大，需要坚定的信念。那么为何会实现最终的迁移呢，我的解释其实仅仅停留在想象的范畴。总之，舟在日本发展和演进的过程与日本文化的发展有着密切的关系，我希望将来的年轻人能够对此进行更多的研究。

日本人的渡来

日本人最早来自哪里，又到了日本的哪里呢？人类在移动的同时，必然会带着自身的信仰和生活方式。日本人的信仰很难与稻米脱离干系，所以日本人的大多数或从南方的"米作地带"带着稻作生产方式而来。只是从祖先开始从事大米种植的人们，并非在同一处地方一直从事耕作。例如，中国的沿海地带通过船只与东夷有海上的往来，"夷"这个字读作"tairaka"（た いらか）[①]，也可以解释为来自东方的稳健和平的民族。同样的沿海地带，有百越或诸越等未开化的民族。我们后来使用的假名"morokoshi"（もろこし），其汉字表记为"唐土"，这或许就对应中文汉字中的"诸越"或"百越"。[②]

如果接下来时间允许，我希望能够将包括最新动向在内的中国历史进行细致的调查研究。例如，据说从舒（徐）这个地方来到日本熊野地方的徐福等人，因为当时的日本被认为是仙境，所以有不少来求仙术的人士。另外孔子有言，"道不行，乘桴浮于海"[③]，足可见其以扶桑为理想国的东海主义思想。

[①] "たいらか"在日语中有平稳、安静之意。

[②] "morokoshi"的日文汉字既可以表记为"唐土"，也可以表记为"诸越"。

[③] 原文为"東海を踏んで死するあらんのみ"，此处或误用了"仲连蹈海"的典故。

越后的古志（Koshi）郡①，其历史并不太久远，反倒是从越前的敦贺、三国到越后一带，自很久以前就使用"越"（koshi，こし），"koshi"这个说法是否可以解释为"最初所在的地方"呢？作为对照，我想起了冲绳东、西、南、北分别读作"agari"（あがり）、"iri"（いり）、"hae"（はえ）、"nishi"（にし），其中值得注意的是北方读作"nishi"②。一些语言学者认为，因为是从日本本土进入南方的冲绳，所以将"北"读作"nishi"。但我却据此认为应该将"北"读作"koshi"。因为"nishi"有"inishi"（いにし）的意思，指从本方渡海过去对方，但实际上顺序应该是从冲绳渡海到日本本土，所以方向上相反。③当然，以上仅仅是从语言的角度来思考日本人的起源。

我本人也不认为日本人只是从南方过来。大正九年（1920年）我曾经在青森县的大凑一带调研，当时在现场目睹了北海道熊的标本制作过程，据说那头熊是最近才在本州岛上捕获的。由此不难想象曾经有人类或动物渡过青函海峡的时代。更何况北端的宗谷海峡等本来就有计划性渡海的说法，所以日本民族来源唯一的说法站不住脚。我一直都认为，如果没有人从南方来，那么日本就不会出现裸体的人偶。同理，如果没有人从北方来，那么日本就不会出现肥满的土偶。从绳纹、弥生两个时代所制造的两种不同样式的土偶来看，日本的文化极有可能来源于两处。无论是北还是南，总有不同的说法，所以"假设说"本身并没有任何不妥，但我反感的是，有些研究结论没有添加"可能"（かも知

---

① 日本新潟县曾经存在的郡，2005年该郡的山古志村并入长冈市，古志郡不复存在。
② 在日语中"nishi"是西方的意思。
③ "inishi"日文写作"往にし"或"去にし"。

れない）两字。

一位从事南洋人种研究的学者在听闻我有关日本人渡海而来的说法后，反问"日本人在渡海而来的时候，有没有大陆桥呢"。我觉得这是完全没有时代代入感的讨论。因为如果有大陆桥的话，所有的谜团就迎刃而解了。

日本人渡海而来靠的不仅仅是脚，同时必不可少的还有舟或者筏。所以他们必须从树木茂盛的地方出发，因为木材是制作舟的原材料。然后还要考虑洋流、季节风甚至冰冻等问题。

在日本，除了山口、青森这两个本州岛两端的县之外，南北皆靠海的县就只有兵库县。实际上日本政府是将淡路、丹波·但马等完全不同的地区进行政治性统合，又或者说这是废藩置县时政府有意进行的一种尝试。考虑到日本海与濑户内海文化的重要性，我希望兵库县能够有更好的发展。特别是与但马相关的学术研究还可以有更深入的探讨。①

世界苦与孤岛苦

很多人认为，冲绳文化有一个明确的中心，如果某些地方不在这个中心的范围内，那么对这个地方的印象可能会打些折扣。提到冲绳很容易就会接着说"毕竟是某某岛"，潜意识里面就存在这种差别化意识。我的友人比嘉春潮②却是少有的不持上述偏颇立场的人。例如，像八重山、宫古岛等大一点的岛屿都有可能遭遇差别化对待，更不用说那些小的离岛了。二战结束后，冲绳的

---

① 该段文字与本节没有特别的关联，因为该段文字在最初版本是全书的最后一段，中译本根据修改版译出，故放在此处。

② 比嘉春潮（1883—1977），日本冲绳史研究者、社会运动家。

情况发生了变化，诸如首里、那霸等城市，当地出身的居民已经跌到半数以下，国头、宫古等地出身的人据说已经进军当地的政治界和实业界。久米岛稍微有点不同，因为该岛在过去就特别受重视，如果换作其他的离岛，可能会更加被看不起。我们之所以致力于研究冲绳，潜在的动机之一就是要消除这种差别化意识。

之前去冲绳时做的题为《世界苦与孤岛苦》的演讲，其主旨就是如此。所谓"世界苦"强调的是一种连带感，大家一起应对即可，但是"孤岛苦"就不太一样了，我们不能忽视冲绳人的存在和感受，同时冲绳的人们也不能看低县内其他地方出身的人，我当时以非常强烈的语气谈到了上面的话题。在场的大多数人面露嫌弃的表情，打那之后，这种带有非常复杂意涵和心情的"孤岛苦"概念倒是在冲绳当地普及起来了。

在冲绳，很多我们以为理所当然的东西反而行不通。例如，北海道的人们称本州为内地。前面我提到过儿童时期一个名叫松冈和吉的玩伴，他后来从辻川搬到了北海道，不过晚年住在成城附近，有一次他从故乡播州回来后跟我说，"之前回了一趟内地"。这里的内地指的就是播州，而在他看来，显然"内地"是一个褒义词。

但是，如果在冲绳提"内地"，那就犯了很大的忌讳。因为当地人会反问，难道冲绳是外地吗？我当时去冲绳的时候，也有人善意地提醒我，不能说"内地"。那么是谁培养了冲绳人的这种芥蒂呢？这是我想要了解的问题。

还有一点，冲绳是一个有着500年历史的王朝，甚至有文献资料表明，在此之前冲绳有一个延续12 000年的王朝。这种思想在冲绳有很强的残余，历史的书写也基本上以王朝史为中心。关于这一点，如果稍有质疑，恐怕要跟冲绳人产生冲突。琉球在确立了国际海域交通枢纽的地位后，大概在元明清三代，其文化得到发展，天下的观念开始普及，所以也有自诩为中心的倾向。如果不是这样的话，生活在这些离岛的人们或许有更多生活的乐趣。冲绳出身的著名学者伊波普猷君就专注于经历王朝时代、藩制时代、明治时代之后冲绳社会思潮的变迁，或许他的书中能够体现出更积极的变化吧！我个人希望能够再往前追溯到三朝三代，并对从当时至今的琉球史进行认真的学习。

《采访南岛语汇稿》

前面提到的"炉边丛书"收录了伊波君的两三本书。此外，年富力强的东恩纳宽惇[1]和宫良当壮[2]两人的著作亦悉数收录。

宫良君性格顽固，如今仍保持着学习的激情。他出生于八重山，家境不错，但是为了来东京读书，还是经历了很多的艰辛。明治四十二年（1909年），他来到冲绳本岛，不得不靠打工为生。当时他在从那霸到首里的坡道帮忙推车，用挣来的钱换了一张前往大阪的船票。到了东京之后，名古屋出身的前田太郎在东大国语科做助手时给了他很大的帮助。前田是一位资产家，在东京建了房子之后拿出几间用于出租。他本人虽然英年早逝，但却提供给宫良君一套房子。宫良君白天上学，晚上在地摊卖书，一直辛苦度日。当时正巧中山太郎和冈村千秋在博文馆工作，于是便恳请社长大乔新太郎出资帮助宫良君，当时我也说了一些好话。这时他刚刚就读国学院的预科或者一年级，得益于大桥的倾囊相

---

[1] 东恩纳宽惇（1882—1963），日本乡土史学者、冲绳史学者，冲绳出身。
[2] 宫良当壮（1893—1964），日本语言学者，冲绳出身。

助，他安稳无忧地读到大学毕业。宫良君的妻子也是非常勤劳贤惠的人，她靠缝纫等手工活赚点小钱来支持夫君的学习。

直到今天我仍然心存敬佩的是，他在学生时代自己写作并出版了著作《采访南岛语汇稿》。如今在我成城宅邸的书库中绽放光芒的仅此一本。他自己裁剪誊写版的原纸，然后制作并出版了这本半纸尺寸800页的著作。最初制作了50部，但很快售罄，甚至还有外国人（我想多半是英国人）表示无论如何都想入手这本书。宫良君本人也年轻，有体力，于是又再版了50部。这股精神劲儿，连折口君都自觉难以望其项背。如果他回到冲绳，说不定能够作出更大的学术贡献。

说到异样的眼光，让我想起了八重山群岛中的一座小岛——黑岛。黑岛的年轻人曾经参加过在日本青年馆举行的乡土舞蹈大会。她们跳的是名为"黑岛口说"的传统乡土舞蹈。其实这些人在准备前往东京参加大会前，那霸的报纸就制造了大新闻，说此举是冲绳县的耻辱，主张把这些人叫回去。在宫良君的斡旋下，这些年轻的女孩坐船来到了东京，听闻县里的反对声音后，她们中有些人甚至哭了起来。后来电报打到了我这里，我便跟冲绳那边的负责人说，"怎么会有如此愚蠢的主张，东京这边都已经等待表演了，怎么可能回去"云云。舞蹈在东京真正演出的时候，却取得了意料之外的成功。这些被认为是乡下人的女孩子，额头扎上头巾之后，样子也为之一变，非常新鲜亮丽。作曲家中山晋平为舞蹈的调子所倾倒，还根据节奏做了一首曲子。

前年他们还在早稻田的大隈讲堂公开表演，反响也非常不错。不过总感觉受到表扬和关注后，有些人会堕落，而有些人会进步，总之已经成为一种文化性的存在，刚登陆东京时的那种淳朴的好感已经减少了很多。

倭寇的遗迹等

宫古岛有一位名叫稻村贤敷的图书馆长。他从文理大学毕业后就到了宫古岛工作，好像也没有太多在其他地方游历的经历。但是他本人非常好学，出版了一本《琉球群岛倭寇遗迹研究》(琉球諸島における倭寇史跡の研究)。该书认为当时日本人一般不经过冲绳而直接进入宫古岛，且其数量还相当可观。曾经有一段时期倭寇活动猖獗，宫古岛甚至成为他们的根据地。这些内容引起了我的注意，我觉得是一本非常不错的著作。为了证明这一点，稻村花费了大量的精力调查取证。例如，他详细调查了与御岳祭关系密切的"时双纸"。所谓"双纸"，指的是安倍晴明所著《金鸟玉兔集》①。该书在宫古岛留存有很多版本。其实最初也流传到了冲绳本岛，但是却遭到当局的禁止，只能够在坊间私下传阅。不过，在偏远的宫古岛却受到普遍欢迎，如今当地各家各户也有这么一本书。当然家庭谱系不同，具体的内容也会做出改变，我觉得对这些差异性进行比较也是非常有趣的话题。

"时双纸"中的"时"指的是日期，简单说就是"算日子"。当决定某月某日是否要做某事之前，先翻开这本书确认吉凶。该书曾经是通用的占卜书籍，后来因为王室（琉球）早早禁止，最后便只在民间流行。对此进行活用的巫师在当地被称为"yuta"（ユタ）。不同于日本的巫女之间转述"神谕"，"yuta"是利用双纸来占卜。因为在他们看来，如果将原本是秘密的东西有意识地

---

① 安倍晴明（921—1005），日本平安时代著名的阴阳师，《金鸟玉兔集》相传为他所著。

传授，反而会产生弊害。"yuta"有男女之分，女性的"yuta"主要占卜，男性的"yuta"则教授秘传等。信奉男性"yuta"的仅限于士族阶层，他们主要接受男性"yuta"的神秘指示等。到了战后则以女性"yuta"更为流行。奄美大岛过去也有类似的占卜，使用的版本是《三世相》。

稻村君不仅在宫古岛，还在其他的岛屿上相继发掘了青瓷、白瓷等碎片。在冲绳的历史学者看来，仅仅通过青瓷的碎片就来断定倭寇活动的遗迹有失偏颇。但是，还要看碎片的数量如何，如果发掘出大量的碎片，那么倭寇的活动就不是偶然。总之，如果只遵循有文字的记录，那么历史就有可能陷入单纯的想象世界。

这本书也有不足，那就是"nawa"（ナワ）的问题。名和长年①的后代到了九州天草一带后侍从征西将军，最终他们到了哪里尚没有定论，但是折口君认为，名和氏的后代到了冲绳之后，成为第二王朝尚巴志的先祖。稻村君对折口君的说法持肯定态度。折口君为了冲绳研究作出了非常卓绝的贡献，但是唯独有关名和氏的主张遭到不少质疑。所以，比嘉君才建议要多了解有关名和氏·尚巴志的研究以及意见。总之，毋庸置疑的是，稻村君的这本书算是内容上乘的优秀作品。

河上肇君等

京都的河上肇②君曾经给伊波君的《古琉球》写了跋文，他

---

① 名和长年是日本南北朝时期的武将，名和读作"nawa"（ナワ），所以前面柳田说"nawa"的问题或指名和氏与冲绳（Okinawa）中"nawa"的联系。

② 河上肇（1879—1946），日本经济学者、马克思主义者。

本人很早就对冲绳感兴趣。早期他感兴趣的点在于系满[①]的个人财产制度，据他所说，在那里看到了自己的个人理想。

河上君滔滔不绝地历数祸害日本的帝国主义思想，他认为没有遭到污染的地方只有冲绳，所以他将自己的期望寄托在了冲绳。但是，琉球人却认为自己作为日本人的一部分。河上君或许对琉球人的心情做了过度解读吧！在《古琉球》的跋文中，他带着讽刺的叩问提到了上述内容。

河上君大学毕业后在松崎藏之助的指导下负责《日本经济新志》的编辑工作。在经济类的杂志中，田口卯吉的《东京经济杂志》最早，其次是天野为之的《东洋经济新报》，河上君的杂志最新，同时保护经济政策的色彩最浓。

杂志的封面呈红色，从创刊号开始他们一直寄赠与我。看着看着，杂志竟然"越来越红"。河上君是一个性格单纯、为人宽厚且有诗意色彩的男人，作为学者，他本人的选择和遭遇，在我看来实属不幸。[②]

明治三十五、六年（1902、1903 年）间，我刚升任高等官（法制局参事官），山崎觉次郎[③]、桑田熊藏[④]等人组织成立了社会政策学会。当时学会的骨干是福田德三[⑤]和高野岩三郎[⑥]，关一[⑦]也在里面。之后不久，河上肇加入了进来，从那时起，河上君就已

---

① 冲绳本岛最南端的城市。

② 这里或指河上肇后来加入日本共产党以及狱中囚禁的经历。

③ 山崎觉次郎（1868—1945），日本经济学家。

④ 桑田熊藏（1868—1932），日本法学家、贵族院议员。

⑤ 福田德三（1874—1930），被认为是对日本经济学具有开拓性贡献的经济学家，他指导的学生中有众多成为著名经济学者。

⑥ 高野岩三郎（1871—1949），日本社会统计学者、社会运动家。

⑦ 关一（1873—1935），日本学者、政治家，曾担任大阪市长。

经显露出变化的端倪。我当时因为把精力重点放在了官场，也没有跟河上君进行深入交流。

金井延[1]博士给社会政策学会提供了重要支持，但我们主要得到山崎君等人的提携。那个时候的舆论氛围相对宽松，西园寺（公望）先生曾在议会质问"社会政策学会是个什么组织"，他甚至还说不赞成它发展成为"那样的组织"[2]。可悲的是，西园寺先生连社会党与社会政策学会之间的区别都不知道。那段时期我经常参加这个学会组织的活动。

比嘉春潮君

翻阅大正十三年（1924年）到昭和五年（1930年）的日记可以发现，出现频率最高的名字是琉球出身的比嘉春潮君。

比嘉君乃旧士族出身，后来因为父亲在地方做法官的关系，他在乡下长大成人，对乡下出身的人士多报以同情心态。

我第一次见到他是在大正十年（1921年）1月。当时几近完成对冲绳本岛的考察，正准备乘船前往宫古、八重山一带，他作为县里地方课的官员竟然跟我同乘一艘船前往宫古。问过原委后才知道，他虽然是冲绳县的官员，但是当时跟被中央视为"无政府主义者"（anarchist，アナキスト）的岩佐作太郎有交情。岩佐说是要前往宫古岛，县当局对此十分警觉，于是以观察宫古岛选举之名委派比嘉前往出差。不巧的是，比嘉君当时还是日本罗马字学会的会员，因为说了一句岩佐是"自由主义者"

---

① 金井延（1865—1933），日本法学家、经济学家、社会政策学家。
② 联系上下文，这里或指发展成为社会主义性质或类似的政党组织。

(liberalist，リベラリスト）而遭到县知事的严厉训斥。

他来东京的时候，我刚好在欧洲任职。大正十三年（1924年），我获邀在上野的美术学校讲堂做了一场演讲，他当时也来听了我的那场演讲。演讲的题目为《南岛研究的现状》，主要讲了琉球的话题。我指出，这方面的研究一直以来被等闲视之，并且以抗议的口吻呼吁南岛研究的重要性。在上原勇作等鹿儿岛籍陆军大将的面前，年轻气盛的我公然替琉球说话，为此我感到十分得意。当时桥浦泰雄[1]君也来到演讲现场，印象中他还将名片递给了我。

还有一次演讲是以《当前的异人种问题》为题，这次是替北海道、桦太、阿伊努说话。当时舆论界经常提到"异人种、异人种"等，如果事情发生在我们身边，那该怎么办呢？我当时主要讨论了这个问题。

如今看来，当初的两场演讲都有谬误之处，不过我迫切想要向有识之士以及当局者建言的初衷是不容怀疑的。

我跟比嘉君成立了南岛谈话会，成员不仅有来自冲绳的诸君，此外还混杂着东京等地志趣相投的人士，可谓盛况空前。当时他回了一次冲绳，并且把金城朝永[2]君带到了东京。此外，他还复写了"女官御双纸"并送给了我。在研究民俗学的同仁中，比嘉君算是跟我关系最密切的冲绳友人了。

最近听说他开始在《冲绳时报》连载琉球史的文章，希望尽早汇总成一部书并且公开出版。

---

[1] 桥浦泰雄（1888—1979），日本民俗学者、社会运动家，为"柳田民俗学"的普及作出重要贡献。

[2] 金城朝永（1902—1955），日本冲绳方言研究者。

语言与选举

在平常使用的语言中，有口头语和书面语之分的国家非常多。大概40年前，我在日内瓦工作期间，法国等国古典教育的残余尚存。我感觉如果以古典语言从事学问，甚至可以不用接受通用语的教育。

口语本来的意思就是用嘴说出来的东西，但是在日本如果进行演说则往往又变成书面语（文语），实在搞不清楚这种混账逻辑。以前在宫崎县延冈调研时，一位售卖报纸的店主说"今天接下来要去町会"。我想了解他们町会的情况，便跟着去了。这位店主是町会的议员，进入会场之后他的语言表达方式就彻底换了个样。令我震惊的是，如此快速适应场景且丝毫没有不适应、难为情的样子。最近东京的政治家们的语言虽然说相对易懂了一些，但是一到乡下就使用更加难懂拗口的语言。故弄玄虚，不知所云。如果不使用普通人都能听懂的语言，那么听众势必要在脑海中进行一次翻译，可谓无中生有，画蛇添足。由于政治家们普遍喜欢用难懂的语言来演说，以至于听众无法分清演说者的出身究竟是自民党还是社会党。如果这一点得不到纠正，恐怕未来的选举也将发展成为有限制条件的选举，因为并不是所有选民都能听懂政治家的语言。

要避免这一事态的发生，有一个最简单的方法，那就是从小学教育阶段就要鼓励学生敢于说出"我不懂"这三个字。老师无论讲什么，学生在下面都默不作声，然后死记硬背，这种方式不可取、不足取。特别是在有人旁听的时候，学生们普遍羞于表达，不敢说"我不懂"，我觉得要抑制这种现象，首先要从教师做起。

还有一点，普通人也要跟学生一样，当听到演说中有非常难懂的语言时，要敢于说出"我不懂"。特别是句尾以口语体结束，但句中掺杂生僻汉字的场合，尤其令人愤慨。对这些糟糕的演说，有着明确判断的普通人，可能只有三成左右吧！所以政治家只要拉拢金主，在选举时为自己投入足够的竞选费用即可。语言如果无法简化，那么日本的选举无论何时都无法得到改善。因此有必要说大家都懂得的语言，为此我们要调查自己国语的历史，从普通人的立场出发，来对国语进行研究。

希特勒青年团来日的情景，除我之外如今能想起来的恐怕不多了吧！他们说过"为什么日本都说一样的套话呢"。这是因为他们在太多的场合听到了太多相同的套话，这句话无疑戳到了日本人的痛处。

增加平实易懂的语言

我们小时候，在"ハト・ハタ・タコ・コマ・マリ"的教科书①尚未普及之前，小学读本第一卷中有"アジア人種・ヨーロッパ人種……"（亚洲人种、欧洲人种），第二章则有"钓鱼是在雨天合适，还是在多云无风的暖日更好"之类直接翻译自威尔逊的文章。后面虽然稍微简单了一些，但是进入高年级则越来越难，开始出现两个汉字重叠的词汇，诸如"欣々""喧々"等表述。如果不使用这种强调语气的汉语，则文章往往会被认为没有力度。当然，这种现象主要受到新闻报纸的影响。

至于经书，则有像"千部经"这种一口气读完千部则功德

---

① 此处指的是封面文字为上述片假名的教科书，大概在日本明治末期以及大正时期使用。

无量的说法。如果这样，即使再虔诚的信者，也无法完全理解其中的奥义，头脑里能记住的恐怕只是读经的调子。不解其意的纯朗读，其实也是相同的效果。我到现在还记得四书中《大学》以及《中庸》的大概，但是"瑟兮僴兮，赫兮喧兮"具体是什么意思却完全不懂。拗音、拨音等但凡使用了我们平素不怎么使用的语言，则往往被认为是先觉或领导人。不同于只有书面语的蒙古语，日本在进入明治时期之后，如果不使用汉文反而会让对方瞧不起。人们往往背地里说"陈纷汉"（chinbunkan）①，即便他们知道它是嘲笑不懂装懂的人时使用的词语，但是对其内涵却未必知晓。

伊藤仁斋②先生由于长期住在大杂院中，坊间还流传有他到隔壁邻居家疏浚水井的故事。先生在跟大杂院中的邻居交流时，恐怕使用的是大杂院的通俗语言吧！而非常庄严正式地使用"如您所知"（ご承知の通り）、"众所周知"（皆さんすでに知っておられるように）这种带有汉语的句式是进入明治时代之后的事情。所以在批判明治文化时，我认为必须首先从这一点出发。

如今的世道哪种载体使用最简单易懂的语言呢？报纸虽然也在尝试，但我认为最具代表性的还是小说。相比其他而言，小说的功能不多，但是仅就这点而言，可能是自我有记忆以来变化最大的。

如果购买方能够自由选择，那么媒体会积极向着简易的方向发展，虽然报纸也有类似的尝试，但是效果乏善可陈。例如，报

---

① 还有诸如"陳紛漢紛"（chinpunkanpun，ちんぷんかんぷん）、"珍紛漢"（chinpunkan，ちんぷんかん）等表述，意思指"故弄玄虚、不懂装懂"。

② 伊藤仁斋（1627—1705），日本江户前期的儒学者、思想家。

纸会认为"上吊"（首くくり，kubikukuri）这个词过于庸俗，反而使用"缢死"。然而，"缢"字作为生僻字（制限活字）却又不得不以假名"い"代替，最后变成了"い死"。

杉村楚人冠[1]曾说过，"只改变文字是没有用的，毕竟文字后面还有语言"。我经常用这句话告诫年轻的新闻记者，毕竟从口中说出来的话是没有限制的。但是如今我们却不得不思考口语中所遇到的困难。

进入明治时期以后，其实很多汉语词汇听多了之后就自然记住了，在有些人看来确实是值得庆幸的事情。对于这些汉语词汇，我们不应该抛弃，而是应将其作为口语使用，以此来丰富日语的词汇。

日本的语汇因政治家而贫瘠，却因小说家而丰富。但小说家考虑的是，只要都市中产以上的人们能够产生共鸣，就可以提高小说的销量，因此有一种轻视农民阶层的倾向。受此影响，农村出身的人们讨厌被笑话，反而更不愿意在人前开口说话。这样最终造成一半人闭口不谈，而另一半人信口雌黄的窘境。

为此我呼吁教师们，当孩子遇到不明白的问题时，一定要教导他们勇于说出"不知道"三个字，即便仅仅是脸上做出不懂的表情也可以，只有这样才可能让说话的一方改变方式，从而寻求对方的理解。我想这才是最合理、最自然的顺序。

方言及其他

印象中在广岛或山口，曾听当地人说起过"疼痛"一词

---

[1] 杉村楚人冠（1872—1945），日本新闻记者、随笔家、俳句诗人。

在方言中竟然有5种不同的表达方式。例如，肚子疼的时候说
"nigaru"（ニガル），牙疼的时候说"hashiru"（ハシル）等，
这在当地成为炫耀的谈资。如果这些"疼痛"统一用东京所使用
的"itai"（痛い）的话，那么很难表达出疼痛的点在哪里，最后
只有通过表情或者用手按抚疼痛的部位来处理。日本是一个方言
多样的国家。越过县境，其方言必然不同，即便是播州境内东西
两边也有明显的不同。之所以如此，在我看来是因为民众非常希
望用不同的方言清晰地表达他们的想法。但是语言学家却往往无
视这一点，仅仅强调语言的表现形式，我希望语言学家能够对方
言的来龙去脉多一些了解。

　　方言从古至今经历了纷繁复杂的变化，我想到了我们这个
时代应该不会有变化了吧。过往曾有藩主转封的制度，受此影
响带动了方言之间的交流，从文化交流的视角来看，这是具有积
极作用的现象，但事实也未必总是如此。因为这种交流往往会导
致"言语岛"①现象的形成，未必能够对周边方言环境产生根本
性的影响。而且，藩主转封之后所带来的结果往往导致方言的来
源地发生混乱。例如，田山花袋等人的"语言"中，有些是仅仅
限定于文学领域所使用的"方言"。田山是上州馆林人，藩主秋
元家是从山形转封过来的，同时田山的母亲成长于山形。如此一
来，田山就时不时使用馆林周边并不通用的方言。例如，东京一
带的"打盹儿"是"inemuri"（居眠り），但是到了东北就变成
了"nemukkake"（ネムッカケ）。尽管关东地区不使用这个说
法，田山君在自己家里却使用它，不经意间也体现在他的文学作

---

① 是指某种语言完全处于其他语言或方言地理上的包围之中的一种语言现
　象。多数是由人口迁徙造成的。一般情况下，言语岛内的语言使用范围
　狭小，受到周边强势语言的影响，有些甚至最终被同化。

品中。对此现象稍加关注，还可以发现更多。无意识中使用的方言，好坏皆有，不一而足。

与方言这一表述相对应的是"标准语"，虽然我不常使用这样的表述。如今似乎又改称"通用语"了，总之，必须要增加通用语的数量。当然，美其名曰"通用语"，个中仍有不够格或者说被降了级别的通用语。

还有一个是声调的问题。在离开故土的70年间，我一直使用上方一带的音调。所以直到最近才明白，"月落乌啼"（月落ち鳥啼いて）中的"karasu"（からす）[①]跟伊势的"香良州"、九州的"唐津"声调完全相同。不过我小时候养成的发音习惯，恐怕这辈子也没法改变了。但是，没有声调的地方广泛分布在东北的大部分地区，所以可以毫无顾忌地使用任何声调。日语未来是否也会朝着这个方向发展呢？我深刻地感觉到上方的方言已经渗透进关东地区。

史学的反省

我此前曾在多个场合指出，研究日本历史时将外国学者的研究应用在日本的错误做法。日本史学进步迟滞的原因之一在于汉字记忆的困难，因为汉字是史学研究的敲门砖。花费很多力气记住汉字后，终于到了能够读懂他人研究的阶段，这时对于学者而言，年龄已经偏大，在此基础上通过自身力量很难取得有创建的研究。即使如今有汉字使用的限制，要打破这一恶习仍然困难，但我也不认为照搬外国文献是能够解决日本史学研究问题的办法。

[①] からす，即乌鸦的日文发音，指发音声调与后文提到的"香良州""唐津"相同。

我们接下来的研究其实还有很多需要调研的地方，只有在对各类人等的历史进行调研的基础上，再结合外国的文献加以印证，才可能得出正确的结论。

关于直接输入外国学说的做法，无论是明治初年还是现在，两者并无二致。明治初期如果谁能说英语，或者能操一口别人都不懂的外语，他往往被视为文化人而得到尊敬。当时还在辻川的长兄，19岁从神户的师范学校毕业返乡后，在田原当地的学校担任校长时，这一风气仍然盛行，所以我对此风记忆深刻。

我记得当时总有些人物来长兄的住处喝酒，酒席上不仅要吟唱和歌，而且还特别流行即席吟唱"都都逸"。对于当时的文化人而言，都都逸也算是自我夸饰的手段，而陪酒女们则携当时各种热门作品穿梭于酒席之间。

> 松字木边有公亲，
> 公亲与我成双对。
> 松字木边有公亲，
> 公亲舍我空余气。①

长兄的友人们尤其擅长上面这种都都逸。

那时已经差不多10岁的我，就在隔壁房间听他们吟唱，而且意思全都懂，所以有时会不自觉地笑出声来。其中就有下面这样的一首都都逸，恐怕就是现场的人创作的内容。总之就是懂汉

---

① 原文为"松という字は木ヘンに公（きみ）よ、君とボク（木）とのさしむかい、松という字は木ヘンに公（きみ）よ、キミにわかれて気（木）が残る"。这里主要借用了公与君（きみ）、木与我（ぼく）、木与气（き）发音相同来展现汉字的魅力。

字的人的一种自我炫耀。

> 戀字分解来，
> 丝丝念、心相连。①

另外，还流行这样的说法：

> 如今议员流行三句话，
> "所谓""含蓄""不得已"。②

"所谓"即"namely"过去曾有"你或许不知道"的含义在里面，而"含蓄"则是"contain"的意思，如今很难理解的是，在当时则有屈服于对方之言说的意味。现在回忆起当时的场景，仍然觉得别有一番韵味。

这一时期鹿鸣馆所代表的欧化主义风潮日盛，不久后就出现了国粹主义抬头的倾向。以陆羯南、三宅雪岭等人对纯正日本的呼吁为代表，后来则有《日本》所代表的报纸等媒体逐渐确立了在舆论界的威望。

在当时的外国人中，其实也有人对这种轻薄的风潮——所谓"武断的错误"提出过警告，德国人保罗·马耶③就是其中一位。

---

① 原文为"戀（恋）という字を分析すれば、糸し糸しと言う心"。
② 原文为"いまの議員のはやり言葉、「所謂」「含蓄」「止むをえず」"。
③ 保罗·马耶（Paul Mayet, 1846—1920），日本明治政府雇佣的德国经济学家。

学问的本义

"人生识字忧患始",我在小时候就常听到这句中国古语。日本人对文字通常寄予非常重要的哲学意义。认识文字之后会感觉忧从中来,但在我看来,并不能仅仅停留在忧患的层面。

例如,昨天我谈到了黑壳楠(kuromoji),无论怎么称呼这种树木,必须搞清楚的是这种树是用来做什么的,以及是以何种方式保存至今的,而不是仅仅纠结于文字意义上的名称。一直以来,日本人似乎对文字赋予了过重的价值。

例如"学问"一词,一般人往往将日语的训读"manabu"(まなぶ,学ぶ)和"tou"(とう,问う)等闲视之。《论语》中所出现的"学问"一词,并非"学习提问"(問いを学ぶ),而是"问后知、问后觉"(問うて知る·覚える),关于这一点感觉最近终于得到普及了。我在战前曾有一次在国民精神文化研究所就学问的问题做过专门论述。我认为学问的焦点在于问题,提出了问题之后听取世人的意见,调查客观的事实,即从他人的意见和见解中"学习"。所以,将汉语中的"学"翻译成日文训读的"学ぶ",其实是一种谬误。"まなぶ"的意思是"manebu"(まねぶ,真似ぶ),即原封不动的模仿。

例如农民搬运厩肥,则要往返于田和厩之间,这种往返的行为其实和"manekkuru"(まねっくる,真似っ来る)的语源相同。在"学"和"觉"之间,差别就在于"子"和"见",因为这两个字上面都有"觉悟"的意思。当时我的论点大致如上。

对别人的学说或者意见照本宣科地介绍,这就是所谓的学问。我认为有必要纠正这种普遍化的误解,所以才有了上面的讨论。

当前经常能看到"学习之家"（まなびの家）和"学习之窗"（まなびの窓）等频繁使用"まなび"的表述，我认为应当禁止使用类似表述。那么中文的"学"（xue）字应该使用日语中的哪种表述呢？"学"最原初的意思究竟是什么呢？我认为应该考虑将其纳入与"觉"（おぼえる）相同系统的语言表述中。

仔细留意农民们使用的词汇可以发现，即使有"おぼえる"和"まねする"，也不曾有"まなぶ"。"おぼえる"与"思う"（omou，思考）相同，有记忆之意，例如想起古人所说的话，或者一个人静下来深思等。

所以我曾经不无调侃地说，什么时候不叫"まなびの家"，开始改叫"おぼえる家"呢？

不过也有人会认为这种区分有何必要呢？即便是"まなぶ"出自"まねぶ"，但在今天"まなぶ"的意思已经发生了变化。例如有国语学者认为，这个词已经具有"学习新知识并充实认知谱系"的含义。但是我们的"学问"与他们这些国语学者的"学问"毕竟不同，在经历了这种历史之后，如今"まなぶ"竟然比"おぼえる"还要受到尊敬。但人们有必要知道"まなぶ"的来源在哪里，至少要追溯到与"まねくり"（manekuri，不停模仿）的关系。

此外，舆论界还有一股风气认为"思考"（kangaeru，かんがえる）比"记忆"（oboeru，おぼえる）更受尊敬。说到这里，我们有必要"思考"一下这个"かんがえる"是怎么来的。古日语中并无"かん"的发音，所以原为"かうがえる"，其实这是相当古老的输入语。今后我们也应该强调表述的"日本属性"，像"かんがえる"这种不那么日本式的表述，应该尝试转

换成诸如"おもう"这样的表述。而诸如"おぼえる"这样的日语表述确实难得，但学人们可不能仅仅停留在"おぼえ"（记住）的层面，还要"おもう"（思考）出自己的东西。考虑到这一点，我想接下来有时间再认真研究一下黑壳楠的来历问题。

车 儿

小时候在学校，孩子们会彼此展示头顶上的旋毛。如果有两撮旋毛则意味着二度重生。如今我的头顶已经秃掉，倒不一定能够看出来，实际上我们兄弟都有两撮旋毛。当时的人们认为，有两撮旋毛的孩子往往有些不同于常人的特征，例如性子急、性格多变等。年幼时的我特别介怀，感觉会因为这一差异而发生什么事情，而如今则完全没有这种必要了，毕竟已经分不清自己的旋毛在哪里了。

有旋毛并非不好，只是如果有两撮且是在头顶中央均衡分布的话，则意味着是重生（投胎）后的孩子。如果有三撮的话，当然这个逻辑也成立，只是有三撮旋毛的毕竟不多。

在有关重生的观念中，有名曰"车儿"（kurumago）的说法。如果孩子出生后就夭折，第二年如果再生育孩子，这位新出生的孩子就叫作"车儿"。据说还有"第十二车儿"的传闻，那或许就是母亲体质特征所导致的了。或者换一种说法，即生出孩子之后不满意便返回母胎再次进行生产，这种咕噜咕噜转圈的生育方式就像车轮转动一样，所以称为"车儿"。

"车"（kuruma）这个说法如今已经发生了很大的变化。但如果说"重生"（umarekawari, 生まれかわり），恐怕普通人都很容易理解。

笃信重生观念的义太夫文学经常出现类似于"二世、三世夫妻"的台词，而民间如果生了个聪明孩子，也往往认为是某位智者投胎转世，其实道理是相同的。

不过对于那些研究汉学或者国学的家伙们而言，他们受到所谓经典的影响，在完全不了解实情的状况下，便宣称"地下之灵""在天之灵"等。关于这一点，汉学家或国学家两者之间是相通的，所以有必要认清主张的差异在哪里，判断的错误在哪里，或者我们要在多大程度上尊重普通人的看法，这些都是需要事先弄清楚的。经常有人会说，"到了乡下，可能不懂的人会更多"等，这种将自我与他人相区别的不在少数。既然是相同的人种，使用着相同的语言，至少双方有必要在交换彼此意见的基础上，来追究哪一方的观点更接近于真实。

像日本这种借别国的文字来记录本国历史的国家，没有学问的人反而成了累赘。

前几日见到了外务省研修所的日高信六郎君（前驻意大利大使），对于这些精英阶层而言，他们更需要知道"无学的智慧"，因为这种智慧承载着日本人的精神底色，所以我将上面的看法转述给他，问过后才知道日高君的母亲也是播州赤穗出身。

来世观

对于活着的时候做了很多事情的人而言，或许不会有死后重生的想法。但如果是年少夭折或者弱冠之年切腹自杀的人，或许不会满足于这样的结局，并且坚信自己肯定能够重生。

如果老年人不积极推动相关的话题，日本人对来世的想法恐怕就无从知晓。因为对于大多数人而言，未知生，焉知死，他们

更关注活着的话题，而不是死去的话题，所以这个问题一直没有得到应有的重视。

最让我们感到不舒服的是"地下之灵"的想法。有资历的长者或许都懂，在日本，"灵"是不会进入地下的。但是，本居（宣长）①先生却认为存在"根之国"，而"灵"前往"根之国"所在的地下。不过平田笃胤②并不赞成这种主张，他认为所谓"根之国"其实在月亮之上。

不过如今的神道已经陷入非常寂寥的状态。在日本人的信仰中，关于神道与佛教的对立，恐怕知道的人越来越少了。资深的长者未必知道，而有点学问的人则执迷于翻阅汉典，研究"国学"者则自顾引用本居先生的学说。总之，喜欢纸上谈兵、引经据典的学者，往往不知道事实的真相。在我看来，日本人信仰中最重要的一点就是"重生"。所谓"灵魂"这个东西，人在年轻的时候去世，其灵魂是不死的，只要没有特别的原因，其灵魂还可以重生。在过去，日本人对这一事实笃信不疑，反倒是对佛教有所考究或者熟稔汉典的阶层，其立场不甚明确。

我认为这个世界上并不存在否认死后生命和来世观的宗教。既然是宗教，它不仅仅要思考现世的问题，同时还要思考后世的"生"的问题。日本人如何思考这一问题呢？直到目前尚没有明确的答案，对有志于民俗学的年轻人而言，毫无疑问是一个重要的研究课题。

古来就有"长得像谁"这样的说法，其实佛教或者其他宗教对于这种说法也没有说明。日本人一直都很看重"性格相似、长

---

① 本居宣长（1730—1801），日本江户时代思想家、语言学家。
② 平田笃胤（1776—1843），日本江户时代思想家、宗教学家。

相相似"这种说法。例如，我祖母有个名叫弁吉的弟弟，他6岁的时候就夭折了。他很小的时候便开始识字，眼珠子转来转去，非常聪明伶俐。我父亲出生的时候，就有人说"这是弁吉转世投胎"。也正因为此，我父亲终其一生都把自己作为转世的舅舅来生活、来思考。

写在搁笔之际

在神户新闻社创刊60周年之际，我乘兴写下了这本《故乡七十年》。确切地说，我已经离开故乡70年或超过70年了。在离开故乡的这70年里，坦白说我没有为故乡作过任何贡献，更没有为了故乡奔走辛劳。得益于大家的抬爱垂青，聆听我对故乡天马行空的回忆，这种幸福感往大了说，甚至在浦岛太郎[①]之上。

我认为70年这个时间节点刚好合适。我把自己所忆所感的琐事和盘托出，多年不见的亲朋好友看了报纸连载之后与我取得联系。得益于报纸连载，很多我一直想要解开的谜团随之解开。但我也面临着一件颇让我感到困扰的事情。过去人们常常夸赞我记性不错，我对此也自鸣得意，但在我多次谈到以及与别人交流的事项中，不免存在一些偏差和错误。事到如今终于感到心力交瘁，对自己的记忆力、史料的熟练度愈发不自信。

幸运的是，这些不精确的记忆并没有出现在正文中，因此倒也没有特别需要订正的地方。本文中对故乡的回忆确实过于久远，本着给读者提供一些警示的初衷，我还是希望能够把孩童时

---

① 浦岛太郎是日本古代传说中的人物，因为救了龙女而得以潜入龙宫。

期的一些往事分享给读者。芦屋的福渡龙氏以前与我同村，而且我们两家是离得非常近的亲戚，仅仅因为我们不到20岁的年龄差，竟然完全不记得彼此了。如今幸好有报纸的连载，福渡氏于7月下旬来到我家，我们得以叙旧交流。

我们在讨论的过程中，过往的经历不断涌现，时期则以明治十七年（1884年）夏秋为中心，当时父亲卖掉我们的老房子，在准备搬往北条前的几个月间，我们家曾短暂借宿于福渡家东边的一套房屋。当时辻川文化史的重点已经西迁到郡役所附近，我们聊起了新建的昌文小学校、国道旁新建的惠比须神社，还有雨夜中被整个烧掉的石灰垛，关于这些话题我们都记忆犹新。考虑到初次见面不能聊得太晚，所以当天天黑之前我就中断了话题。

我还想了解的是福渡家的祖父新次郎老先生的故事。福渡家宅邸的西边是一片竹林，竹林尽头建了一个小剧场，当时至少有两年的时间，时不时有巡演的剧团在这里表演，或许这也是新次郎老先生创业热情又或者是热爱流行的体现吧！不知道闲聊时有没有问起过这位有个性的老先生的轶事。我倒是对这一段经历有着深刻的印象，虽然只在他们家旁边住了几个月，但却经常能够回想起这一段经历。不过福渡龙氏却完全没有听说过相关的话题，我们聊到这一段的时候，感觉他像从新书里读到的情节一样。

话题战线越来越长，感觉不像是跋文的体裁了。跟福渡氏交流之后，终于切身感到我这个83岁老翁的记忆力越来越不准确了。我们交流的时候，眼前总会无端地浮现当时借宿的房屋后院的光景。院子里有一口井，立着竹栅栏，几朵很大的琉璃色牵牛花向着我绽放，花瓣上竟然用平假名写着"くにを"（国男），惊诧的我四处张望，只见一个妇女单手拿着一个瓶子，她告诉

我，用蘸着酸性较强的醋在花瓣上写字，写完后就会出现文字的模样。福渡氏告诉我那位妇女或许是他的母亲，但回头想象明治十七年，福渡氏的母亲或许刚刚出嫁，应该不会如此玩闹。

他们家还有一位叫作"阿时"的伯母，或许是因为初婚的不幸所致，有一段时间得了很重的病，因此我一直认为在那前后她本人已经去世了。但是同福渡氏交流的过程中我了解到，这位伯母此后健康生活了50年，毫无疑问这是件令人感到高兴的事情。

或许有诡辩之嫌，我觉得虽然时不时会有差错，但可以有机会一口气将一直以来的错误进行纠正，其实这样也未尝不好。

图书在版编目（CIP）数据

故乡七十年 : 柳田国男自传 /（日）柳田国男著 ;
王广涛译 . -- 上海 : 上海人民出版社, 2022
（近代日本名人自传）
ISBN 978-7-208-17848-9

Ⅰ.①故… Ⅱ.①柳… ②王… Ⅲ.①柳田国男 – 自
传 Ⅳ.①K833.135.81

中国版本图书馆 CIP 数据核字 (2022) 第 146022 号

特约策划　徐静波
责任编辑　邱　迪
装帧设计　汪　昊

近代日本名人自传
故乡七十年
——柳田国男自传
[日] 柳田国男　著
王广涛　译

出　　版　上海 **人氏出版社**
　　　　　（201101　上海市闵行区号景路159弄C座）
发　　行　上海人民出版社发行中心
印　　刷　上海盛通时代印刷有限公司
开　　本　889 × 1194　1/32
印　　张　12.25
插　　页　5
字　　数　281,000
版　　次　2022年10月第1版
印　　次　2022年10月第1次印刷
ISBN 978-7-208-17848-9/K · 3226
定　　价　88.00元